D1996599

Methodik zur umsetzungsorientierten Gestaltung von Umstrukturierungsprojekten in der Produktion

Von der
Fakultät für Maschinenwesen der
Rheinisch-Westfälischen Technischen Hochschule Aachen
zur Erlangung des akademischen Grades eines
Doktors der Ingenieurwissenschaften
genehmigte Dissertation

vorgelegt von
Diplom-Ingenieur Stefan Breit
aus Wesel

Berichter:
Univ.-Prof. Dr.-Ing. Dipl.-Wirt. Ing. Dr. techn. h.c. (N) W. Eversheim
Univ.-Prof. Dr.-Ing. Dr. h.c. E. Westkämper

Tag der mündlichen Prüfung: 21. Mai 1999
D 82 (Diss. RWTH Aachen)

RWTH AACHEN

Fraunhofer Institut Produktionstechnologie

Berichte aus der Produktionstechnik

Stefan Breit

Methodik zur umsetzungsorientierten Gestaltung von Umstrukturierungsprojekten in der Produktion

Herausgeber:

Prof. Dr.-Ing. Dr. h. c. Dipl.-Wirt. Ing. W. Eversheim
Prof. Dr.-Ing. F. Klocke
Prof. em. Dr.-Ing. Dr. h. c. mult. W. König
Prof. Dr.-Ing. Dr. h. c. Prof. h. c. T. Pfeifer
Prof. Dr.-Ing. Dr.-Ing. E. h. M. Weck

Band 16/99
Shaker Verlag
D 82 (Diss. RWTH Aachen)

Die Deutsche Bibliothek - CIP-Einheitsaufnahme

Breit, Stefan:
Methodik zur umsetzungsorientierten Gestaltung von Umstrukturierungsprojekten in der Produktion / Stefan Breit.
- Als Ms. gedr. - Aachen : Shaker, 1999
(Berichte aus der Produktionstechnik ; Bd. 99,16)
Zugl.: Aachen, Techn. Hochsch., Diss., 1999
ISBN 3-8265-6279-8

Copyright Shaker Verlag 1999
Alle Rechte, auch das des auszugsweisen Nachdruckes, der auszugsweisen oder vollständigen Wiedergabe, der Speicherung in Datenverarbeitungsanlagen und der Übersetzung, vorbehalten.

Als Manuskript gedruckt. Printed in Germany.

ISBN 3-8265-6279-8
ISSN 0943-1756

Shaker Verlag GmbH • Postfach 1290 • 52013 Aachen
Telefon: 02407 / 95 96 - 0 • Telefax: 02407 / 95 96 - 9
Internet: www.shaker.de • eMail: info@shaker.de

Vorwort

Die vorliegende Dissertation entstand während meiner Tätigkeit als wissenschaftlicher Mitarbeiter am Laboratorium für Werkzeugmaschinen und Betriebslehre (WZL) der RWTH Aachen.

Herrn Prof. W. Eversheim, dem Inhaber des Lehrstuhls für Produktionssystematik am WZL, danke ich für die Gelegenheit zur Promotion und die Unterstützung bei meiner Arbeit. Sein Vertrauen in meine Person und seine stete Förderung ermöglichten mir, die Erfahrungen zu sammeln, die man für die Erstellung einer solchen Arbeit braucht. Herrn Prof. E. Westkämper von der Universität Stuttgart bin ich für die Übernahme des Korreferates sehr dankbar.

Auf dem Weg zur Promotion ist man zum Glück nie allein. Paul Dörken und Dr. Daniel Böhmer waren diejenigen, die mir den Einstieg am WZL leicht gemacht haben. Gleiches gilt für Dr. Ludger Laufenberg, der zudem als wertvoller Diskussionspartner entscheidenden Anteil an der Ausgestaltung der Arbeit hatte. Einen großen Teil meines Weges konnte ich mich auf die verläßlichen und weitsichtigen Ratschläge von Dr. Markus Heyn stützen. Michael Munz hat mit oft den Rücken frei gehalten und war außerdem für die gute Laune zuständig. Oliver Terhaag begeisterte durch seinen intellektuellen Scharfsinn und durch kompetente methodische Beratung, wozu auch immer ich ihn fragte. Er hat außerdem - genauso wie Ralf Dohms und Jörg Schernikau - die Arbeit trotz der eigenen, hohen Belastung sorgfältig durchgesehen. Vielen Dank dafür.

Ich kann nicht alle Experten aufzählen, die mir Ihre Daten für die Projektstudie zur Verfügung gestellt haben, weil es zu viele sind. Deshalb sei an dieser Stelle allen gemeinsam gedankt. Cornelia Müller und Gregor Timm gebührt Dank für die sehr kompetente und zuverlässige Realisierung des EDV-Prototyps. Aljoscha Fladung, Gunnar Jäger, Michael Dyllus, Georg Fritzsche und Jan Harre waren als langjährige studentische Mitarbeiter bzw. als Studien- und Diplomarbeiter eine unschätzbare Hilfe. Die Mitarbeiter der Gruppe Produktionsgestaltung haben mich mit viel Geduld, Humor und Süßigkeiten in den Höhen und Tiefen begleitet, die die Erstellung einer Dissertation mit sich bringt.

Claudia danke ich für die permanente, liebevolle Aufmunterung und das Verständnis dafür, daß ich gerade in der Endphase viel zu wenig Zeit für sie hatte. Ihr gilt außerdem mein Dank für die Rezension des Manuskriptes der Arbeit. Meine Eltern haben meinen Weg immer mit viel Interesse und Herz verfolgt. Ohne ihre immerwährende Unterstützung wäre dies alles nicht möglich gewesen. Ihnen widme ich diese Arbeit.

Aachen, im Juli 1999

Inhalt

Abbildungsverzeichnis

Abkürzungsverzeichnis

AWK:	Aachener Werkzeugmaschinen Kolloquium
BDE:	Betriebsdatenerfassung
BPR:	Business Process Reengineering
CBT:	Computer Based Training
DLZ:	Durchlaufzeit
EDV:	Elektronische Datenverarbeitung
ERC:	Equi-Risk-Contour
EU:	Europäische Union
F&E:	Forschung und Entwicklung
FMEA:	Failure Mode and Effects Analysis
GUG:	Große Umstrukturierung, gedämpft
IT:	Informationstechnologien
KU:	Kleine Umstrukturierung
KUG:	Kleine Umstrukturierung, gedämpft
KVP:	Kontinuierlicher Verbesserungsprozeß
LISREL:	Linear Structrual Relationship
MFC:	Miscosoft Foundation Classes
MOTION:	Model for Transforming, Identifying and Optimizing Core Processes
MSx:	Maßnahmen-Schadens-Kombination
MU:	Mittlere Umstrukturierung
MUG:	Mittlere Umstrukturierung, gedämpft
n:	Anzahl
nerf:	Datenbasis unter Berücksichtigung der erfolgreichen Projekte
noAx:	Datenbasis unter Berücksichtigung von Ausreißern
nRM:	Datenbasis für Untersuchung zum Vorgehensschritt "Risikomanagement"
ODBC:	Open Database Connectivity
OPT:	Optimized Production Technology
PO:	Prozeßoptimierung
PRONAV:	Projektnavigator
QM:	Qualitätsmanagement
SB:	Schadensbegrenzung
SIG	Signifikanz
SPSS:	Statistical Package for the Social Sciences
SÜ:	Schadenüberwälzung
SV:	Schadenvorsorge
SVZ:	Systeme vorherbestimmter Zeiten
TDM:	Tausend DM
VDI:	Verein Deutscher Ingenieure
λ:	Wilk's Lambda (Trennkraft einer Diskriminanzfunktion)
z.B.:	zum Beispiel

vgl.:	vergleiche
Kap.:	Kapitel
ggf.:	gegebenenfalls
o.g.	oben genannte(n)
bzw.	beziehungsweise
etc.:	et cetera
o.ä.:	oder ähnliche
z.T.:	zum Teil
i.d.R.:	in der Regel
u.a.:	und anderem
d.h.:	das heißt
verl.:	verlängern

Zu den SPSS-Abkürzungen, die in den multivariaten Analysen verwendet werden, vergleiche [BAC96].

Zu den Abkürzungen der verwendeten Merkmale in den multivariaten Analyen vergleiche die Abkürzungsverzeichnisse im jeweiligen Anhang.

"Sage mir, wie Du ein Projekt beginnst,
und ich sage Dir, wie es endet."
(Keßler/Winkelhofer [KES97])

1 Einleitung

Produzierende Unternehmen befinden sich in einem dynamischen Wandlungsprozeß [EV96a]. Zahlreiche aktuelle Veröffentlichungen zu den Themen "Wandlungsfähigkeit" [DAN96, WES97a, WES98a, WIE97a, WIE98a] und "Agilität" [GOL96, SHU-WIE97, MIL98a] sind Ausdruck dafür, daß intensiv an Lösungsansätzen zur Steigerung der Wettbewerbsfähigkeit produzierender Unternehmen gearbeitet wird. Zur Realisierung einer wandlungsfähigen Produktion werden die bestehenden Produktionsstrukturen zum Teil stark verändert. Die Schaffung materialfluß- und ablauforientierter Produktionseinheiten und die Dezentralisierung der produktionsnahen Unterstützungsaufgaben (wie Arbeitsvorbereitung, Wartung und Instandhaltung) sind häufig gewählte Konzepte [WIL94, WAR95a, EV95a, EV97a, BUL96a, ELE98].

Der Veränderungsbedarf ist groß. Je nach Untersuchung weisen zwischen 70% [PIC95] und 80% [INT98] der produzierenden Unternehmen in Deutschland Projektaktivitäten für eine prozeßorientierte Gestaltung von Abläufen und Strukturen aus (Bild 1.1).

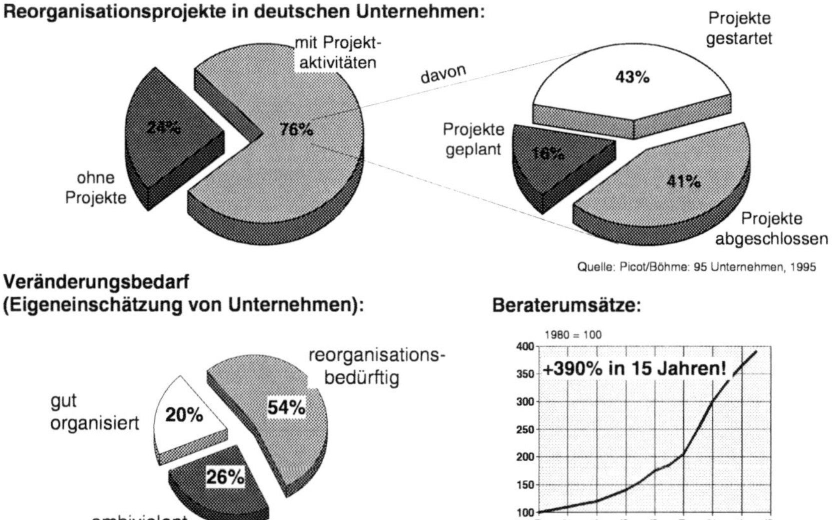

Bild 1.1: Projektaktivitäten in deutschen Unternehmen

Durch Rekordabsätze in der Automobilindustrie ist in den Jahren 1996 und 1997 zwar eine Beruhigung in bezug auf Umstrukturierungsvorhaben eingetreten, die sich auch auf die Zulieferer und die Industrieausrüster übertragen hat. Doch im Jahr 1998 verzeichnet die Branche wieder eine Stagnation. Für das Jahr 1999 wird bereits wieder mit einem Absatzrückgang gerechnet. Eine Studie der Unternehmensberatung Price Waterhouse weist die Konsequenzen auf: "Wer in Zukunft noch Gewinne machen will, der muß die Kosten senken" [VDIN98a].

Die mit dieser Entwicklung verbundene Leistung durch Unternehmensberater wächst - gemessen am Branchenumsatz - seit Beginn der 80er Jahre durchschnittlich um 26% pro Jahr, wobei die jährliche Steigerung seit Beginn der 90er Jahre noch höher liegt. Diesem Projektvolumen entsprechend wurden vielfältige Erfahrungsberichte von Umstrukturierungsprojekten und Leitfäden für die Projektdurchführung veröffentlicht [SER94, WAR95a, ME95, STÜ96, DEM96, HAM98, WES98b].

Die Berichte basieren in der Regel auf erfolgreich durchgeführten Umstrukturierungsprojekten. Mögliche Hindernisse in den Projekten werden zum Teil positiv abgewandelt und in Form von Erfolgsfaktoren vermittelt. Abschätzungen von Unternehmensberatern, wie Arthur D. Little, zufolge muß jedoch davon ausgegangen werden, daß nur knapp 20% aller Umstrukturierungsprojekte erfolgreich sind [SMO95]. Erst in jüngerer Zeit werden die mit Umstrukturierungsprojekten verbundenen Probleme, die während und nach der Umsetzung auftreten können, thematisiert [SIA96, KÜH98a].

Analysen der INTRA-Unternehmensberatung von Reorganisationsprojekten in 114 Unternehmen zeigen eine deutliche Diskrepanz zwischen der Einschätzung der Bedeutung von Reorganisationsmaßnahmen und deren tatsächlicher Umsetzung. Der prozentuale Anteil der Firmen, die eine Maßnahme vollständig umgesetzt haben, liegt – je nach Maßnahmenart - im Bereich von 10 - 30% [INT98]. Die Zielerreichungsgrade in den Projekten liegen im Schnitt bei nur 60% [ILOI97].

Umstrukturierungsprojekte scheitern dabei insbesondere in der Umsetzungsphase [SMO95, PIC95, SCH98, SHU98a]. Umsetzungshemmnisse resultieren dabei nicht aus technischen, sondern überwiegend aus personenbezogenen Problemen (Bild 1.2) [BIZ90, EV96a, VAH97, KUH98].

Die Ursachen für das Scheitern von Umstrukturierungsprojekten sind jedoch nicht in der Umsetzungsphase selbst, sondern vielmehr in der Projektvorbereitung und in der Konzeption der Umstrukturierung zu suchen. Beispiele für mögliche Fehler sind eine mangelhafte Systematik der Zielableitung und entsprechende Zieländerungen im Projektverlauf [LEC97], eine ungeeignete Projekt- und Teamstruktur, eine mangelnde Berücksichtigung der relevanten Prozeßketten bzw. Unternehmensfunktionen oder eine unzureichende Kopplung von Gestaltungs- und Umsetzungsverantwortung [EV96a].

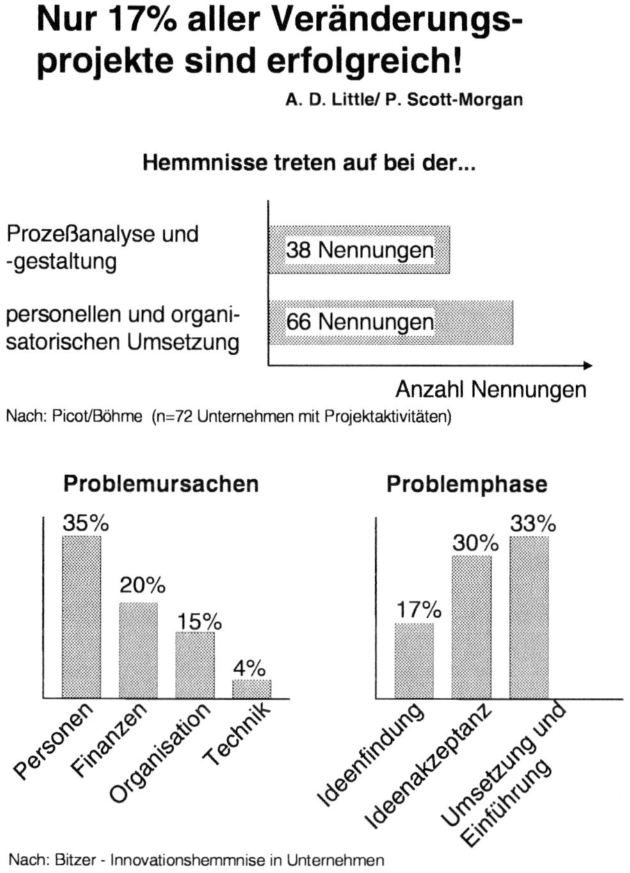

Bild 1.2: Umsetzungsdefizit in Veränderungsprojekten

Empirische Projektanalysen zeigen, daß den frühen Projektphasen insgesamt eine hohe Relevanz in bezug auf den Umsetzungserfolg zuzuschreiben ist [LEC97].

1.1 Umsetzungsorientierung in Umstrukturierungsprojekten

Eine Analyse von 30 erfolgreichen Umstrukturierungsprojekten in der metallverarbeitenden Industrie in bezug auf Vorgehensweisen und konzeptionelle Ergebnisse zeigt die Erfolgsfaktoren eines umsetzungsorientierten Vorgehens auf [ME95]. Im Rahmen der Projektanalyse wurde dabei zwischen der Projektgestaltung und der Systemgestaltung unterschieden. Unter "Projektgestaltung" sind die Entscheidungen über die Vorgehensweisen im Projekt (z.B. Teambildung) zusammengefaßt worden. Im Gegensatz dazu wurden mit "Systemgestaltung" die konzeptionellen Ansätze zur Veränderung des Produktionssystems (z.B. Einführung von Cost-Centern) im Objektbereich eines Umstrukturierungsprojektes bezeichnet.

Die Projektgestaltung ist fast ausschließlich von der Beachtung "weicher" Faktoren geprägt (Bild 1.3). Mit den "weichen" Faktoren werden Einflußgrößen wie Denk-, Verhaltens- und Arbeitsweisen sowie Einstellungen und Haltungen der Mitarbeiter beschrieben. Unter "harten" Faktoren werden dagegen Einflußgrößen wie Abläufe und Strukturen sowie Systeme und Regeln verstanden [DOP97].

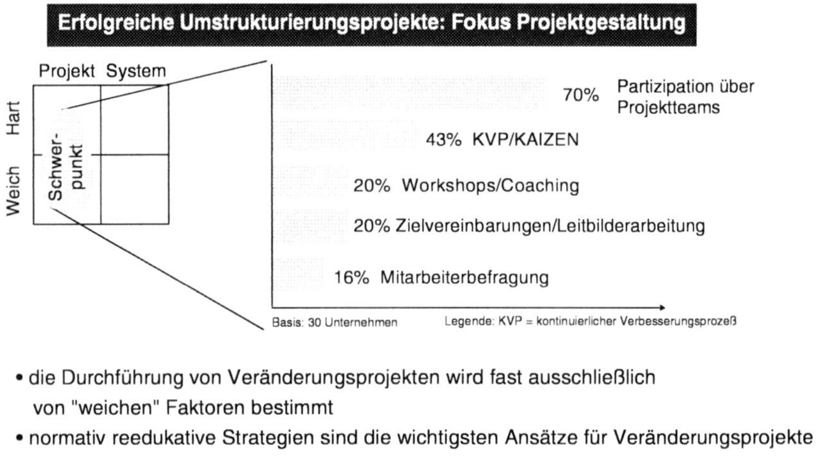

Bild 1.3: Analyse von Umstrukturierungsprojekten: Fokus Projektgestaltung

Erfolgreiche Umstrukturierungsprojekte werden in der überwiegenden Mehrzahl der Fälle mit Hilfe von interdisziplinären Projektteams durchgeführt, da in Umstrukturierungsprojekten vorwiegend abteilungsübergreifende Problemlösungen zu erarbeiten sind. Die Größe der Teams und die Art der Einbindung der Teammitglieder hängt dabei von Umfang und Dauer des Projektes ab. Teamarbeit ist ein wichtiges Element von partizipativ ausgerichteten Verbesserungsprogrammen wie KVP oder KAIZEN [IMA97].

Im Gegensatz hierzu sind die durch eine Systemgestaltung erzielten Umstrukturierungsergebnisse von "harten" und "weichen" Faktoren gleichermaßen bestimmt (Bild 1.4). Ein Ziel vieler aktueller Umstrukturierungsprojekte in produzierenden Unternehmen besteht darin, die zentralistischen und von hoher Arbeitsteiligkeit geprägten Unternehmensstrukturen zu flexibilisieren und zu dezentralisieren.

Über die Hälfte der untersuchten Unternehmen haben Gruppenarbeit, Produktionssegmente oder Cost- bzw. Profit-Center-Organisationen eingeführt. 40% der Unternehmen haben diese strukturellen Maßnahmen mit Veränderungen der bestehenden Führungs- und Anreizsysteme, z. B. durch veränderte Entlohnungs- und Arbeitszeitmodelle, verbunden. Ein wichtiger Faktor zur Motivation der Mitarbeiter besteht in einer erweiterten Entscheidungsautonomie, z. B. in bezug auf die Planung und Steuerung der Produktion [ME95].

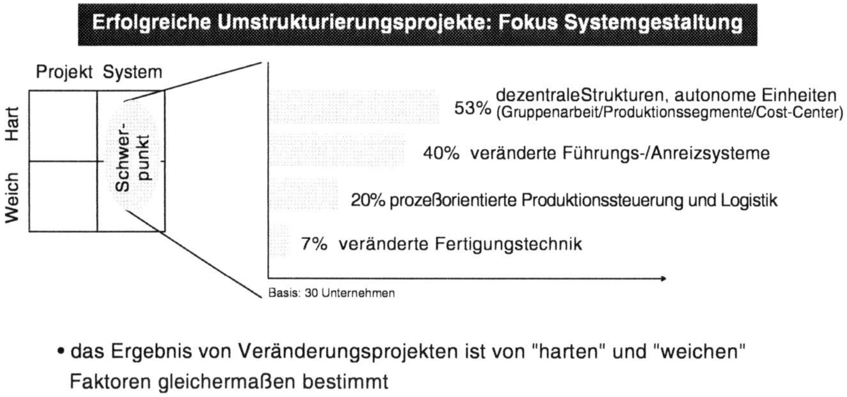

Nach AWK´96, Datenquelle: Verband Gesamtmetall

Bild 1.4: Analyse von Umstrukturierungsprojekten: Fokus Systemgestaltung

Andere Untersuchungen bestätigen die aufgeführten Erfolgsfaktoren in Umstrukturierungsprojekten und die daraus abgeleiteten Schlußfolgerungen. So befindet PERLITZ in einer multivariaten Analyse von 93 Reorganisationsprojekten (35 erfolgreiche und 58 weniger erfolgreiche) einen in etwa gleichverteilten Erfolgsbeitrag von harten und weichen Faktoren. Dabei erklären die Ausprägungen der harten Faktoren etwa 59%, die der weichen Faktoren etwa 41% der Varianz im Gesamterfolg der analysierten Projekte. Die Bedeutungsrelation zwischen harten und weichen Faktoren ist dabei phasenabhängig: Der Autor weist eine signifikant zunehmende Bedeutung der weichen gegenüber den harten Faktoren über den Projektverlauf (Initiierung bis zur Umsetzung) nach [PER96].

Die erfolgsrelevanten, harten Faktoren sind dabei: "Holistische Top-down-Initiierung", "strategisches Analyseverhalten", "systematisches Reengineering-Programm", "Einbindung externer Leistungsabnehmer", "Projektorganisation", "kunden- und prozeßorientiertes Controlling". Als erfolgsbestimmende weiche Faktoren identifiziert PERLITZ die Merkmale "Einstellung", "aufgaben- und kundenorientiertes Führungsverhalten", "Motivation und Veränderungsbereitschaft", "personalpolitische Maßnahmen", "zeitliche Komponente des Veränderns" [PER96].

Zu ähnlichen Ergebnissen kommt LECHLER in einer großangelegten Studie zu den Erfolgsfaktoren des Projektmanagement: Anhand einer Analyse von 257 erfolgreichen und 191 erfolglosen Projekten wird ein Erfolgsfaktorenmodell aufgebaut, das mit den (aus Einzelmerkmalen aggregierten) Konstrukten "Top-Management", "Projektteam", "Projektleiter", "Partizipation", "Planung/Steuerung", "Information/Kommunikation", "Zieländerungen", "Konflikte" ebenfalls weiche und harte Faktoren enthält. Die aufgeführten Faktoren erklären nach den empirischen Befunden knapp 60% der Varianz im Projekterfolg [LEC97].

Hieraus ergibt sich folgendes Fazit: Weder auf "harte" Faktoren noch ausschließlich auf "weiche" Faktoren fokussierte Umstrukturierungssstrategien alleine sind geeignet, die tiefgreifenden Veränderungsprozesse, die heute in den Unternehmen zur Sicherung der Wettbewerbsfähigkeit erforderlich sind, zu unterstützen. Nur die Integration beider Ansätze ist erfolgversprechend: "Harte" und "weiche" Faktoren einer Umstrukturierung sowie System- und Projektgestaltungssichtweisen sind in einem geschlossenen Veränderungsprozeß aufeinander abzustimmen.

Die oben formulierte Integrationsstrategie hat weitreichende Konsequenzen in bezug auf die Vorgehensmodelle in Umstrukturierungsprojekten, die sich mit den folgenden Anforderungen zusammenfassen lassen:

- Integration von Projekt- und Systemgestaltung: Der Projektgestalter muß dabei unterstützt werden, die Umstrukturierung inhaltlich durchzuführen (Systemgestaltung) sowie die Projektorganisation und die einzusetzenden Projektmethoden und -hilfsmittel zu bestimmen (Projektgestaltung).

- Veränderung der Systemstruktur: Der Ansatz zur Systemgestaltung muß methodisch eine Veränderung der Systemstruktur, d.h. der räumlichen und/oder aufbauorganisatorischen Gegebenheiten in der Produktion, ermöglichen. Rein ablaufbezogene Maßnahmen reichen vor dem Hintergrund der Zielsetzung in Umstrukturierungsprojekten (z.B. Kostenziele) unter Umständen nicht aus.

- Integration von "top-down" und "bottom-up" gerichteten Vorgehensweisen: Die "top-down"-Richtung bezeichnet die Ableitung der konkreten Veränderungsziele aus den Unternehmensvisionen und -strategien: Unternehmensvision - Strategie - Kerngeschäft - Kernprozesse - Veränderungsziele. Die "bottom-up"-Richtung kennzeichnet die Schritte der Veränderung: Analysieren - Schwachstellen identifizieren - operative Veränderungsansätze ableiten - Entscheidung treffen und umsetzen.

- Integration von absichernden Vorgehenselementen: Neben analytischen Vorgehenselementen (z.B. Prozeßanalyse) und systemgestaltenden Vorgehenselementen (z.B. Segmentkonzeption) sind aus Umsetzungsgründen bei der Gestaltung von Umstrukturierungsprojekten sogenannte "absichernde" Vorgehenselemente vorzusehen. Dies kann sich zum einen auf die Absicherungen des Projektes an sich (z.B. durch Maßnahmen des Projektmarketing und des Konfliktmanagement) beziehen. Zum anderen sind Entscheidungen über Konzepte und Maßnahmen zur Systemgestaltung (z.B. durch eine Analyse und Bewertung möglicher Risiken) abzusichern.

- Übergang zu Prozessen des permanenten Wandels: Umstrukturierungsprojekte müssen so gestaltet werden, daß sie einen Übergang von einmaligen fundamentalen Veränderungen in Prozesse permanenten Wandels beinhalten.

1.2 Gliederung der Arbeit

Im Rahmen der vorliegenden Arbeit soll eine Methodik für eine umsetzungsorientierte Gestaltung von Umstrukturierungsprojekten erarbeitet werden, die den in Kapitel 1.1 aufgeführten Anforderungen gerecht wird. Die Vorgehensweise zur Erarbeitung der Methodik gliedert sich dabei wie in Bild 1.5 dargestellt.

In Kapitel 2 wird gezeigt, daß die formulierten Anforderungen an eine umsetzungsorientierte Projektgestaltung durch integrierte Veränderungsansätze (z.B. durch ein "Down-up"-Vorgehen [EV98a, SHU98c]) und entsprechende Vorgehensmodelle am besten erfüllt werden. Charakteristisch für diese Ansätze ist es, die technisch-organisatorische Umgestaltung der Produktionssysteme durch projekt- und konzeptabsichernde Vorgehensschritte "präventiv" zu ergänzen [CAR95, VAH97, SCA97, SHU98a, SHU98c]. Beispiele hierfür sind ein institutionalisiertes Konflikt- oder Risikomanagement [DOP97] oder Schritte zur Qualifizierung der Mitarbeiter [KUH98].

Integrierte Veränderungsansätze sind jedoch mit aufwendigen Vorgehensmodellen [HES95] und entsprechend komplexen Projektabläufen und –strukturen verbunden. So formuliert LEIBUNDGUT am Beispiel der Integration von Methoden des Risikomanagement in Projekten: "Wenn sich Risikoaspekte nicht mehr im traditionellen Sinne als Randerscheinungen in einem Projektablauf abhandeln lassen, erhöht die phasengerechte Berücksichtigung der Risikoaspekte die Projektkomplexität" [LEI95]. Dem Projektgestalter bieten sich damit in der Praxis vielfältige Vorgehensoptionen an, die ihn vor ein Auswahlproblem stellen.

Die Umsetzungschancen eines Umstrukturierungskonzeptes steigen mit dem Maß seiner inhaltlichen Absicherung. Ergänzend zu den Analysen in bezug auf das Gesamtvorgehen in Umstrukturierungsprojekten wird in Kapitel 2 gezeigt, daß Vorgehensweisen und Methoden des Risikomanagement eine geeignete Plattform für eine umsetzungsförderlichen Konzeptabsicherung in Umstrukturierungsprojekten darstellen können. Die heute verfügbaren Methoden des Risikomanagement sind jedoch nicht ausreichend an die Rahmenbedingungen von Umstrukturierungsprojekten in der Produktion angepaßt.

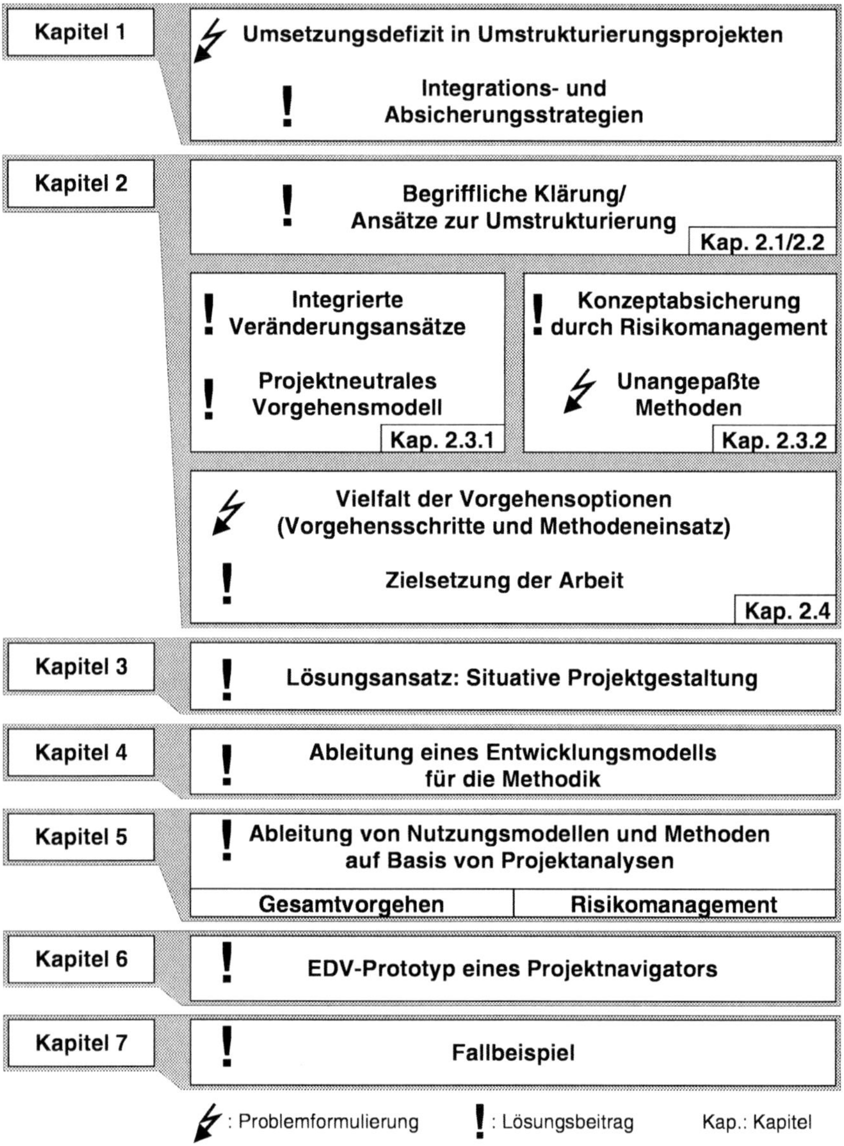

Bild 1.5: Gliederung der Arbeit

Als grundsätzliche Lösung wird in der Arbeit der Ansatz einer situativen Projektgestaltung verfolgt. Unter situativer Projektgestaltung soll dabei die systematische Berücksichtigung von Situationsfaktoren (Beispiel: Größe des umzustrukturierenden Produktionsbereiches) bei der Gestaltung von Projektabläufen sowie bei der Methodenauswahl verstanden werden. Die

Kernidee für die in der Arbeit zu entwickelnde Methodik besteht darin, situative Ansätze (bzw. Kontingenzansätze) aus der Organisationsforschung [ST94] auf die Gestaltung von Umstrukturierungsprojekten zu übertragen. In Kapitel 3 werden hierzu die Anforderungen an eine situative Projektgestaltung formuliert sowie das Konzept für eine situative Projektgestaltung entwickelt.

Wesentlicher methodischer Bestandteil situativer Ansätze ist es, Gestaltungsempfehlungen aus empirischen Analysen abzuleiten. Zur Vorbereitung einer entsprechenden Projektauswertung wird in Kapitel 4 ein Entwicklungsmodell abgeleitet. Schwerpunkt ist dabei die argumentative Herleitung möglicher Beschreibungsmerkmale von Projektsituationen, die als Entscheidungsgrundlage für das Gesamtvorgehen in Umstrukturierungsprojekten genutzt werden können. Vertiefend werden mögliche entscheidungsrelevante Merkmale für den Einsatz von Methoden des Risikomanagement abgeleitet.

In Kapitel 5 erfolgt die Entwicklung der Methodik auf Basis einer Analyse von Umstrukturierungsprojekten. Anhand der Analyseergebnisse wird zunächst ein Modell zur Beschreibung von Projektsituationen und eine Projekttypologie aufgebaut, das es einem Projektgestalter erlaubt, die wesentlichen Steuergrößen des Projektes zu bestimmen und in der Projektgestaltung zu berücksichtigen. Die projektspezifische Konfiguration eines Projektes basiert dabei auf dem in Kapitel 2.3 vorgestellten, projektneutralen Vorgehensmodell. Für eine Anwendung der Methodik in einem konkreten Umstrukturierungsvorhaben wird das projektneutrale Vorgehensmodell entsprechend der im Beschreibungsmodell abgelegten Projekttypologie instanziiert.

Auf Basis der untersuchten Umstrukturierungsprojekte wird in Kapitel 5 außerdem die Projektpraxis in bezug auf den Vorgehensschritt des Risikomanagement untersucht. Hierzu werden die spezifischen Risikoaspekte in Umstrukturierungsprojekten identifiziert. Auf dieser Grundlage erfolgt eine Anpassung von methodischen Hilfsmitteln zum Risikomanagement in Umstrukturierungsprojekten.

Die Umsetzung der erarbeiteten Methodik in einen EDV-Prototypen eines Projektnavigators erfolgt in Kapitel 6. In Kapitel 7 wird die Anwendung des Navigators am Fallbeispiel eines komplexen Umstrukturierungsprojektes gezeigt.

2 Ausgangssituation und Zielsetzung

Im folgenden Kapitel 2 werden zunächst die Begriffe geklärt werden, die im Zusammenhang mit einer umsetzungsorientierten Gestaltung von Umstrukturierungsprojekten relevant sind (Kapitel 2.1). Anschließend werden die heute verfügbaren Ansätze zur Umstrukturierung vorgestellt und anhand der in Kapitel 1.1 abgeleiteten Anforderungen an eine umsetzungsorientierte Projektgestaltung bewertet (Kapitel 2.2). Im Kapitel 2.3.1 wird auf der Basis integrierter Veränderungsansätze ein umsetzungsorientiertes, projektneutrales Vorgehensmodell für Umstrukturierungsprojekte in der Produktion abgeleitet. Vertiefend werden in Kapitel 2.3.2 die Möglichkeiten einer umsetzungsförderlichen Konzeptabsicherung mit Hilfe von Vorgehensweisen und Methoden des Risikomanagement untersucht. Auf Basis des in den Kapiteln 2.2 und 2.3 identifizierten Handlungsbedarfes wird schließlich in Kapitel 2.4 die Zielsetzung für die vorliegende Arbeit formuliert.

2.1 Begriffliche Klärung

2.1.1 Modell, Methode und Methodik

Der Begriff Modell kann durch die Hauptmerkmale Abbildungsmerkmal, Verkürzungsmerkmal und pragmatisches Merkmal strukturiert werden. Das Modell wird durch das Abbildungsmerkmal als Abbild eines realen Systems gekennzeichnet. Modelle lassen sich in isomorphe, d.h. strukturgleiche, und homomorphe, d.h. strukturähnliche, Modelle unterteilen. Isomorphe Modelle bilden Systemelemente und ihre Beziehungen zueinander möglichst orginalgetreu ab. Homomorphe Modelle dagegen zeigen zwar ebenfalls Systemelemente und Beziehungen, konzentrieren sich aber auf die abstrahierten Eigenschaften des Systems [STA73].

Modelle umfassen im allgemeinen nicht alle Attribute der ursprünglichen Systeme, sondern nur solche, die die jeweiligen Modellerschaffer und/oder Modellnutzer als relevant beurteilen. Diese Eigenschaft wird als das Verkürzungsmerkmal von Modellen bezeichnet. Das pragmatische Merkmal beschreibt die handlungs- und sachbezogene Absicht des Modellanwenders, in der das Modell seine Funktion erfüllen soll. Die Funktion eines Modells kann je nach Modellanwender verschieden sein [STA73].

Eine Methode beschreibt das planmäßige Verfahren zur Erreichung eines bestimmten Zieles [DTV76]. Der Begriff Methodik wird im täglichen Sprachgebrauch nur unzureichend von dem Begriff Methode differenziert. Formale Definitionen beschreiben eine Methodik als eine planmäßige Verfahrensweise [DTV76]. Eine Methodik kann demnach mehrere Einzelverfahren – d.h. Methoden - umfassen. Andere Definitionen bezeichnen eine Methodik daher als ein System von Methoden [MLJ90, KLB71].

Für diese Arbeit soll der Begriff Methodik - analog zu der bereits bei LAUFENBERG und BOCHTLER verwendeten Definition - nicht nur als ein System von Methoden verstanden werden. Eine Methodik soll vielmehr auch die Modelle beinhalten, die die Grundlage für den Methodenaufbau und die Methodenanwendung bilden [LFB95, BOC96].

2.1.2 Umstrukturierungen in der Produktion

Die Veränderung von Abläufen und Strukturen in produzierenden Unternehmen ist zu einem dominierenden Thema in der betrieblichen Praxis und auch in der betriebswirtschaftlichen und produktionstechnischen Forschung geworden. Dies führt zu einer vielfältigen Verwendung von Begriffen zur Beschreibung dieser Veränderungsprozesse. "Reorganisation", "Restrukturierung" und "Umstrukturierung" als Auswahl deutschsprachiger Begriffe und "Business Engineering", "Business Process Reengineering" und "Business Process Redesign" als Beispiele englischer Begriffe sind Indizien für die Begriffsvielfalt in diesem Themenbereich [SER94, HES95, PIC95]. Eine einheitliche Begriffsdefinition ist derzeit nicht festzustellen. Für die vorliegende Arbeit soll daher eine Arbeitsdefinition gewählt werden, die auf einer Studie zum Stand der prozeßorientierten Unternehmensgestaltung in Deutschland von PICOT und BÖHME basiert [PIC95].

Die genannten Autoren identifizieren mit Hilfe empirischer Methoden drei Grundverständnisse der prozeßorientierten Unternehmensgestaltung: "Prozeßoptimierung", "Prozeß-Redesign" und "Unternehmens-Redesign", die sich im wesentlichen durch die Reichweite der Veränderung unterscheiden ("Optimierung von Prozeßschritten", "ablauforganisatorische Neugestaltung" und "Neugestaltung von Ablauf- und Aufbauorganisation").

Die Studie von Picot und Böhme ist jedoch nicht ausschließlich auf produzierende Unternehmen fokussiert. Die vorgenommenen Unterscheidungen sollen daher wie folgt konkretisiert werden (Bild 2.1).

Die vorliegende Arbeit beschäftigt sich mit der Umstrukturierung in der Produktion. In Anlehnung an den Begriff des Unternehmens-Redesign bei Picot und Böhme ist damit sowohl die Veränderung der Ablauf- wie der Aufbauorganisation gemeint [PIC95]. Dieses Begriffsverständnis soll jedoch dahingehend eingeschränkt werden, daß ein spezieller Fokus auf die Veränderung der technisch-organisatorischen Prozeßketten in der Produktion und den produktionsnahen Unternehmensbereichen gelegt wird. Ein Szenario ist beispielsweise, Umstrukturierungsprojekte in der Produktion als Teil von Projekten zum Unternehmens-Redesign aufzufassen. Erweiternd soll festgehalten werden, daß neben der Veränderung der aufbauorganisatorischen Struktur insbesondere eine Veränderung der Produktionsstruktur, d.h. der räumlichen Anordnung der Betriebsmittel und Arbeitsstellen, zugelassen ist.

Der Begriff Umstrukturierung soll so verstanden werden, daß reine Neuplanungen von der Betrachtung ausgeschlossen sind. Zulässig sind jedoch Erweiterungsinvestitionen, die einen verändernden Einfluß auf die bestehenden Produktionsbereiche haben. Die Begriffe "Umstrukturierung" und "Restrukturierung" werden dabei synonym verwendet.

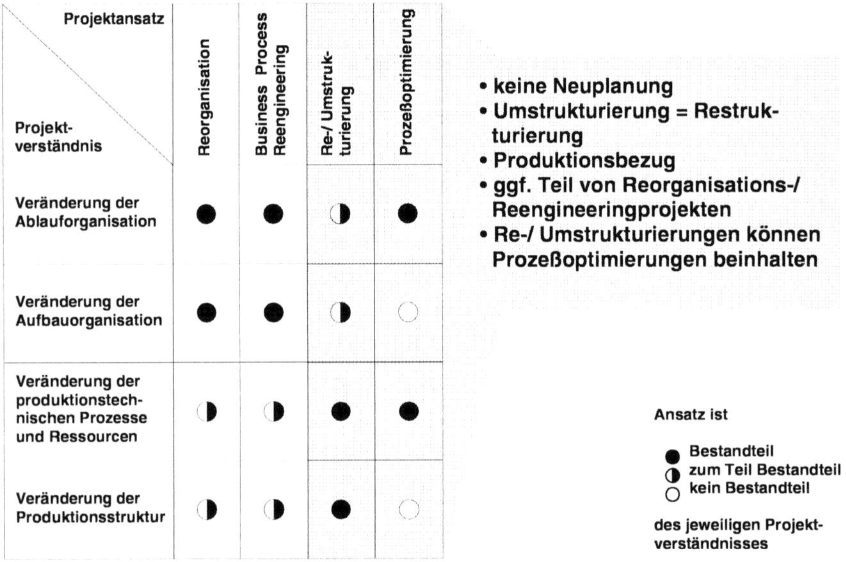

Bild 2.1: Begriffsverständnis Umstrukturierung

Während eine Re-/ bzw. Umstrukturierung eine Veränderung von Ablauf- und Aufbauorganisation sowie der räumlichen Srukturen beinhaltet, beschränkt sich eine Prozeßoptimierung auf Ablaufänderungen im Rahmen der gegebenen räumlichen und organisatorischen Strukturen. Das hier zugrunde liegende Verständnis ist, daß Prozeßoptimierungen in Restrukturierungsprojekten enthalten sein können. Prozeßoptimierungsprojekte sind damit eine Untermenge von Restrukturierungsprojekten, bei denen man sich auf die o. g. Konzeptionsansätze beschränkt.

Unter "Produktion" sollen sowohl für den Fall eines Serienfertigers als auch im Falle der Einzel- und Kleinserienfertigung die Prozesse der Fertigung und der Montage verstanden werden. Es erfolgt keine Einschränkung hinsichtlich der zulässigen Art der Auftragsabwicklung [EV96b]. Im Rahmen von Umstrukturierungsprojekten besteht ein häufig gewählter Ansatz darin, produktionsnahe Unternehmensfunktionen in die Produktion zu integrieren, um unnötige Reibungsverluste an Informationsschnittstellen und die damit verbundenen Mehraufwände zu vermeiden [EV97a]. Der zulässige Objektbereich wird daher über die Prozesse Fertigung und Montage hinaus so groß gewählt, daß diejenigen Bereiche eingeschlossen sind, die für eine solche Integration in Frage kommen (z.B. Arbeitsplanung, Arbeitssteuerung, Materialwirtschaft/Teiledisposition, Logistik inkl. der Transport und Läger, Wartung und Instandhaltung, Qualitätssicherung).

Tätigkeiten und Prozesse der Konstruktion werden nur berücksichtigt, wenn sie im Sinne der oben genannten Integration eng mit der Fertigung und Montage verknüpft sind. Im Maschinen- und Anlagenbau wird dies eher selten der Fall sein [EV96b]. In der Serienproduktion wird die serienbegleitende Konstruktion häufig in die Produktion integriert [EV97a]. Ausgeschlossen sind damit Veränderungsprojekte, deren methodischer Schwerpunkt die Konstruktion selbst ist, wie z.B. Projekte zur Umsetzung von Simultaneous-Engineering-Konzepten [LFB95, BOC96]. Im Bereich des Einkaufs werden die produktionsprozeßabhängigen Tätigkeiten, wie z.B. die Disposition, von den sonstigen Einkaufstätigkeiten (z.B. Lieferantenauswahl) unterschieden und mit in den zulässigen Objektbereich einbezogen.

2.1.3 Projektgestaltung und Systemgestaltung

Als Projekt wird ein Vorhaben bezeichnet, das im wesentlichen durch die Einmaligkeit der Bedingungen in seiner Gesamtheit gekennzeichnet ist, wie z.B. Zielvorgabe, zeitliche, finanzielle, personelle oder andere Begrenzungen, Abgrenzung gegenüber anderen Vorhaben und projektspezifische Organisation [BUR97]. Für das Verständnis von Umstrukturierungsprojekten, wie sie in dieser Arbeit betrachtet werden sollen, ist die Betonung der Einmaligkeit in dieser Definition wichtig, die eine Abgrenzung gegenüber kontinuierlichen Veränderungsprogrammen wie z.B. Kontinuierliche Verbesserungsprozesse (KVP) [KVP95, KVP98a, KVP98b] oder KAIZEN [IMA97] ermöglicht.

Ein Projekt umfaßt alle Aktivitäten, die für das Erreichen des gesetzten Projektzieles erforderlich sind. Diese werden in der Literatur üblicherweise unter dem Begriff Projektmanagement [BUR97, MAD94] zusammengefaßt und beinhalten die Projektdefinition, die Projektplanung, die Projektdurchführung, die Projektkontrolle und den Projektabschluß. Um die aktive, gestalterische Komponente des Projektmanagement zu betonen, soll im Rahmen der Arbeit anstelle des Begriffs Projektmanagement der Begriff Projektgestaltung verwendet werden. Die zeitliche Einordnung in das Phasenschema des Projektmanagement bleibt dabei erhalten.

Die Verwendung des Begriffs Projektgestaltung ermöglicht darüber hinaus eine Abgrenzung gegenüber dem zweiten relevanten Begriff der Arbeit, der Systemgestaltung: Die Aktivitäten der Projektgestaltung sind in der bisher formulierten Form weitgehend unabhängig von dem konkreten Projektinhalt. Sie können beispielsweise für Produktentwicklungen genauso durchgeführt werden wie für Rationalisierungsprojekte [BUR97]. Die Projektgestaltung ist damit auf einer dem Projektinhalt übergeordneten ("Meta"-)Ebene angesiedelt. Die konkreten inhaltlichen Aktivitäten bei der Projektdurchführung sind damit noch nicht beschrieben.

Als Referenz für das inhaltliche Vorgehen in Umstrukturierungsprojekten soll hier die Systemgestaltung genutzt werden, wie sie aus dem Systems Engineering bekannt ist [DAE92]. Systemgestaltung und Projektgestaltung werden im Rahmen der Arbeit als miteinander verknüpfte Aufgaben verstanden (Bild 2.2).

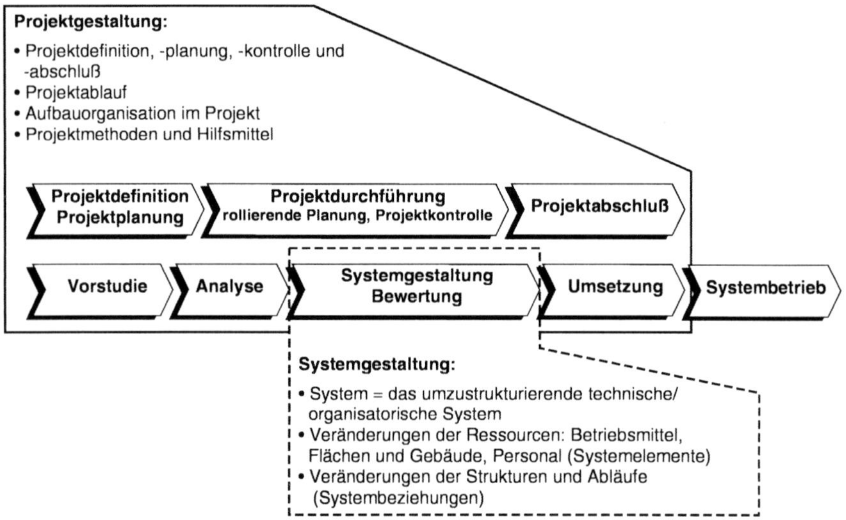

Bild 2.2: Projektgestaltung und Systemgestaltung: zeitliche und inhaltliche Einordnung (nach: [BUR97], [DAE92])

Im Rahmen der Arbeit soll unter "System" das umzustrukturierende technisch/ organisatorische System, also z.B. ein Fertigungsbereich, verstanden werden. Dieses System besteht aus Elementen, wie z.B. den Produktionsressourcen (Personal, Betriebsmittel etc.). Das "System Fertigungsbereich" funktioniert mittels definierter Beziehungen der Elemente untereinander und mit der Systemumwelt. Beziehungen können z.B. Materialflußbeziehungen, Informationsflußbeziehungen oder Arbeitsreihenfolgen sein [DAE92]. Durch eine Systemgestaltung wird die Struktur des Systems verändert ("Umstrukturierung"), das heißt, daß sowohl einzelne Systemelemente verändert (z.B. Automatisierung eines Betriebsmittels) als auch deren Beziehung zueinander und mit der Umwelt verändert (z.B. Optimierung der Auftragsabwicklung) werden können.

2.2 Bestehende Ansätze zur Umstrukturierung in der Produktion

Die Problemstellung einer Umstrukturierungen der Produktion findet heute in einer Vielzahl von Forschungsarbeiten aus unterschiedlichen Fachdiziplinen Beachtung. Hierbei sind zunächst die rein systemgestaltenden Ansätze zu nennen. Systemgestaltende Ansätze fokussieren auf das zu erzielende inhaltliche Ergebnis von Umstrukturierungsprojekten. Unter dieser

Kategorie können die folgenden Ansätze zusammengefaßt werden: Lean Production, Lean Management [z.B. WOM90, WOM96], Segmentierungs-/ Modularisierungskonzepte [z.B. WIL94], Agile Company, Agile Manufacturing [z.B. NOA94, GOL96, PRE97], Holonic Manufacturing [z.B. HÖP94, TÖN94, SEI94, MAT95, TAN97], Bionic Manufacturing Systems [z.B. ENG90], virtuelle Unternehmen, virtuelle Produktion [z.B. DAV93, MER95, MÜL97, PIC98].

Die im folgenden aufgeführten Ansätze beinhalten im Gegensatz zu den oben genannten Ansätzen projektgestaltende Elemente oder eine Integration von System- und Projektsicht. Dabei kann zwischen empirisch-rationalen und normativ-reedukativen Ansätzen unterschieden werden [ST94].

Empirisch-rationale Veränderungsstrategien sind aus der Übertragung der klassischen Managementlehren auf Veränderungsprojekte hervorgegangen. Basis dieser Strategien sind umfassende empirische Analysen, aus denen über Datenverdichtung, -strukturierung und -interpretation Maßnahmen zur Veränderung, z. B. die Reorganisation von Geschäftsprozessen, abgeleitet werden. Harte Faktoren, wie z. B. Zeit-, Kosten- und Qualitätsziele, stehen dabei im Vordergrund. Die Vorgehensweise ist "Top-down"-orientiert. Fremdorganisatorische Veränderungsansätze [WAR93] überwiegen in empirisch-rational geprägten Projekten. Den empirisch-rationalen Ansätzen können zugeordnet werden: Ansätze aus der Systemtechnik (System Engineering) [DAE92], organisationstheoretische Ansätze [KIR79, GRO82] und Business Process Reengineering [HAM98].

Im Gegensatz zu den empirisch-rationalen Veränderungsstrategien liegt der Schwerpunkt der Betrachtung von normativ-reedukativen Veränderungsstrategien darauf, die weichen Faktoren als Katalysator der Veränderung zu nutzen. Normativ-reedukative Veränderungsstrategien zielen auf die Veränderung des Verhaltens und der Einstellung der Menschen. Wichtiges Element von normativ-reedukativen Veränderungsstrategien ist die Selbstorganisation. Unter den normativ-reedukativen Ansätzen können folgende Beiträge zusammengefaßt werden: Change Management (Prozeßbegleiter o.ä.) [DOP97, HEI93], Fraktale Fabrik [WAR93, WAR95a], Lernende Organisation/Beteiligungsqualifizierung [BIT91, KRE93, SEL93], Kontinuierliche Verbesserung (KVP) und KAIZEN [KVP95, KVP98a, KVP98b, IMA97].

Überprüft man die genannten Ansätze in bezug auf die in Kapitel 1.1 formulierten Anforderungen einer umsetzungsorientierten Vorgehensweise, so kann festgestellt werden, daß diese Anforderungen von den bisher bekannten Ansätzen nur zum Teil erfüllt werden (Bild 2.3).

Den systemgestaltenden Ansätzen fehlen Hinweise zu den Wegen, um die Gestaltungsziele zu erreichen. Der Umstrukturierungsprozeß bildet zumindest nicht den Schwerpunkt dieser Ansätze. Bei den empirisch-rationalen Ansätzen ist zu kritisieren, daß auf Absicherungselemente beim Vorgehen weitgehend verzichtet wird. Insbesondere die amerikanisch geprägten Ansätze des Business Process Reengineering favorisieren eher die Durchsetzung von Konzepten als eine durch die Mitarbeiter getragene und damit abgesicherte Umsetzung [SHU98a].

Legende:
Anforderung wird
○ nicht
◑ zum Teil
● gut
erfüllt

Anforderungen	Veränderungsansätze: Systemgestaltende Ansätze z.B. [WOM96], [WIL94]	Organisationstheorie z.B. [ST94], [KIR79]	Business Process Reengineering z.B. [HAM98]	Change Management, Prozeßbegleiter z.B. [DOP97], [HEI93]	Systemtechnik/ System Engineering z.B. [DAE92]	Selbstorganisation/ Fraktale Fabrik z.B. [WAR93], [WAR95a]	Lernende Organisation/ Beteiligungsqualifizierung z.B. [BIT91], [KRE93], [SEL93]	KVP, KAIZEN z.B. [IMA97], [KVP98a], [KVP98b]	Risikomanagement z.B. [KRA97]	Integrierte Veränderungsansätze z.B. [EV96a], [SHU98c]
System- und	●	●	●	○	●	●	○	◑	●	●
Projektgestaltung	○	●	●	●	◑	◑	◑	●	○	●
Veränderung der Systemstruktur	●	●	●	○	●	◑	○	○	◑	●
"Top-down"-/"Bottom-up"-Vorgehensweisen	○	○	○	○	○	◑	○	○	◑	●
Absicherung Projektgestaltung	○	○	○	●	○	◑	●	●	○	◑
Absicherung Systemgestaltung	◑	○	◑	○	◑	◑	○	●	●	○
Übergang zu permanentem Wandel	○	○	○	◑	○	●	●	●	○	◑

- **Integrierte Veränderungsansätze als Entwicklungsplattform für die Projektabsicherung**
- **Risikomanagement als Entwicklungsplattform für die Konzeptabsicherung**
- **Lösungsbeiträge aus allen Ansätzen für ein Vorgehensmodell**

Bild 2.3: Bewertung von Veränderungsansätzen in bezug auf ein umsetzungsorientiertes Vorgehen

Normativ-reedukative Ansätze erreichen unter Umständen nicht die für die Unternehmenssituation erforderlichen Umsetzungsgeschwindigkeiten. Darüber hinaus kann festgestellt werden, daß die Vorgehensweisen, Methoden und Hilfsmittel dieser Ansätze zum Teil sehr allgemein konzipiert und nicht unmittelbar auf den Anwendungsfall einer Umstrukturierung in der Produktion zugeschnitten sind [EV96a].

Neben den Ansätzen, die eindeutig den Umstrukturierungskategorien "empirisch-rational"/"top-down" und "normativ-reedukativ"/"bottom-up" zugeordnet werden können, existieren Beiträge, bei denen eine Integration von "top-down"- und "bottom-up"-orientiertem Vorgehen vorgesehen ist. Hier ist als Beispiel das durch einen Expertenkreis anläßlich des Aachener Werkzeugmaschinen Kolloquiums 1996 (AWK '96) entwickelte, umsetzungsorientierte Vorgehensmodell [EV96a] zu nennen. Darüber hinaus charakterisieren HESS und BRECHT die Ansätze von ACTION INC. (Action Methodology), DIEBOLD (Geschäftsprozeßoptimierung) und FERSTL/SINZ (semantisches Objektmodell) als integrierte Umstrukturierungsansätze [HES95].

Ein jüngerer Ansatz, der explizit auf die Integration von "top-down"- und "bottom-up"-orientierten Vorgehensweisen abhebt, ist die MOTION-Methode. Im Rahmen eines europäischen Forschungsprojektes entwickelt, fokussiert dieser Ansatz auf die spezifisch europäischen Randbedingungen von Umstrukturierungen [SHU98a, SHU98c, zum Vergleich: SER94]. Diese unterscheiden sich zum Teil deutlich von nordamerikanischen Bedingungen, die den BPR-Ansätzen zugrunde liegen, und den japanischen Gegebenheiten (Konsensbereitschaft, Gruppenorientierung), die KVP- oder KAIZEN-Vorgehensweisen begünstigen.

Schritte zur Absicherung der Systemkonzeption werden in den vorliegenden Ansätzen nur zum Teil berücksichtigt. Lediglich bei KVP-Prozessen ist die Konzeptabsicherung aufgrund der Beteiligung von Erfahrungsträgern in der Produktion systemimmanent. Allerdings ist hier anzumerken, daß Produktionskonzepte, die aus KVP-Prozessen abgeleitet werden, eher den Charakter von Prozeßoptimierungen - und nicht von Umstrukturierungen - haben. Der Einsatz von Methoden des Risikomanagement zur Konzeptabsicherung in Umstrukturierungsprojekten ist dagegen weitgehend unbekannt, obwohl diese eine methodische Fundierung einer Konzeptionsabsicherung bieten können [z.B. KRA97].

Insgesamt bleibt festzuhalten, daß integrierte Veränderungsansätze, wie z.B. die MOTION-Methode, mit Blick auf die identifizierten Anforderungen eine gute Entwicklungsplattform für ein umsetzungsorientiertes Vorgehen in Umstrukturierungsprojekten bieten. Wesentliches Merkmal dieser Ansätze ist die Integration von Projekt- und Konzeptsicherungen in den Vorgehensmodellen. Dieser Themenkomplex wird im folgenden Kapitel 2.3 näher untersucht.

2.3 Projekt- und Konzeptabsicherung in Umstrukturierungsprojekten

Im folgenden soll zunächst die MOTION -Methode näher beleuchtet werden, um hieraus ein umsetzungsorientiertes und projektneutrales Vorgehensmodell abzuleiten, das den weiteren Überlegungen im Rahmen dieser Arbeit zugrunde liegen soll. Hierzu wird die MOTION-Methode zunächst kurz vorgestellt. Darauf aufbauend wird das MOTION-Vorgehen mit einem Phasenmodell verknüpft. Außerdem werden die groben Vorgehenselemente der MOTION-Methode für eine Anwendung in Umstrukturierungsprojekten operationalisiert (Kapitel 2.3.1). Darüber hinaus wird der Themenbereich Risikomanagement als zweite mögliche Entwicklungsplattform vertiefend untersucht (Kapitel 2.3.2).

2.3.1 Ableitung eines projektneutralen Vorgehensmodells

Das MOTION-Vorgehensmodell ist im Rahmen des EU-ESPRIT-Projektes MOTION ("Model for Transforming, Identifying and Optimizing Core Processes" durch EVERSHEIM und SCHUH entwickelt worden [SHU98a, SHU98c, EV97b, EV98a]. MOTION ist dabei eine durchgängige Methode, die von der Strategieentwicklung bis zur praktischen Umsetzung schrittweise aufeinander aufbaut (Bild 2.4).

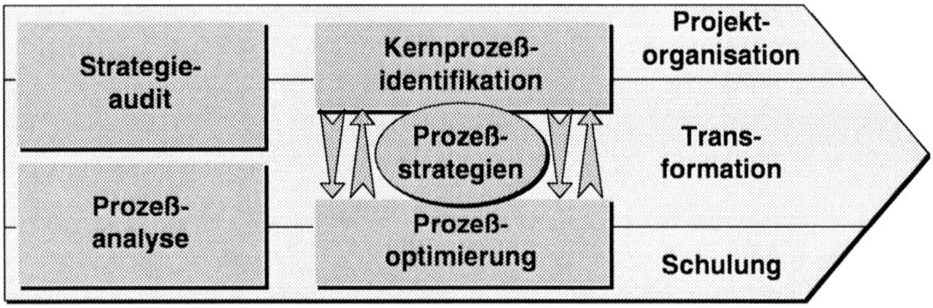

Bild 2.4: Das MOTION-Modell im Überblick

Neben der Diskussion und Festlegung der strategischen Ausrichtung des Unternehmens ist die Identifikation der Kernprozesse im Rahmen der MOTION-Methode eine essentielle Voraussetzung für eine effektive und wettbewerbswirksame Veränderung der Unternehmensabläufe und -strukturen. Diese Konzentration der Kräfte auf die wesentlichen Veränderungsobjekte wird durch eine prozeßbezogene Definition der Veränderungsziele und -strategien operationalisiert. Hier werden die Rahmenbedingungen für die Veränderung der Prozesse festgelegt. Anschließend erfolgt entweder eine schwachstellenorientierte Prozeßoptimierung oder auch eine idealzustandsorientierte Prozeßneugestaltung (Restrukturierung). Die erschlossenen Verbesserungspotentiale werden in der abschließenden Umsetzungsphase realisiert und durch die Implementierung eines kontinuierlichen Verbesserungsprozesses abgesichert [EV97b].

Um das MOTION-Vorgehensmodell besser im Rahmen der Projektgestaltung nutzen zu können, wird es im folgenden mit einem Phasenmodell verknüpft. Darüber hinaus sind die im MOTION-Modell vorgesehenen Vorgehensschritte für eine Projektanwendung weiter zu operationalisieren. Aufgrund des produktionsnahen Fokus der vorliegenden Arbeit erfolgt diese Operationalisierung insbesondere für die Schritte Prozeßanalyse, Prozeßoptimierung und die Umsetzung. Außerdem werden die Rahmenaufgaben Projektorganisation und Schulung konkretisiert. Die Vorgehensschritte zur Strategieentwicklung ("Strategieaudit", "Kernprozeßidentifikation" und "Prozeßstrategien") werden dagegen gegenüber dem MOTION-Modell nicht weiter spezifiziert.

Veränderungsprozesse - und damit auch Umstrukturierungsprojekte - durchlaufen unterschiedliche Phasen. In der Literatur findet sich dementsprechend eine Vielzahl von Vorschlägen für Phasenmodelle in Umstrukturierungsprojekten. So führt KIRSCH bereits 1979 - also weit vor dem Aufkommen der Reengineering-Konzepte der 90er Jahre - über 20 bekannte Phasenschemata des geplanten Wandels von Organisationen auf [KIR79]. Durch die Entwicklung von pragmatischen Vorgehensmodellen durch Unternehmensberater hat sich die Vielfalt an möglichen Phasenmodellen noch erhöht. Mit den 15 verschiedenen Vorgehensweisen des Business Process Reengineering, die in der Studie von HESS/BRECHT untersucht werden, sind ebenfalls unterschiedliche Phasenmodelle verbunden. Jeder wissenschaftliche oder kommerzielle Entwickler von Umstrukturierungskonzepten benutzt letztlich ein eigenes Phasenmodell [HES95].

In der Erfolgsfaktorenforschung findet sich jedoch kein Hinweis über den Einfluß der Wahl eines Phasenmodells auf den Erfolg von Umstrukturierungsprojekten. Zwar verwenden verschiedene Autoren Phasenmodelle zur Identifikation phasenbezogener Erfolgsfaktoren in Reengineering-Projekten; die Wahl der Phasen selbst wird aber nicht als erfolgsentscheidend gesehen [PER96]. Wesentlich ist vielmehr die Ausgestaltung des Projektvorgehens innerhalb des Rahmens, den ein Phasenmodell vorgibt.

Unterschiede finden sich in der Wahl der Stufigkeit des Phasenmodells. Sie reicht von groben 3-stufigen Modellen bis hin zu feingegliederten 7-Stufen-Modellen [KIR79]. Projektmeilensteine am Ende der Phasen sind die institutionalisierten Eingriffspunkte im Management von Projekten, da hier durch das Prüfen definierter Freigabe- und Abbruchbedingungen der Projektverlauf wesentlich beeinflußt werden kann. Für die Projektdurchführung kommt der Stufigkeit des Phasenmodells also eine Bedeutung zu.

In allen bekannten Phasenmodellen ist – unabhängig von der konkreten Phasenaufteilung und -bezeichnung - eine nicht veränderbare Zwangsreihenfolge erkennbar, die mit den Schritten "Projektvorbereitung", "Analyse", "Konzeption" und "Umsetzung" beschrieben werden kann. Diese Abfolge soll die Basis für das in der vorliegenden Arbeit verwendete Phasenmodell sein. Das Phasenmodell ist damit 4-stufig und liegt im Bereich der Mehrzahl der Phasenmodelle, die 4 bis 5 Stufen enthalten [KIR79 und HES95].

Operationalisiert man die für ein umsetzungsorientiertes Vorgehens erforderlichen Vorgehensschritte und ordnet diese zeitlich und inhaltlich in das um ein Phasenschema erweiterte MOTION-Vorgehensmodell ein, so kann das in <u>Bild 2.5</u> gezeigte projektneutrale Vorgehensmodell abgeleitet werden.

Der Begriff "projektneutral" bedeutet dabei, daß das Vorgehensmodell eine projektunabhängige Maximalversion in bezug auf die Integration von Projekt- und Konzeptabsicherungen darstellt. Die Einordnung in das MOTION-Basismodell erfolgt über die Zuordnung der Vorgehensschritte in die Rahmenaufgaben Projektorganisation, Transformation und Schulung. Die Anknüpfung an die strategiebezogenen Vorgehensschritte Strategieaudit, Kernprozeßidentifikation und Prozeßstrategien wird durch den Vorgehensschritt Strategieentwicklung repräsentiert, in dem diese Schritte zusammengefaßt sind.

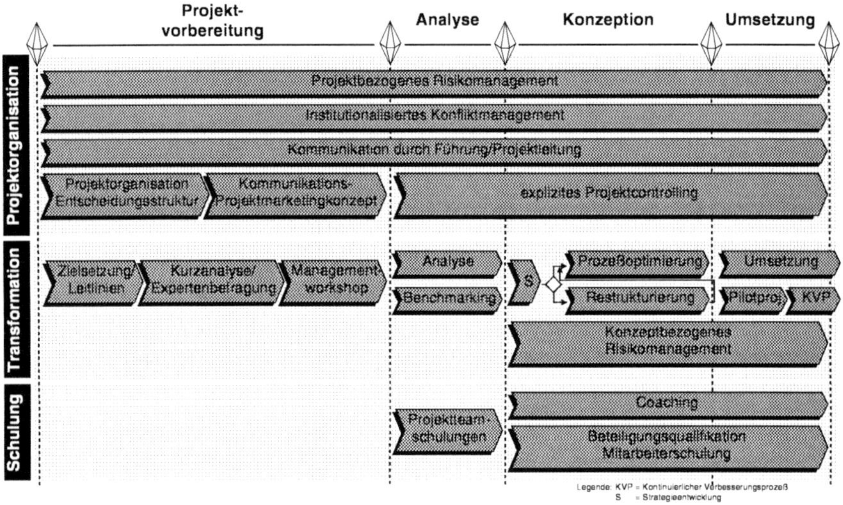

Bild 2.5: Das projektneutrale Vorgehensmodell

Kernelement des Vorgehen ist die Konzeption des Produktionssystems. Im Gegensatz zum MOTION-Grundmodell wurde der Begriff "Prozeßoptimierung" als wesentlicher Schritt in der Konzeptionsphase in die Vorgehensschritte "Prozeßoptimierung" und "Restrukturierung" unterteilt. Zu beachten ist, daß in der MOTION-Definition beide oben genannten Verständnisse unter dem Begriff "Prozeßoptimierung" zusammengefaßt sind [SHU98c]. Das hier zugrunde liegende Verständnis orientiert sich vielmehr an der in Kapitel 2.1 abgeleiteten Auffassung, daß eine Restrukturierung eine Prozeßoptimierung enthalten kann. Aus diesem Grund ist die Entscheidungsprozedur im projektneutralen Vorgehensmodell so aufgebaut, daß der Projektgestalter sich zwischen den Alternativen " (nur) Prozeßoptimierung" und "Restrukturierung und anschließende Prozeßoptimierung" entscheiden muß.

Zu den Vorgehensschritten des projektneutralen Vorgehensmodell im einzelnen:

Zielsetzung/Leitlinien ableiten: Hiermit sind die konkreten Projektziele in bezug auf die "klassischen" Zielgrößen Zeit, Kosten und Qualität gemeint. Die Ziele können in einem Projektpflichtenheft dokumentiert sein. Neben den Zeitzielen in bezug auf Durchlaufzeiten in der Produktion kann die Zielsetzung auch Projektzeitziele (z.B Meilenstein-Termine für das Projekt) beinhalten [BUR97, MAD94]. In eher normativ-reedukativ ausgerichteten Projekten kann die Ableitung der Projektziele auch die Erarbeitung von Unternehmensvisionen und -leitbildern umfassen [DAE92, SAY95].

Kurzanalyse/Expertenbefragung: Unter Kurzanalyse/Expertenbefragung soll eine Analyse verstanden werden, die der eigentlichen, umfassenden Analyse zeitlich vorgelagert ist. Durch Befragung von ausgewählten Mitarbeitern mit hohem Know-how soll in einer frühen Phase ein schneller Überblick über den Objektbereich des Projektes gewonnen werden, um z.B. Korrekturen in der Bilanzhülle des Projektes durchführen zu können. Eine mögliche Form der Kurzanalyse ist die konzentrierte Kurzvorstellung der Abteilungen durch die Abteilungsleiter vor dem Projektteam.

Managementworkshop: Hierunter ist die Durchführung eines Workshops mit dem Top-Management des Unternehmens zu verstehen [CAR95]. Dies ist in jedem Fall der Projektauftraggeber und zusätzlich die oberste Managementebene im Objektbereich des Projektes. Der Workshop kann in Form einer ein- oder mehrtägigen Klausurtagung ablaufen. Zu erreichende Ergebnisse sind: eine Festlegung und/oder Konkretisierung der Projektziele, eine Identifikation der Hauptansatzpunkte und die Wahl der Bilanzhülle für das Projekt. Wichtige Inhalte des Workshops können darüber hinaus die strategiebezogenen Vorgehensschritte des MOTION-Vorgehensmodells (Strategieaudit, Kernprozeßidentifikation und Prozeßstrategien) sein [SHU98c].

Projektorganisation/Entscheidungsstruktur festlegen: Hierunter sind die projektorganisatorischen Aufgaben zu verstehen. Dabei werden der Projektstrukturplan, die Teams und Arbeitsgruppen, Projekt- und Teilprojektleiter, Entscheidungs- und Steuergremien und der Projektablaufplan festgelegt [MAD94, CAR95, BUR97].

Kommunikations-/Projektmarketingkonzept: Hiermit ist die Erarbeitung eines <u>expliziten</u> Konzeptes gemeint, das über die Kommunikation in den Arbeitsgruppen hinausgeht. Das Konzept kann z.B. Mitarbeiterinformation durch Versammlungen, schwarze Bretter, Projektzeitungen, Mitarbeiterforen, Infomärkte oder Fragestunden zum Projekt beinhalten [CAR95, DOP97].

Projektbezogenes Risikomanagement: Unter diesem Vorgehensschritt werden alle Aktivitäten zusammengefaßt, die sich mit dem Projektumfeld, und hier insbesondere mit den aus dem Umfeld resultierenden Risiken für ein geplantes Projekt, befassen. Beispiele sind die Durchführung einer "Kraftfeldanalyse" ("Welche Kräfte wirken auf ein Projekt?", methodische Detektion von "heimlichen Spielregeln") und Erstellen einer "Projektlandschaft" ("Welche anderen Projekte gibt es?") [SMO95, DOP97].

Institutionalisiertes Konfliktmanagement: Hiermit ist die Installation von projektbezogenen Verfahren und Institutionen zur Bereinigung von Konflikten gemeint. Ein übliches Verfahren ist die Einrichtung z.B. eines Steuerkreises aus dem Top-Management des Unternehmens [SWA90, MAS93, MAD94, BUR97, VDIN98b].

Kommunikation durch Führung und/oder durch Projektleitung: Hierunter können z.B. projektbegleitende Mitarbeitergespräche fallen [EV96a, DOP97, LEC97, KES97].

Explizites Projektcontrolling: Hierunter ist die projektbegleitende Überwachung der Zielerreichung zu verstehen. Üblicherweise wird das Projektcontrolling an eine Bewertung und Umsetzungsüberwachung von Maßnahmen gekoppelt. Mögliche, methodische Ansätze sind projektbegleitende Controllingsysteme [SHU98b, REI97] und Controllingsysteme zur Leistungsmessung von Organisationen [CHA93, GLE97] sowie Balanced Scorecard Ansätze [KAP97].

Analyse: Wesentliche Elemente dieses Schrittes sind Prozeß- und Organisationsanalysen, Analyse der Kostenstrukturen, Sammeln von Schwachstellen, Grobabschätzung von Potentialen [SHU98c, EV95a].

Benchmarking: "Benchmarking ist ein Prozeß für das Auswerten und Vergleichen der Geschäftsprozesse/ Arbeitsprozesse/ Tätigkeiten/ Funktionen von Organisationen, die als Klassenbeste hinsichtlich eines Organisationsvergleiches und/oder eines Erreichens oder Übertreffens der besten industriellen Praktiken erkannt sind" [SPE92].

Systemgestaltung: Hierbei ergeben sich zwei alternative Ansätze. Alternative 1: Restrukturierung und anschließende Prozeßoptimierung oder Alternative 2: Prozeßoptimierung (zu den Definitionen vgl. Kapitel 2.1).

Konzeptbezogenes Risikomanagement: Hierunter sind die Vorgehensschritte zur Risikoidentifikation, -analyse, -bewertung und -behandlung in bezug auf das im Umstrukturierungsprojekt erarbeitete Produktionskonzept zu verstehen. Beispiele sind die Durchführung von Sensitivitätsanalysen und das Erstellen von Prozeß-FMEAs, Fehlerbaumanalysen und Ereignisablaufanalysen [DAE92, SNO97]. Vertiefende Ausführungen zu diesem Themenfeld finden sich in Kapitel 2.3.2.

Projektteamschulung: Schwerpunkt dieses Schrittes ist die Schulung von Mitarbeitern <u>für die Beteiligung</u>, d.h. für <u>Projektaufgaben</u>. Schulungsinhalte können Moderationstechniken, Kreativitätstechniken, Problemlöseprozesse und Bewertungsmethoden (z.B. Nutzwertanalyse) sein [BIT91, SEL93, KRE93].

Beteiligungsqualifikation/Mitarbeiterschulung: Im Gegensatz zur Projektteamschulung soll unter der Mitarbeiterschulung die Qualifikation für neue <u>Arbeitsaufgaben</u> verstanden werden. Eine häufige Qualifikationsform ist die Schulung <u>durch Beteiligung</u>. Weitere Formen sind die Schulung für "Job-Rotation/ -Enrichment/ -Enlargement" z.B. durch Fachkurse etc. [BIT91, SEL93, KRE93].

Coaching: Unter Coaching wird ein Konzept verstanden, bei dem die von Veränderungen betroffenen Mitarbeiter im Projekt durch einen Prozeßbegleiter betreut werden. Andere Konzepte in diesem Umfeld firmieren unter dem Begriff "Change Agent" [SER94, BAY95, DOP97].

Pilotprojekt: Hierunter wird die Konzeptumsetzung in einem Teilbereich verstanden, der repräsentativ für die anderen noch zu verändernden Bereiche in der Bilanzhülle des Projektes ist. Zielsetzung ist es, die erarbeiteten Konzepte zu erproben und ggf. zu korrigieren. Pilotprojekte haben darüber hinaus häufig "Durchbruchcharakter", d.h., daß mit Hilfe eines Pilotprojektes mögliche "Widersacher" einer Umstrukturierung von der Machbarkeit eines Konzeptes überzeugt werden sollen. Die Durchführung eines Pilotprojektes erfolgt zeitlich vor der Umsetzung des Umstrukturierungskonzeptes in der gesamten Bilanzhülle des Projektes. Üblich ist eine zeitliche Überlappung mit der Konzeptionsphase des Gesamtprojektes [MET97].

KVP: Hiermit ist der Übergang zu Prozessen kontinuierlicher Verbesserung innerhalb der neuen organisatorischen und räumlichen Strukturen gemeint [CAR95, KVP95, KVP98a, KVP98b].

2.3.2 Konzeptabsicherung durch Risikomanagement

Im folgenden wird der Vorgehensschritt des Risikomanagement weiter untersucht. Die Betrachtung eines projektbezogenen Risikomanagement erfolgt im Rahmen der Untersuchung und Gestaltung des Gesamtvorgehens in den Projekten. Der Fokus der nachfolgenden, vertiefenden Analyse wird daher auf der Absicherung des in Umstrukturierungsprojekten erarbeiteten Produktionskonzept mit Hilfe eines konzeptbezogenen Risikomanagement gelegt.

Der Begriff "Risiko" wird in Wissenschaft und Technik z.T. sehr unterschiedlich aufgefaßt und definiert. Darüber hinaus ist der Risikobegriff auch in der Alltagssprache präsent, beispielsweise im Zusammenhang mit der Diskussion über große Unfälle und Katastrophen, aber auch bei der Bewertung der persönlichen Lebenssituation. So bezeichnet der Risikobegriff in der Alltagssprache in der Regel die "Möglichkeit oder erhöhte Wahrscheinlichkeit des Eintritts eines als negativ bewerteten Ereignisses" [SE95].

Dem gegenüber steht die mathematische bzw. versicherungstechnische Risikodefinition: "Risiko ist das Produkt aus dem Ausmaß des Ereignisses und seiner Eintretenswahrscheinlichkeit" [BRÜ81]. Im Zusammenhang mit betriebswirtschaftlichen Fragestellungen bzw. Fragestellungen von Projektrisiken wird von Risiko als der "Gefahr einer Fehlentscheidung" [BRÜ81] bzw. als "Maß für die Möglichkeit des Abweichens des realisierten vom erwarteten Zielerreichungsgrad" [NEU89] gesprochen.

Um Risiken im Zusammenhang mit Umstrukturierungsprojekten behandeln zu können, ist es sinnvoll, diese nach Risikoarten zu unterteilen. Zusammenfassend nennen SCHNORRENBERG [SNO97] und RINZA [RIN94] als die wichtigsten Risikoarten: technische, wirtschaftliche, terminliche, soziokulturelle, politische und juristische Risiken. In Anhang A sind Beispiele für mögliche Operationalisierungen dieser Risikoarten für Umstrukturierungsprojekte aufgeführt.

Ansätze eines Risikomanagement sind zuerst in den USA entwickelt worden. Ende der 40er Jahre wurde hier im Zusammenhang mit Großprojekten und der daraus resultierenden, zunehmenden Belastung der Unternehmen durch Versicherungsprämien das Risk-Management (auch als Insurance-Management bezeichnet) konzipiert [HÄN96]. Dieses bezog sich ausschließlich auf versicherbare Risiken; d.h. es wurden nur die auf Fremdversicherungen "überwälzbaren" Risiken, wie z.B. durch Brand oder Produktrückruf, betrachtet. Im Gegensatz dazu werden bei den später abgeleiteten Ansätzen des europäischen Risikomanagement nicht nur die versicherbaren Risiken, sondern auch die spekulativen und nicht versicherbaren Risiken, wie z.B. Investitions-, Markt- oder Wechselkursrisiken, berücksichtigt. Heute stehen eine Vielzahl von Einzelansätzen des Risikomanagement zur Verfügung, die - wie in Bild 2.6 gezeigt wird – zu Ansatzgruppen zusammengefaßt werden können.

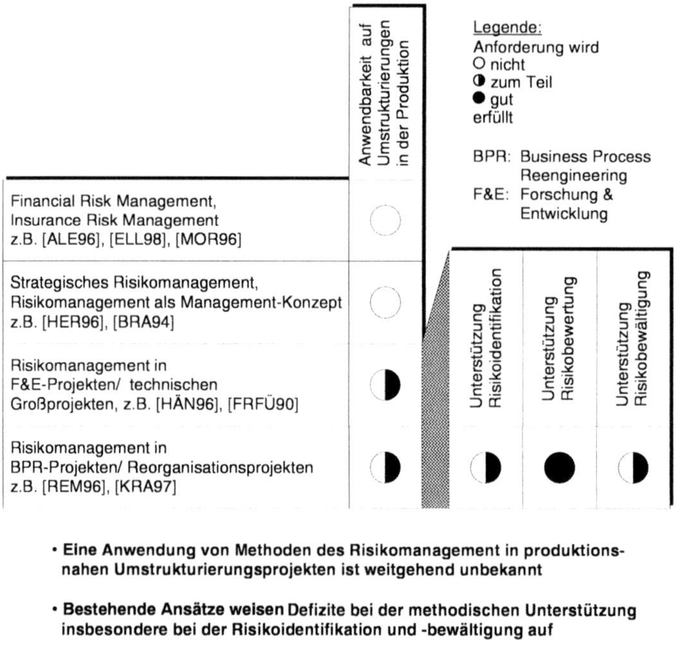

Bild 2.6: Ansätze des Risikomanagement: Übersicht

Der bei weitem größte Anteil der verfügbaren Literatur zum Thema Risikomanagement bezieht sich auf das "klassische" Risikomanagement von Versicherungen und finanziellen Risiken z.B. bei Aktiengeschäften. Dabei steht der mathematische Risikobegriff im Vordergrund. Die diskutierten Lösungsansätze beziehen sich dem entsprechend auf mathematische und statistische Modelle und deren Anwendung und Interpretation [z.B. ALE96, ELL98, MOR96].

Einen stärker betriebswirtschaftlichen Bezug weisen Ansätze auf, die sich unter dem Begriff "strategisches Risikomanagement" zusammenfassen lassen. Zielsetzung dieser Ansätze ist es, Risikomanagement als einen gleichberechtigten Managementansatz neben anderen Ansätzen entweder im Gesamtunternehmen [z.B. HER96] oder zumindest in Teilbereichen - wie z.B. dem Controlling [z.B. BRA84] - zu etablieren. Fokus des strategischen Risikomanagement für Gesamtunternehmen ist häufig die Vorsorge gegen betriebliche Katastrophenfälle [WER98, LEI95] oder – in jüngerer Zeit - gegen die negativen Folgen der Produkthaftung [TÖD98]. Kennzeichen der Ansätze des strategischen Risikomanagement ist die durchweg geringe Operationalisierung [z.B. HER96, BRA84] bzw. der geringe Projektbezug [WER98, LEI95, TÖD98].

Die weitaus große Mehrheit von Ansätzen des Risikomanagement mit Projektbezug bezieht sich entweder auf die Unterstützung von F&E-Projekten [HÄN96, KLE98] oder von technischen Großprojekten z.B. im Anlagenbau oder in der Bauwirtschaft [FR93, FRFÜ90, DAE92, HIR95, STE95, DAW98, TAV98]. Schwerpunkt des Risikomanagement für diese Art von Projekten ist dabei, Zielabweichungen der Verlaufsgrößen eines Projektes (z.B. des Projektzeitplanes oder des Projektbudgets) zu verhindern. Ergebnisgrößen (z.B. die Herstellkosten eines Produktes) stehen i.d.R. nicht im Vordergrund [DAW98, TAV98]. Die Entwicklung von Methoden in diesem Bereich ist weit fortgeschritten und hat eine Auswahl von anwendungsunabhängigen Methoden des Risikomanagement hervorgebracht, die inzwischen zum Standard des Risikomanagement gehören [DAE92].

Den stärksten Produktionsbezug weisen Methoden des Qualitätsmanagement auf, wie z.B. Prozeß-FMEAs [PF93]. Ansätze mit konkretem Bezug zum Management von Risiken in Reorganisationsprojekten bzw. Umstrukturierungsprojekten in der Produktion sind demgegenüber stark unterrepräsentiert [SIA96, REM96].

Ein Defizit aller methodischen Ansätze mit Produktions- und Projektbezug ist dabei im Bereich der Unterstützung der Risikoidentifikation und der Risikobewältigung zu verzeichnen, während die Unterstützung der Risikobewertung demgegenüber (z.B. durch Risikoportfolios) methodisch gut unterstützt wird. Dies erklärt sich dadurch, daß sowohl die Risikoidentifikation (z.B. über Checklisten) als auch die Risikobewältigung eine anwendungsspezifische Aufgabe darstellt, während die Bewertung der identifizierten Risiken mit Hilfe von Standardmethoden (wie z.B. der Equi-Risk-Contour-Methode) anwendungsunabhängig möglich ist.

KRATZELLER verfolgt den Ansatz einer a priori-Risikoidentifikation, bezieht seine Arbeit allerdings auf Projekte zur prozeßorientierten Reorganisation von Unternehmen. Einen spezifischen Produktionsbezug weist die Arbeit nicht auf [KRA97]. Die gleiche Einschätzung gilt für die Arbeiten von REMENYI und HEAFIELD, die die Bewertung und das Management von Risiken in Business-Process-Reengineering-Projekten – mit Fokus auf die Einführung von Informationstechnologien (IT) - untersuchen [REM96].

Insgesamt bleibt festzuhalten, daß die bestehenden Ansätze zum Risikomanagement von Projekten zwar einen guten Gesamtrahmen in bezug auf Vorgehensweisen und Methodeneinsatz bieten. Die heute verfügbaren Ansätze sind jedoch nicht auf die spezifische Situation von Umstrukturierungsprojekten in der Produktion ausgelegt und fokussieren eher auf Verlaufsgrößen eines Projektes als auf Ergebnisgrößen. Darüber hinaus wird in den verfügbaren Arbeiten nicht systematisch hergeleitet, für welche Risikoaspekte einer Umstrukturierung in der Produktion eine methodische Unterstützung erforderlich ist. Dieses Informationsdefizit führt zu Unsicherheiten über die geeigneten methodischen Unterstützungsmöglichkeiten insbesondere bei der Auswahl von Strategien zur Risikobewältigung.

Ähnlich wie bei den Phasenmodellen für das Gesamtvorgehen in Umstrukturierungsprojekten läßt sich das Vorgehen im Rahmen des Risikomanagement in Phasen einteilen. In der Literatur sind hierzu verschiedene Konzepte zu finden, wenngleich im Gegensatz zu den Phasenmodellen für die Gesamtprojekte beim Risikomanagement eine gewisse Homogenität festzustellen ist.

Als strukturierenden Rahmen für das Risikomanagement wird in der Arbeit das in Bild 2.7 vorgestellte Phasenmodell verwendet, das an das Phasenmodell des Risikomanagement von SCHNORRENBERG [SNO97] angelehnt ist.

Die Risikoidentifikation bildet die Grundlage des Risikomanagement. Dabei werden zunächst mögliche Risiken ermittelt, aber noch nicht bewertet. Die Bedeutung der Risikoidentifikation ist u.a. begründet durch den Bedarf, die relevanten Risiken möglichst früh zu erfassen. Identifizierte Risiken sollten schriftlich fixiert und dabei kurz umrissen werden.

Daran anschließend folgt die Risikobewertung. Die erkannten Risiken werden zunächst bezüglich der Eintrittswahrscheinlichkeit und der Schadenshöhe bewertet. Im Anschluß an die Bewertung werden die Risiken auf Basis der Eintrittswahrscheinlichkeit und/oder Schadenshöhe klassifiziert. Dabei besteht die Aufgabe der Klassifizierung darin, die Risiken nach der "Behandlungs-Bedürftigkeit" zu sortieren. Während der Risikobewältigung werden die Risiken zunächst auf mögliche Behandlungsalternativen geprüft. Daraufhin wird entschieden, welche der vorhandenen Behandlungsalternativen gewählt wird.

Zur Unterstützung des Risikomanagement sind eine Vielzahl von Methoden entwickelt worden, die den Phasen des Risikomanagement auf der in Bild 2.7 dargestellten Weise zugeordnet werden können. Es fällt auf, daß es phasenspezifische und phasenübergreifende Methoden gibt. Darüber hinaus wird deutlich, daß einige der aufgeführten Methoden (z.B. ABC-Analyse, Sensitivitätsanalysen) nicht ausschließlich im Rahmen des Risikomanagement angewendet werden, sondern aus anderen Ansätzen (z.B. Systems Engineering) bekannt sind.

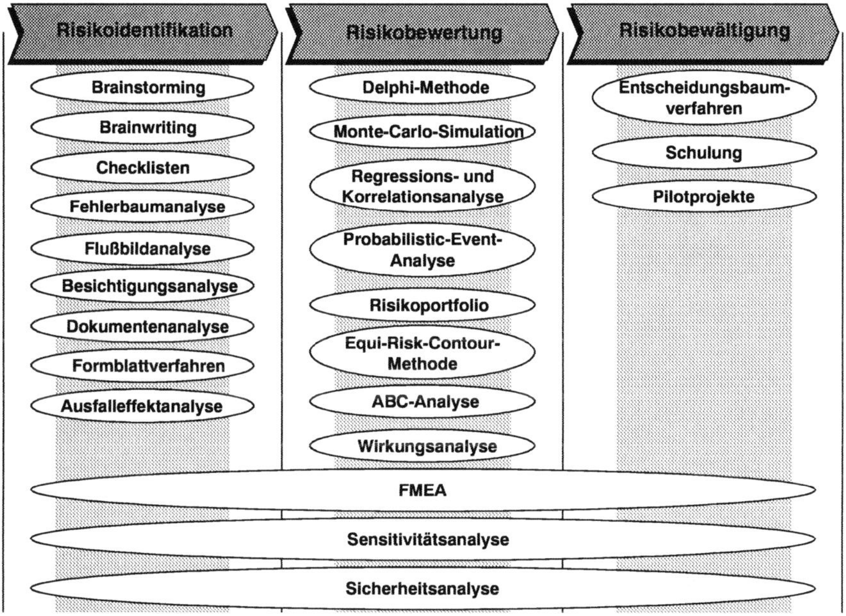

Bild 2.7: Phasen und Methoden des Risikomanagement (nach: [SNO97], [PAP93], [DAE92])

Kurze Erläuterungen zu den einzelnen Methoden befinden sich in Anhang B. Ausführliche Ausführungen dazu finden sich z.B. bei PAPE [PAP93], SCHNORRENBERG [SNO97] oder DAENZER [DAE92].

2.4 Zielsetzung der Arbeit

Führt man die Überlegungen zu einem projektneutralen Vorgehensmodell aus Kapitel 2.3.1 und zum Vorgehensschritt des konzeptbezogenen Risikomanagement aus Kapitel 2.3.2 zusammen, so läßt sich der in Bild 2.8 aufgezeigte Gesamtrahmen für ein umsetzungsorientiertes Vorgehen in Umstrukturierungsprojekten ableiten.

Der Gesamtrahmen ist dabei als eine projektneutrale Basis für ein umsetzungsorientiertes Vorgehen in Umstrukturierungsprojekten zu verstehen, bei dem die Gestaltung des Produktionssystems aus Gründen der Umsetzbarkeit um Schritte und Methoden zur Projekt- und Konzeptabsicherung ergänzt worden ist.

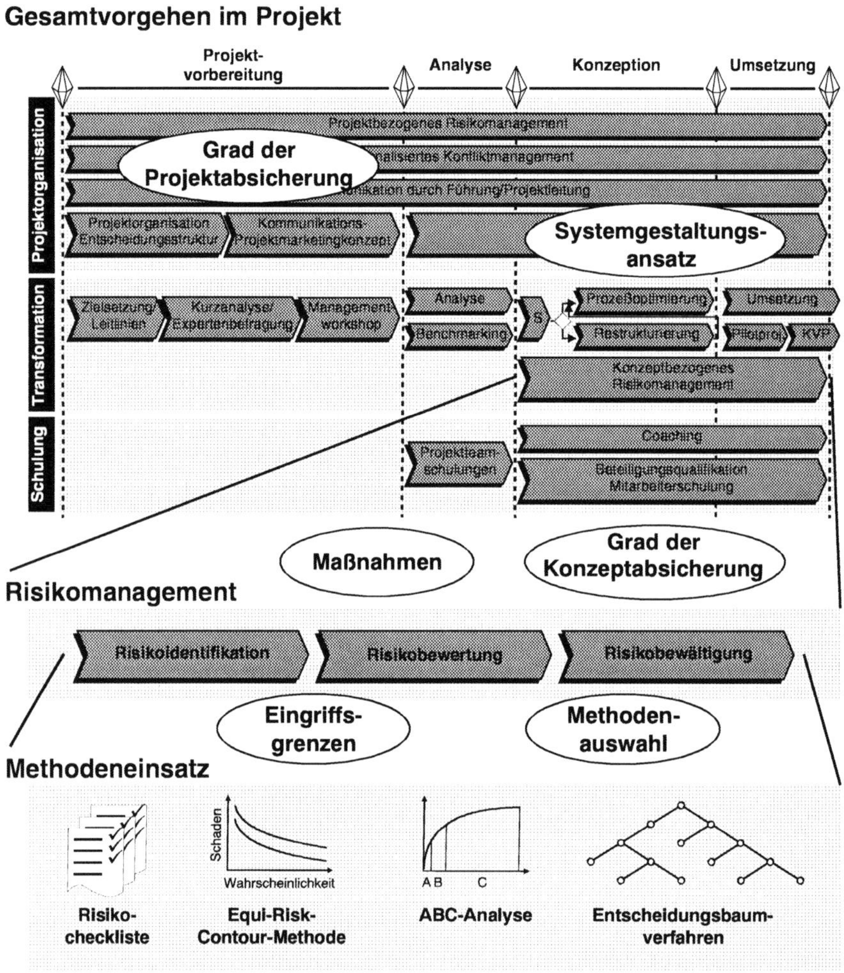

Bild 2.8. Gesamtrahmen für ein umsetzungsorientiertes, projektneutrales Vorgehen in Umstrukturierungsprojekten

Aus der Darstellung ist erkennbar, daß ein derartiges Vorgehensmodell umfangreich und komplex wird. Für den Projektgestalter stellt sich daher bei der Anwendung die Frage, wie dieses projektneutrale, umfassende Modell an die Randbedingungen eines spezifischen Umstrukturierungsprojektes angepaßt werden kann.

Der Projektgestalter steht hierbei vor verschiedenen Entscheidungsproblemen: Welches Maß an Projekt- und Konzeptabsicherung ist im Projekt sinnvoll? Welcher Ansatz der Produktionssystemgestaltung (Restrukturierung oder Prozeßoptimierung) ist vor dem Hintergrund der Projektziele erforderlich? Sind mögliche Eingriffsgrenzen zur Anwendung von Methoden des Risikomanagement erreicht? Welche Methoden sollen eingesetzt werden?

Mit Hilfe der zu erarbeitenden Methodik zur umsetzungsorientierten Projektgestaltung soll an dieser Stelle angesetzt werden. Das erste Teilziel der Arbeit besteht darin, eine Entscheidungsunterstützung für den Projektgestalter bei den oben genannten Fragestellungen zu entwickeln (Bild 2.9).

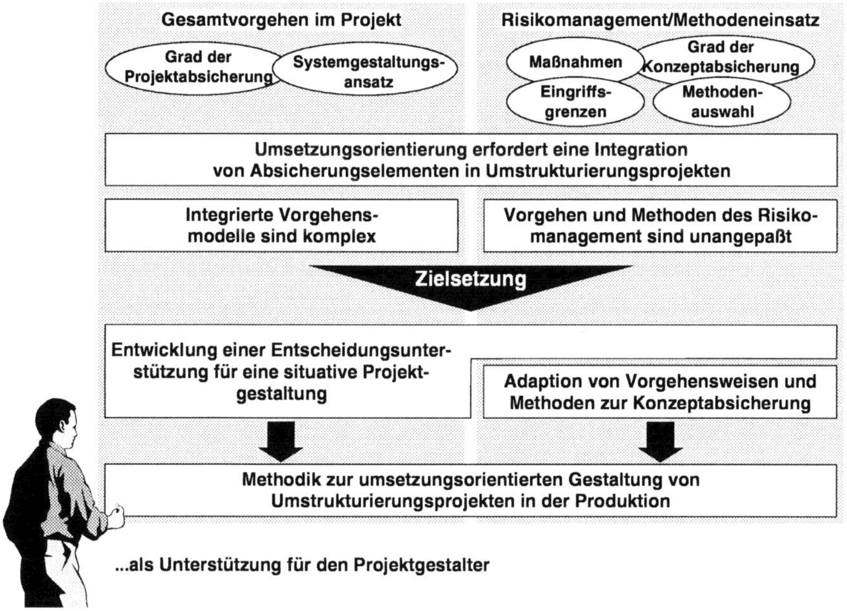

Bild 2.9: Zielsetzung der Arbeit

Der Projektgestalter soll hiermit bei der situativ adäquaten Eingrenzung der Vorgehensoptionen - im Sinne einer situativen Projektgestaltung - unterstützt werden. Die Projektgestaltung soll dabei im Rahmen dieser Arbeit die Konfiguration des Projektes zu Projektbeginn sowie eine situative Anpassung im Projektverlauf umfassen. Unter "situativer Projektgestaltung" wird in diesem Zusammenhang die systematische Berücksichtigung von Projektrandbedingungen (z.B. die Projektgröße) oder von Projektergebnissen (z.B. Merkmale des Umstrukturierungskonzeptes) verstanden. Die wesentliche methodische Herausforderung für die Arbeit liegt darin, aus der großen Anzahl möglicher Steuergrößen die entscheidungsrelevanten Größen zu identifizieren und in der Methodik im Sinne einer Navigationshilfe für den Projektgestalter zu berücksichtigen.

Neben den Methoden und Hilfsmitteln zur Projektabsicherung (z.B. durch Information und Kommunikation im Projekt) ist die Konzeptabsicherung - d.h. die Sicherstellung der Funktionalität des durch die Umstrukturierung veränderten Produktionskonzeptes - ein wichtiges Element eines umsetzungsorientierten Vorgehens. Die Analyse des Standes der Forschung in den vorangegangenen Kapiteln zeigt, daß die Vorgehensweisen und Methoden des Risikomanagement eine geeignete Plattform für eine Konzeptabsicherung darstellen. Handlungsbedarf besteht allerdings in der Adaption der Elemente des Risikomanagement auf die spezifischen Randbedingungen von Umstrukturierungsprojekten in der Produktion.

Hieraus leitet sich das zweite Teilziel für die Arbeit ab: Neben der Entscheidungsunterstützung in bezug auf das Gesamtvorgehen soll die zu erarbeitende Methodik den Projektgestalter bei der Risikoidentifikation und der darauf aufbauenden situativen Auswahl von Strategien zur Bewältigung von möglichen Konzeptrisiken unterstützen, die sich aus der Umstrukturierung ergeben können. Unter Bewältigungsstrategien sind in Umstrukturierungsprojekten insbesondere präventiv wirkende Methoden (z.B. Simulation, Sensitivitätsanalysen) zu verstehen, die bereits projektbegleitend (z.B. in der Konzeptionsphase) – und nicht erst nach der Umsetzung des neuen Produktionskonzeptes – einsetzbar sind. Voraussetzung für diese Entscheidungsunterstützung ist die Kenntnis darüber, welche Risikoaspekte bei Umstrukturierungsprojekten in der Praxis im Vordergrund stehen.

Als wissenschaftliche Grundlage für die Arbeit werden die aus der Organisationslehre bekannten situativen Ansätze (bzw. Kontingenzansätze) herangezogen und auf die Gestaltung von Umstrukturierungsprojekten übertragen [ST94]. Eine wesentliche methodische Konsequenz dieser Forschungskonzeption besteht darin, daß die zu erarbeitenden Empfehlungen zu Vorgehen und Methodeneinsatz in Umstrukturierungsprojekten nicht alleine aus Plausibilitätsüberlegungen abgeleitet werden können, sondern empirisch gestützt ermittelt werden müssen. Dieser Anforderung wird in der vorliegenden Arbeit mit Hilfe einer explorativ-empirischen Auswertung von Umstrukturierungsprojekten entsprochen.

Die Projektdaten werden dabei zum einen dazu herangezogen, die signifikanten Einflußgrößen auf das Gesamtvorgehen in Umstrukturierungsprojekten zu identifizieren und für eine situative Projektgestaltung nutzbar zu machen. Zum anderen wird mit Hilfe der Projektauswertung der Stand der Anwendung von Methoden des Risikomanagement in Umstrukturierungsprojekten analysiert. Von besonderem Interesse ist dabei, die Randbedingungen (z.B.

Risikoarten) zu identifizieren, die die Entscheidung über den Methodeneinsatz beeinflussen. Hieraus werden die Schwerpunkte für die Methodenadaption abgeleitet.

Die zu entwickelnde Methodik soll dazu beitragen, die Umsetzungschancen für die erforderlichen Veränderungen in produzierenden Unternehmen zu erhöhen. Die Betrachtung wird dabei auf Projekte zur Umstrukturierung der Produktion und der produktionsnahen Unternehmensbereiche konzentriert. Kostenziele sind eine Hauptmotivation zur Durchführung von Umstrukturierungsprojekten [TIM95]. Projekte mit Kostenzielen stellen wegen der möglichen Widerstände besonders hohe Anforderungen an ein umsetzungsorientiertes Vorgehen. Der Schwerpunkt der Arbeit wird daher auf Projekte zur Effizienzsteigerung bzw. zur Kostenreduzierung gelegt.

3 Übertragung von situativen Ansätzen auf die Projektgestaltung

Wesentlicher Bestandteil der zu entwickelnden Methodik ist eine Unterstützung des Projektgestalters bei der situativen Eingrenzung der Handlungsoptionen in Umstrukturierungsprojekten. Im Kapitel 3.1 werden zunächst die Anforderungen an eine Anwendung von situativen Ansätzen auf die Gestaltung von Umstrukturierungsprojekte formuliert. Die heute verfügbaren Ansätze werden auf die Erfüllung der Anforderungen hin überprüft. Anschließend werden situative Ansätze aus der Organisationsforschung vorgestellt (Kapitel 3.2). In Kapitel 3.3 wird das Lösungskonzept einer Übertragung von situativen Ansätzen auf die Projektgestaltung entworfen. Im Rahmen von Kapitel 3.4 erfolgt schließlich eine Konkretisierung des Lösungsansatzes durch die Ableitung von Entwicklungs- und Nutzungsmodellen für die Methodik auf der Basis situativer Ansätze.

3.1 Anforderung an eine situative Projektgestaltung

Die Anforderungen an eine situative Projektgestaltung als einem wesentlichen Element für die zu entwickelnde Methodik sind in Bild 3.1 aufgeführt.

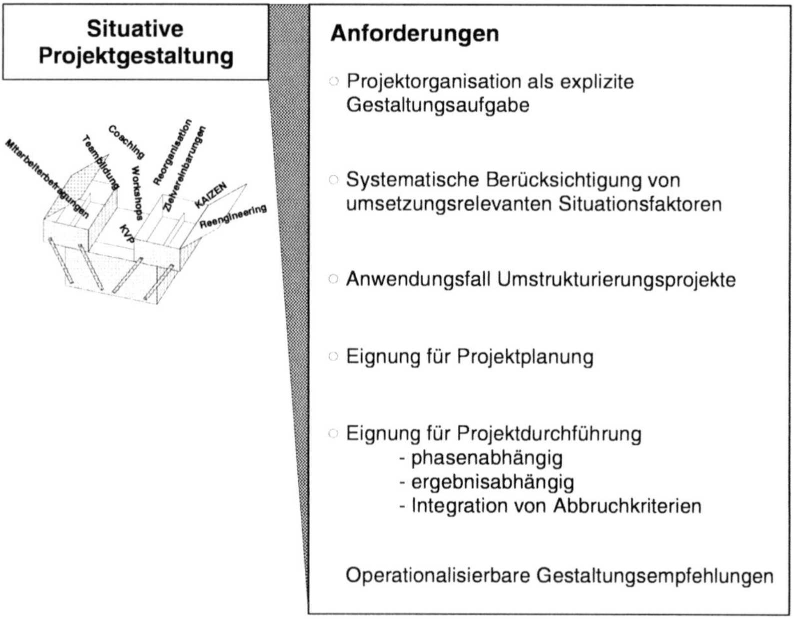

Bild 3.1: Anforderungen an eine situative Projektgestaltung

Zu den Anforderungen im einzelnen:

- Unterstützung bei der Projektgestaltung: Die gewählten Lösungselemente für die Methodik müssen sich explizit auf die Gestaltung von Projekten beziehen. Diese Anforderung führt dazu, daß insbesondere Beiträge, wie z.B. organisationstheoretische Modelle, die nicht unmittelbar aus dem Lösungsrepertoire des Projektmanagement stammen, an Projektbedingungen (Einmaligkeit, Befristung etc., vgl. Kapitel 2.1) anzupassen sind.

- Systematische Berücksichtigung von umsetzungsrelevanten Situationsmerkmalen: Eine situative Eingrenzung von Handlungsoptionen unter der Leitidee der Umsetzungsorientierung (vgl. Kapitel 1.1) erfordert die systematische Berücksichtigung der umsetzungsrelevanten Merkmale der Projektsituation. Hieraus ergibt sich die Anforderung einer situativen Projektgestaltung.

- Anwendungsfall Umstrukturierungsprojekte: Die zu erarbeitende Methodik muß auf die spezifischen Randbedingungen von Umstrukturierungsprojekten in der Produktion ausgelegt sein. Dies bezieht sich insbesondere auf das zugrundeliegende Vorgehensmodell sowie die Auswahl und Strukturierung der relevanten Situationsmerkmale.

- Eignung für die Projektplanung (statische Komponente)/Betonung der frühen Projektphasen: Die zu erarbeitende Methodik soll den Projektgestalter zunächst bei der Erstkonfiguration des Projektes unterstützen. Dabei sind die über die Projektlaufzeit voraussichtlich unveränderlichen Situationsmerkmale (z.B. Unternehmensgröße) sowie die Ausprägungen der zum Zeitpunkt der Erstkonfiguration vorliegenden variablen Situationsmerkmale zu berücksichtigen. Die Methodik muß dabei insbesondere in der frühen Phase der Projektvorbereitung eine Unterstützung bieten.

- Eignung für die Projektdurchführung (dynamische Komponente): vor dem Hintergrund der durchschnittlichen Laufzeit von Umstrukturierungsprojekten von 24 Monaten [PIC95] reicht die oben geforderte statische Unterstützung bei der Projektplanung nicht aus. Die zu erarbeitende Methodik muß den Projektgestalter vielmehr ebenso bei der Projektdurchführung unterstützen. Dies bezieht sich insbesondere auf die phasenabhängige, geplante Rekonfiguration des Projektes unter Berücksichtigung von Veränderungen der Merkmale der Projektsituation (z.B. Zielsetzungen) und der erarbeiteten Zwischenergebnisse (z.B. Merkmale des umzusetzenden Produktionskonzeptes).

- Operationalisierbare Gestaltungsempfehlungen: die erarbeitete Methodik muß in Umstrukturierungsvorhaben operativ zur Projektgestaltung eingesetzt werden können. Dies hat Auswirkungen insbesondere auf das zulässige Abstraktionsniveau der zu erarbeitenden Modelle und Vorgehensweisen.

Der wissenschaftstheoretische Ursprung des Situationsbegriffs liegt in der Organisationslehre: "Situative Ansätze" sind aus den Kontingenztheorien der empirischen Organisationsforschung bekannt und erklären die Abhängigkeit der Organisationsstrukturen in Unternehmen von sogenannten Kontextfaktoren (= Umgebungsfaktoren). Die Leitidee ist dabei, daß die Kombination der Ausprägung von Kontextfaktoren (Markt, Technologie etc.) eine bestimmte Organisationsform des Unternehmens bedingen (Kontingenz = Bedingtheit). Weiterentwicklungen dieser "analytisch-deterministischen" Variante der Kontingenztheorie ("klassisch situative Ansätze") bestehen in der Berücksichtigung von Kontextfaktoren bei der aktiven Gestaltung von Unternehmensorganisationen. In diesen häufig auch als "Wahlmodelle" bezeichneten Ansätzen ist ein Organisationsgestalter vorgesehen, der einen Gestaltungsspielraum hat, um einen Abgleich zwischen den Kontextfaktoren und der Unternehmensorganisation herbeizuführen [ST94]. Darüber hinaus wird das Verhalten der Organisationsmitglieder berücksichtigt ("verhaltenswissenschaftlich situative Ansätze").

Vor dem Hintergrund der oben formulierten Anforderungen sind die heute verfügbaren Ansätze zur Organisations- bzw. Projektgestaltung wie folgt zu beurteilen (Bild 3.2):

Die beiden möglichen Ausprägungen situativer Ansätze, die historisch älteren sogenannten "klassischen" Ansätze [WOO65, PUG76, LALO67] und die neueren, verhaltenswissenschaftlich geprägten Ansätze [SÖG78, CHI72, KIE92], fokussieren explizit auf die Gestaltung von Unternehmensorganisationen und nicht auf die Gestaltung von Projektorganisationen.

Ansätze des Projektmanagement beinhalten eine Vielzahl von Methoden und Hilfsmittel zur Gestaltung von Umstrukturierungsprojekten [BUR97, MAD94]. Insbesondere die Gestaltung der Projektorganisation mit der Unterscheidung von Projektablauf und -aufbau bietet gute Anknüpfungspunkte für eine situative Projektgestaltung. Auch in den Arbeiten zum Thema Projektmanagement ist eine Tendenz zu einer stärkeren Berücksichtigung von "weichen Faktoren" zu verzeichnen [HEE92], wie sie sich in Ansätzen zu einem systemisch-evolutionären Projektmanagement wiederfinden [BAL90, SAY95]. In Verbindung mit erweiterten Ablaufmodellen ergibt sich jedoch auch hier der Bedarf für eine situative Eingrenzung der Vorgehensoptionen.

In jüngerer Zeit werden situative Ansätze im Rahmen der Erfolgsfaktorenforschung auch auf Projekte angewendet. Sehr differenziert ist dabei die Arbeit von LECHLER, der in einer großzahligen Untersuchung Projekte analysiert [LEC97]. Er grenzt seine Arbeit zunächst gegenüber 44 empirischen Studien der Jahre 1967 bis 1992 zu Erfolgsfaktoren des Projektmanagement ab. Auffällig ist dabei die Dominanz amerikanischer und britischer Beiträge, die sich aus der starken Forschungstradition situativer Ansätze in diesen Ländern erklären läßt. Untersuchungsobjekte sind in der Mehrzahl Innovations- und Softwareentwicklungsprojekte (35 von 44). Es dominieren auf Entdeckungszusammenhänge ausgerichtete explorative Studien; lediglich 10 von 44 Studien sind konfirmatorisch und hypothesentestend ausgelegt.

LECHLER verfolgt einen konfirmatorisch angelegten Weg mit einem Fokus auf Projektmanagement in deutschen Unternehmen. Er identifiziert dabei einen Zusammenhang zwischen Merkmalen der Projektsituation (er nennt diese "Merkmale der Projektaufgabe") und dem Projektvorgehen und leitet daraus Empfehlungen für die Projektgestaltung ab.

	Projektorganisation als explizite Gestaltungsaufgabe	Systematische Berücksichtigung von umsetzungsrelevanten Situationsfaktoren	Anwendungsfall Umstrukturierungsprojekte	Eignung für Projektplanung	Eignung für Projektdurchführung	Operationalisierbare Gestaltungsempfehlungen
Klassisch situative Ansätze (Woodward, Pugh, Lawrence/Lorsch u.a.)	○	●	○	○	○	◑
Verhaltenswissenschaftlich situative Ansätze (Schreyögg, Child, Kieser u.a.)	○	●	○	○	○	○
Projektmanagement (Burghardt, Maddaus u.a.)	●	○	◑	●	●	●
Metz, Ruhnau	●	◑	◑	◑	○	●
Maier	◑	○	●	◑	○	◑
Fopp	●	◑	◑	●	◑	◑
Ahn, Gießler	●	●	○	◑	○	◑
Laufenberg	●	◑	○	●	●	●
Triebel	●	◑	○	●	●	●
Lechler	●	●	◑	◑	◑	◑
Perlitz et al.	●	●	◑	◑	◑	◑
Sollprofil der vorliegenden Arbeit	●	●	●	●	●	●

Legende: Anforderungsmerkmale voll (○), teilweise (◑), nicht (○) erfüllt.

Bild 3.2: Stand der Forschung zur situativen Projektgestaltung

LECHLER merkt an: Wie die Analyse zeigt, "...genügt ein situationsunabhängiges Projektmanagement den Ansprüchen der Realität nicht. Je nach merkmalspezifischen Ausprägungen der Projektaufgabe divergieren die Erfolgseinflüsse der analysierten Erfolgsfaktoren in unterschiedlichem Maße" [LEC97]. Allerdings erfolgt keine Fokussierung auf spezielle Projektinhalte, so daß die getroffenen Aussagen für das Vorgehen in Umstrukturierungsprojekten zu konkretisieren sind.

Einen ähnlichen Ansatz verfolgt PERLITZ mit einer Untersuchung über Erfolgsfaktoren in Reengineering-Projekten. Auch hier werden zwar vorgehensbezogene Erfolgsfaktoren identifiziert, der Schwerpunkt dieser Untersuchung liegt dagegen auf der Detektion der Erfolgsfaktoren. Eine Verknüpfung mit einem konkreten Vorgehensmodell findet auch hier nicht statt [PER96].

FOPP stellt eine Typologie von Veränderungsprozessen vor [FOP98]. Die Projekttypen werden dabei aus einer Kombination der projektbeschreibenden Dimensionen "Veränderungsbreite und -umfang" und "Veränderungsintension und –intervall" abgeleitet und mit grundlegenden Veränderungsstrategien verknüpft (z.B. Business Process Reengineering oder Total Quality Management). Die Projekttypen werden dabei jedoch nur auf Basis einer Plausibilitätsargumentation – und nicht auf Basis empirischer Betrachtungen – abgeleitet. Die vorgestellten Vorgehensmodelle sind sehr allgemein gehalten und fokussieren nicht speziell auf den Anwendungsfall der Umstrukturierung in der Produktion.

Situative Ansätze für eine Projektgestaltung sind weiterhin aus Forschungsarbeiten zur Organisation der Produktentstehung bekannt [LFB95, AHN97, GIE98] oder zur Gestaltung von F&E-Kooperationen [TRI95]. Eine Anwendung auf die Projektgestaltung in produktionsnahen Umstrukturierungsvorhaben erfolgt bisher nur unter speziellem Fokus auf arbeitswissenschaftliche Aspekte, etwa für die Vorgehensweise zur Einführung von Gruppenarbeit [RUH97], oder - noch spezieller - für die Auswahl von geeigneten Pilotbereichen zur Einführung von Gruppenarbeit [MET97].

Ebenfalls mit Fokus auf Umstrukturierungsprojekte ist die Arbeit von MAIER [MAI93] angelegt. Auf Basis einer empirischen Untersuchung leitet MAIER Einführungsstrategien für die Fertigungssegmentierung ab. Der Schwerpunkt der Betrachtung liegt dabei auf der Ableitung einer situationsgerechten Anwendung und Kombination von Gestaltungsmaßnahmen bei der Systemgestaltung. Elemente der Projektgestaltung werden ebenfalls betrachtet und zu allgemeinen Erfolgsfaktoren für Restrukturierungsprojekte (z.B. Einbindung des Betriebsrates) verdichtet. Während die Empfehlungen für die Systemgestaltung sehr differenziert ausfallen, identifiziert MAIER auf dieser Basis lediglich das Situationsmerkmal "Unternehmensgröße" als Differenzierungsmerkmal für unterschiedliche Handlungsstrategien in der Projektgestaltung. Eine Einbettung der Projektgestaltung in ein situatives Vorgehensmodell ist nicht gegeben.

Insgesamt kann festgestellt werden, daß die Anwendung situativer Ansätze auf das Forschungsobjekt "Projekt" möglich und sinnvoll ist. Die Beiträge dazu entstammen dabei fast ausschließlich der Betriebswirtschaft und sind entsprechend übergreifend angelegt. Aus ingenieurwissenschaftlicher Sicht ergibt sich hieraus der Bedarf für den Forschungsansatz einer situativen Projektgestaltung (explorativ und/oder konfirmatorisch) mit dem operativem Charakter einer Anwendung in produktionsnahen Umstrukturierungsprojekten. Wichtig erscheint in diesem Zusammenhang eine enge und gut operationalisierbare Verbindung zwischen Hypothesengerüst und Vorgehensmodell, die in den betriebswirtschaftlichen Modellen nicht ausreichend gegeben ist.

Ein wesentlicher Lösungsbeitrag für die Arbeit ist das Situationsverständnis und die darauf aufbauenden theoretischen Grundlagen zur systematischen Berücksichtigung von Kontextfaktoren im Rahmen der situativen Ansätze. Im nächsten Abschnitt sollen diese Ansätze daher näher beleuchtet werden.

3.2 Situative Ansätze in der Organisationsforschung

Situative Ansätze in der Organisationsforschung basieren auf systemtheoretischen Konzepten. Unternehmen werden dabei als offene Systeme verstanden, deren innere Organisation sich primär an äußeren Einflußfaktoren orientieren muß. Aufbauend auf dieser Vorstellung wurden die situativen Ansätze entwickelt, um die Abhängigkeit der Organisationsstruktur von den Kontextfaktoren zunächst zu erklären. In Verbindung mit der Messung des Erfolgs einer Organisation resultieren hieraus in späteren Arbeiten Empfehlungen für die Organisationsgestaltung. Situative Ansätze erfordern damit dezidiert ein empirisches Forschungsprogramm. In der wissenschaftshistorischen Entwicklung werden die klassisch situativen Ansätze und die verhaltenswissenschaftlichen situativen Ansätze unterschieden, die sich im wesentlichen durch das Maß der Determiniertheit der Organisationsgestaltung unterscheiden [ST94].

3.2.1 Klassisch situative Ansätze

Die Entwicklung situativer Ansätze geht auf Arbeiten britischer Forscher in den frühen 60er Jahre zurück [WOO65]. Die bekanntesten, auf diesen Arbeiten aufbauenden Weiterentwicklungen des situativen Forschungsansatzes (Contingency Approach, Situational Approach) werden von der Aston-Gruppe um Pugh vorgestellt [PUG76], die ein umfassendes Forschungsprogramm hierzu durchgeführt hat. Eine explizite Theorie der situativen Ansätze wird schließlich von den Amerikanern Lawrence und Lorsch entworfen [LALO67].

Grundlage des empirischen Programms ist die vergleichende Forschung nach regelhaften Zusammenhängen zwischen organisationsunabhängigen Variablen (z.B. dem Markt), den organisationsabhängigen Variablen (z.B. der Organisationsstruktur eines Unternehmens) und dem Erfolg der Organisation. Die vermuteten Zusammenhänge werden in Form von Hypothesen formuliert und anhand von großzahligen Unternehmensbeispielen verifiziert. Die der Hypothesenbildung zugrundeliegende Annahme besteht darin, daß solche Unternehmen besonders erfolgreich (effizient) sind, deren innere Struktur ein hohes Maß an Übereinstimmung ("fit") mit den Anforderungen aufweist, die sich aus den organisationsunabhängigen Variablen ergeben. Aufgrund dieser Betonung von kausalen Zusammenhängen werden die klassisch situativen Ansätze auch "deterministische" [ST94] oder "quasi-mechanistische" [KIE92] Ansätze genannt.

Die Arbeiten der genannten Forscher sind z.T. von einem geringen Bewährungsgrad der formulierten Hypothesen, niedrigen Korrelationen und damit insgesamt inkonsistenten Ergebnissen geprägt. Die klassisch situativen Ansätze werden daher in Wissenschaft und Praxis z.T. deutlich kritisiert. Die Kritik bezieht sich dabei zum einen auf das zugrunde liegende theoretische Konzept und zum anderen auf die angewendeten empirischen Methoden [SÖG78, ST94].

Schwerpunkt der Kritik an der Theorie ist, daß soziale und verhaltenswissenschaftliche Sachverhalte in dem eher naturwissenschaftlich geprägten Kontingenzmodell und den daraus abgeleiteten quantitativ-statistischen Methoden nicht ausreichend berücksichtigt werden, obwohl sie offensichtlich eine wichtige Erklärungskomponente darstellen [ST94]. Kritisiert wird insbesondere der Versuch, die formulierten Zusammenhänge als Gesetzmäßigkeiten und nicht als kontextabhängige Regelmäßigkeiten zu verstehen, wie dies etwa Sozialwissenschaftler in ihren Forschungsansätzen tun. Aus der Kritik an den klassisch situativen Ansätzen sind die sogenannten verhaltenswissenschaftlich situativen Ansätze entwickelt worden, die im folgenden Kapitel 3.2.2 vorgestellt werden.

3.2.2 Verhaltenswissenschaftlich situative Ansätze

Die wesentliche Veränderung der verhaltenswissenschaftlich situativen Ansätze gegenüber den klassischen Ansätze besteht in der Einbeziehung von Handlungsspielräumen eines Organisationsgestalters. Dieser Ansatz führt zu einer Loslösung von der Vorstellung einer situativ determinierten Organisationsstruktur der klassischen Ansätze.

Das Spielraumkonzept wird von unterschiedlichen Autoren unter vielfältigen Bezeichnungen verfolgt: strategische Wahl [CHI72], Organisationsstrategie [MILES/SNOW in ST94], Entscheidungsspielraum des Management [MONTANARI in ST94], Entscheiderwahl [BOBBIT/FORD in ST94] und strukturbezogene Wahlmöglichkeit [KUBICEK in ST94].

Bei den verhaltenswissenschaftlich situativen Ansätzen tritt der Organisationsgestalter als "Puffer" zwischen der externen Situation und der internen Organisationsstruktur auf. Die hieraus resultierenden Wahlmodelle sind interaktionistisch angelegt. Dabei wird die Möglichkeit berücksichtigt, daß Unternehmen trotz des äußeren Änderungsdrucks ihre innere Struktur beibehalten und - z.B. durch eine geeignete Unternehmenspolitik - Teile der Umgebungsbedingungen beeinflussen. Der Begriff "verhaltenswissenschaftlich" situativ wird dabei mit der Schwerpunktverlagerung des Forschungsinteresses von den Umwelt-Struktur-Beziehungen der klassisch-situativen Ansätze zu den Struktur-Verhalten-Beziehungen begründet [ST94].

Die methodische Konsequenz der verhaltenswissenschaftlich situativen Ansätze besteht in einer Ergänzung der quantitativ-statistischen Methoden durch qualitative Erhebungs- und Auswertungsverfahren. Ein Beispiel hierfür ist die Beteiligung von Befragten bei der Interpretation von Ergebnissen, so daß diese - etwa im Rahmen von Expertenbefragungen - ihre Deutungsmuster offenlegen können. SCHREYÖGG schlägt in diesem Zusammenhang das Hilfsmittel einer Entscheidungsprozeßanalyse vor [SÖG78]. Genutzt werden auch Einzelfallstudien unter Verwendung von Methoden wie der teilnehmenden Beobachtung, Protokollauswertungen und Interviews [ST94].

Die verhaltenswissenschaftlich situativen Ansätze wurden vielfach so verstanden, daß anstelle des strengen Determinismus der klassischen Ansätze die Beliebigkeit der individuellen Entscheidungen des Organisationsgestalters tritt (Voluntarismusvorwurf). Dieser Kritik wurde jedoch mit dem Konzept des Handlungsspielraumes bzw. der Konzeption von Wahlmodellen zwischen Begrenzungen als Brückenkonzept zwischen Determinismus und Voluntarismus begegnet [SYDOW, KUBICEK in ST94].

Weitere kritische Hinweise beziehen sich auf die methodische Verbindung von quantitativen und qualitativen Verifikationsmethoden. Es wird insbesondere auf die Gefahren einer Einflußnahme des Forschers auf die Befragten hingewiesen, die sich aus der Kommunikationssituation im Forschungsprozeß ergeben können (vgl. hierzu [SNE93]). Aufgrund der Berücksichtigung von vielfältigen Einflußfaktoren, interdependenten Begrenzungen und ggf. noch zusätzlich pluralistischen Sichtweisen werden die entworfenen Modelle z.T. sehr komplex und lassen die pragmatischen, operationalisierbaren Gestaltungsempfehlungen der klassischen Ansätze vermissen.

3.3 Übertragung von situativen Ansätzen auf die Projektgestaltung

Der Lösungsansatz für die zu erarbeitende Methodik besteht in einer Übertragung von situativen Ansätzen aus der Organisationsforschung auf die Gestaltung von Umstrukturierungsprojekten. Die hiermit angestrebte Analogiebetrachtung bezieht sich auf eine aktive Gestaltungsaufgabe. Die aus der Organisationsforschung bekannten, ausschließlich beschreibenden Grundmodelle situativer Ansätze kommen daher nicht in Betracht. Es sollen vielmehr die jüngeren Wahlmodelle als Basis gewählt werden (Bild 3.3), die dem Bereich der verhaltenswissenschaftlich situativen Ansätze zuzuordnen sind.

Der Schwerpunkt der vorliegenden Arbeit liegt nicht auf der Struktur-Verhalten-Schnittstelle (siehe Kapitel 3.2.2.), aus der die Namensgebung dieser Ansätze abgeleitet wurde. Interessant für diese Arbeit zur Projektgestaltung ist vielmehr weiterhin die Umwelt-Struktur-Beziehung, wie sie auch in den klassisch situativen Ansätzen betont wird, allerdings ohne deren strengen Determinismus zu übernehmen.

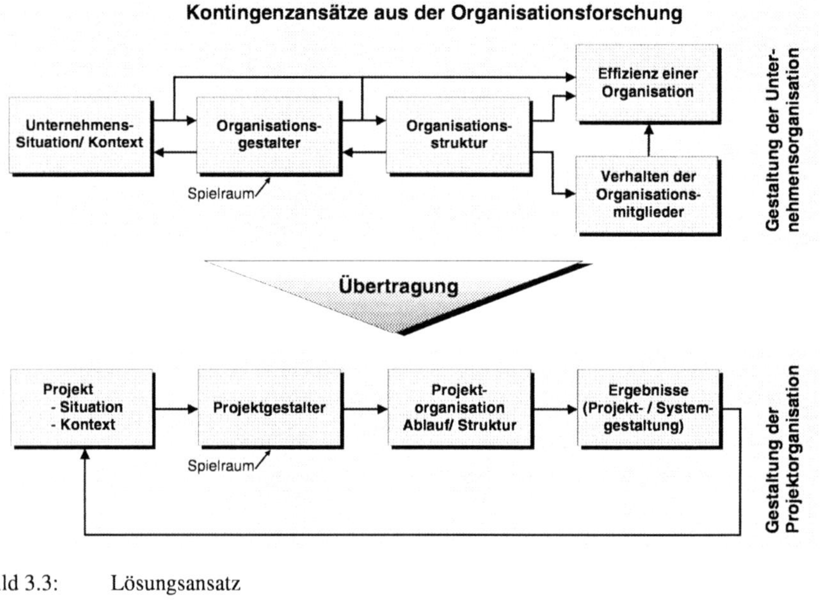

Bild 3.3: Lösungsansatz

Unter Projektgestaltung soll in diesem Zusammenhang die Festlegung der Projektorganisation, d.h. des Projektablaufes, der Projektstruktur und der einzusetzenden Methoden und Hilfsmittel verstanden werden. Schwerpunkt der Betrachtung ist allerdings die Gestaltung des Projektablaufs. Die Fokussierung auf die Ablaufgestaltung entspricht der im Kapitel 2.4 formulierten Forderung nach einer situativen Eingrenzung insbesondere der Vorgehensoptionen in Umstrukturierungsprojekten. Empirische Analysen bestätigen darüber hinaus die Erfolgsrelevanz ablaufbezogener Gestaltungsentscheidungen (z.B. "Partizipation", "Planung/ Steuerung", "Information/ Kommunikation") [vgl. LEC97, S. 275] gegenüber der Aufbauorganisation in Projekten [vgl. LEC97, S. 100].

Insgesamt sollen die folgenden Lösungselemente der (verhaltenswissenschaftlich) situativen Ansätze adaptiert werden:

- der Situationsbegriff und die Modellierung der Umweltsituation (hier: Projektsituation);
- das Konzept eines Organisationsgestalters, der Handlungsspielräume nutzt (hier: Projektgestalter);
- das Konzept der Wahl zwischen Begrenzungen (hier: Entscheidungen über Projektabläufe unter Restriktionen);
- Teile des quantitativ-statistischen Programms im Sinne eines explorativ angelegten Forschungsdesigns (hier: Hypothesenbildung und -überprüfung über den Zusammenhang zwischen Projektsituation und Vorgehensschritten);
- Teile des qualitativen Programms (hier: Einzelfallstudien aus Industrieprojekten, Expertenbefragungen, Entscheidungsprozeßanalyse).

Situative Ansätze zur Organisationsgestaltung sind in der Forschung z.T. stark kritisiert worden (vgl. Kapitel 3.2). Diese Hinweise sind bei einer (teilweisen) Adaption, wie sie im Rahmen der Arbeit geplant ist, kritisch zu würdigen.

So führt die Berücksichtigung von vielfältigen Begrenzungsfaktoren in Verbindung mit dem großen Gestaltungsbereich "Unternehmensorganisation" zu einer vergleichsweise geringen Signifikanz der Aussagen und damit zu Defiziten in der operativen Anwendung der organisationstheoretischen Grundmodelle [SÖG78, ST94]. Weiterhin wird das komplexe Forschungsdesign aus Hypothesengerüsten und Erfolgsbewertung von Gesamtorganisationen kritisiert, durch das die Methodendiskussion vielfach einen größeren Raum einnimmt als die Ergebnisdiskussion [SÖG78].

Hierzu ist folgendes festzustellen: Vereinfachend für den hier vorgenommenen Lösungsansatz ist die Beschränkung auf den Gestaltungsbereich der "Projekt(ablauf)organisation", der wesentlich überschaubarer ist als Gesamtunternehmungen und deren Umwelt. So weisen die Aussagen von Studien mit einer Anwendung von situativen Ansätzen auf den Objektbereich "Projekte" ein zufriedenstellendes Signifikanzniveau auf [LEC97, PER96].

Darüber hinaus ist der gewählte Ansatz einer situativen Eingrenzung von Vorgehensoptionen komplexitätsmindernd. Die Wahl zwischen der Durchführung und der Nicht-Durchführung eines Vorgehensschrittes ist eine vereinfachte Variante von komplexen Entscheidungsproblemen. DYCKHOFF/AHN weisen in diesem Zusammenhang auf Erfahrungen aus der entscheidungstheoretischen Forschung hin. Demnach ist die Bewertung von Entscheidungsalternativen für die Entscheider dann besonders gut zu handhaben, wenn eine der Entscheidungsalternativen die sogenannte Unterlassungsalternative ist [DYC97]. Darüber hinaus werden nicht alle Vorgehensschritte in Umstrukturierungsprojekten situativ variabel sein, was zu einer weiteren Vereinfachung führt. Für die Ableitung von Gestaltungsempfehlungen werden nur die Daten erfolgreicher Projekte genutzt, was eine wesentliche Erleichterung gegenüber Ansätzen aus der Erfolgsfaktorenforschung ist.

Die Nutzung organisationstheoretischer situativer Ansätze als Basis ermöglicht damit Analogieschlüsse für die abzuleitende Modellstruktur sowie für das Vorgehen zur Entwicklung der Methodik. Hierzu ist es jedoch zunächst erforderlich, das Verständnis des Begriffes "Situation" kritisch zu untersuchen.

Aus den oben aufgeführten Ausführungen zu den Kontingenzansätzen wird das organisationstheoretische Verständnis zum Situationsbegriff deutlich: Der Begriff Situation beschreibt die Merkmale und Merkmalsausprägungen der Kontextfaktoren einer Organisation. Besonderes Kennzeichen dieses Begriffsverständnisses ist die Annahme, daß die Merkmale und deren Ausprägungen zeitlich derart stabil sind, daß sich daraus Gestaltungshinweise für eine Unternehmensorganisation ableiten lassen, die mittel- und langfristig (z.B. > 1 Jahr) Bestand hat. Darüber hinaus werden aufgrund von Restriktionen des erforderlichen empirischen Forschungsdesigns als Kontextfaktoren nur unternehmensexterne Merkmale zugelassen, die explizit unabhängig von der unternehmensinternen Organisation sind. Für eine Übertragung von situativen Ansätzen auf die Projektgestaltung ist dieses Begriffsverständnis nicht ausreichend, sondern muß wie folgt erweitert werden (Bild 3.4).

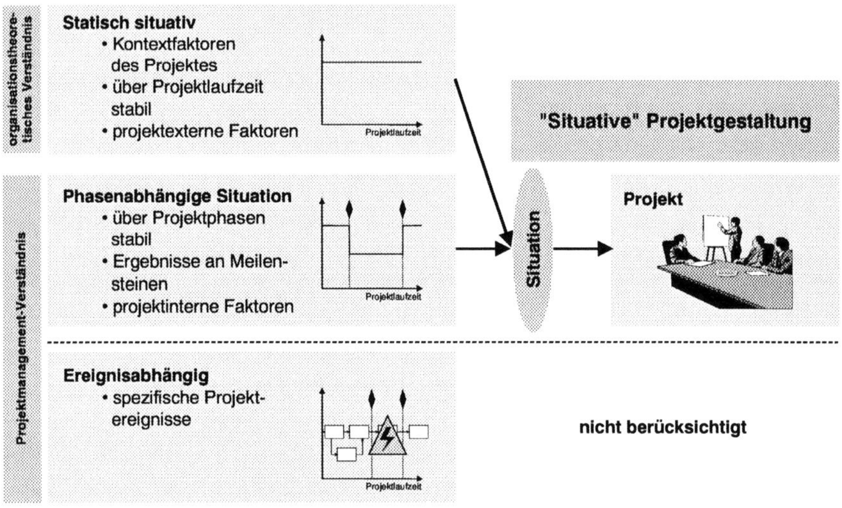

Bild 3.4: Der Situationsbegriff in Umstrukturierungsprojekten

Einen Beitrag zur Konfiguration eines Projektes kann aus der Ausprägung der über die Projektlaufzeit unveränderlichen Kontextmerkmale abgeleitet werden. Ein Beispiel für solche Kontextmerkmale sind generelle Beschreibungen (z.B. die Auftragstypologie) des Objektbereiches eines Projektes. Dies entspricht dem organisationstheoretischen Situationsverständnis, wenngleich mit kürzerer Fristigkeit der Stabilität dieser Faktoren.

Die Forderung nach einer Unterstützung im Rahmen der Projektdurchführung, insbesondere einer Rekonfiguration des Projektes im Projektverlauf, kann jedoch nur durch ein dem Projektmanagement entliehenen Situationsverständnis erfüllt werden. Hierzu bietet sich an, zunächst die phasenabhängigen Veränderungen der Kontextfaktoren zu berücksichtigen. Darüber hinaus ist zu beachten, daß im Projektverlauf erarbeitete Ergebnisse das weitere Vorgehen beeinflussen können und daher zu berücksichtigen sind. So kann oftmals erst nach einer dem eigentlichen Projekt vorgeschalteten Kurzanalyse der Objektbereich des Projektes (z.B. die zu berücksichtigenden Abteilungen) endgültig festgelegt werden. Phasenabhängig-situative und ergebnisabhängig-situative Merkmale der Projektsituation können sich dabei überlagern, da Zwischenergebnisse des Projektes gerade am Ende von Projektphasen (an Meilensteinen) erwartet werden. Projektergebnisse sind explizit projektinterne Situationsmerkmale, so daß eine aus der Organisationstheorie abgeleitete Beschränkung auf rein projektexterne Faktoren nicht möglich ist.

Eine weitere Dynamisierung des Situationsbegriffes, die über das oben formulierte Situationsverständnis in Umstrukturierungsprojekten hinausgeht, ist dagegen nicht zweckmäßig. So ist es zwar möglich, auch singuläre, nicht planbare Projektereignisse ("ereignisabhängig-situativ") zuzulassen. Dies erforderte die antizipative Modellierung aller Projektsituationen, die Einfluß auf die Projektgestaltung haben könnten. Hiermit wird jedoch der Rahmen einer Modellentwicklung für eine operative Projektgestaltung deutlich gesprengt. In der vorliegenden Arbeit soll daher die Übertragung des Spielraumkonzeptes aus den verhaltenswissenschaftlich situativen Ansätzen greifen, das einen ausreichenden Handlungsspielraum für den Gestalter (hier: Projektgestalter) vorsieht. Dies ist ein Verfahren, das aus dem Projektmanagement bekannt ist. Für die Ausgestaltung der operativen Projektsteuerung im Rahmen des Projektmanagement werden die Steuerungsmechanismen, Hilfsmittel und Lösungsansätze für den Umgang mit planbaren Projektergebnissen (z.B. Freigabeprozeduren an Meilensteinen), nicht jedoch Anweisungen für den Umgang mit nicht planbaren Projektereignissen bereitgestellt. Die "Abpufferung" von (störenden) Projektereignissen wird vielmehr mit Flexibilitätskonzepten realisiert, beispielsweise durch die Berücksichtigung von Störungen in den Zeitplänen [BUR97, MAD94].

3.4 Spezifikation von Entwicklungs- und Nutzungsmodellen für die Methodik

Der Begriffsdefinition in Kapitel 2.1 folgend, basiert eine Methodik auf Modellen. Zur Konkretisierung des in Kapitel 3.3 beschriebenen Grundansatzes einer Übertragung situativer Ansätze auf die Gestaltung von Umstrukturierungsprojekten, bietet sich eine Strukturierung in Partialmodelle an, die sich an dem Konzept der situativen Ansätze orientiert. Die Integration der erforderlichen Partialmodelle zu einem Gesamtmodell ist in Bild 3.5 dargestellt (zur Modellierung in EXPRESS vgl. [ISO 10303 - 11]).

Aus der Darstellung wird das Zusammenwirken der Partialmodelle "Beschreibungsmodell für Projektsituationen", "projektneutrales Vorgehensmodell", "verknüpfendes Wirkmodell" und "Phasenmodell" deutlich: Kernelement des Gesamtmodells ist das projektneutrale Vorgehensmodell, das aus situativ variablen Vorgehensschritten und situativ nicht variablen ("must have") Vorgehensschritten besteht. Ein Beispiel für einen situativ nicht variablen Vorgehensschritt ist die Systemgestaltung, ohne die ein Umstrukturierungsprojekt seinen Zweck verlieren würde. Zur besseren Operationalisierung der Vorgehensschritte wird im Modell berücksichtigt, daß bei der Durchführung der Vorgehensschritte Methoden genutzt werden können. In einigen Fällen - z.B. im Falle des Vorgehensschrittes "Kommunikation" - erschließt sich der Inhalt des Vorgehens erst durch die Spezifikation der genutzten Methode.

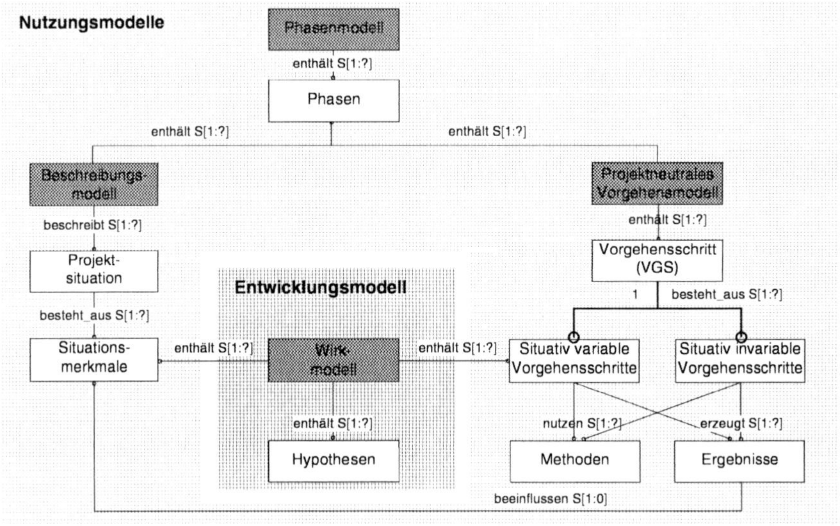

Bild 3.5: Gesamtmodell und Partialmodelle der Methodik

Die Auswahl der situativ variablen Vorgehensschritte erfolgt anhand des hypothesengestützten Wirkmodells, das einen Zusammenhang zwischen den Merkmalen der Projektsituation und dem jeweiligen Projektvorgehen herstellt. Die Projektsituation wird mit Hilfe des Beschreibungsmodells modelliert.

Die Durchführung der Vorgehensschritte erzeugt Projektergebnisse, die als dynamische Situationsmerkmale in das Beschreibungsmodell einfließen. Aus diesem "Feedback" leitet sich die Anforderung ab, daß das Beschreibungsmodell und das Vorgehensmodell auf dasselbe Phasenmodell zurückgreifen müssen.

Die Darstellung in Bild 3.5 zeigt, daß bei den Modellen, die der zu entwickelnden Methodik zugrunde liegen, zwischen Nutzungs- und Entwicklungsmodellen unterschieden werden kann. Nutzungsmodelle sind für den Anwender sichtbar und bilden die Basis für die wiederholte Anwendung der Methodik in einem konkreten Umstrukturierungsprojekt. Die Nutzungsmodelle der Methodik sind dabei das Beschreibungsmodell für Projektsituationen und das Vorgehensmodell. Diese Modelle gehen in den abzuleitenden Projektnavigator zur Unterstützung der Projektplanung und -durchführung ein.

Dem gegenüber wird ein Entwicklungsmodell - wie die Bezeichnung indiziert - nur einmal zur Entwicklung der Methodik verwendet. Im hier vorliegenden Fall trifft dies auf das Wirkmodell zu. Die Vorgehensweise zur Entwicklung des Wirkmodells gliedert sich dabei wie folgt:

Im Sinne der Übertragung von situativen Ansätzen der Organisationstheorie erfordert der Aufbau des Wirkmodells eine Projektauswertung. Mit Hilfe der erhobenen Daten erfolgt zunächst eine Festlegung der situativ variablen Vorgehensschritte. Dies geschieht durch eine "Negativ-Festlegung" der situativ nicht variablen Vorgehensschritte in Umstrukturierungsprojekten. Im Rahmen der Arbeit werden die erhobenen Daten dann auf zwei Wegen genutzt:

Zum einen werden mit Hilfe von Methoden der multivariaten Statistik die Merkmale der Projektsituation detektiert, deren Ausprägungen in den untersuchten Projekten einen signifikanten Einfluß auf die Gesamtkonfiguration der Vorgehensmodelle hatten. Durch die gesamthafte Betrachtung des Zusammenhangs zwischen der Projektsituation und der Projektkonfiguration können mögliche Interdependenzen zwischen den Vorgehensschritten und mögliche Cluster von Vorgehensschritten erkannt werden. Ziel dieses Vorgehens ist es, eine Rahmentypologie zur Beschreibung von Projektsituationen aufzubauen, um in der Anwendung möglichst effizient - d.h. anhand weniger Steuergrößen - den Projekttyp eines geplanten Projektes bestimmen zu können und eine für diesen Typ geeignete Projektkonfiguration abzuleiten. Merkmale und Merkmalsausprägung der Projektsituation werden im Beschreibungsmodell im Sinne einer Typologie modelliert.

Ergänzend soll zum anderen für den Vorgehensschritt "konzeptbezogenes Risikomanagement" eine Diskriminanzanalyse bezüglich der Situationsmerkmale durchgeführt werden, die für die Entscheidung über die Durchführung des Vorgehensschrittes relevant sind. Hierzu wird die Entscheidung "konzeptbezogenes Risikomanagement ja oder nein?" untersucht. Mit Hilfe dieses Beispiels soll - ergänzend zur oben beschriebenen Gesamtbetrachtung von Vorgehensmodellen und Projektsituationen in den betrachteten Projekten - die Einzelentscheidung in bezug auf einen Vorgehensschritt untersucht werden. Die auf diesem Weg identifizierten entscheidungsrelevanten Merkmale sollen darüber hinaus genutzt werden, um Hinweise auf den Bedarf für methodische Weiterentwicklungen im Bereich des Risikomanagement für Umstrukturierungsprojekte zu erhalten.

Im folgenden Kapitel 4 wird die Ableitung des Entwicklungsmodells beschrieben. Die Konfiguration der Nutzungsmodelle erfolgt in Kapitel 5.

4 Ableitung eines Entwicklungsmodells für die Methodik zur umsetzungsorientierten Projektgestaltung

Im nachfolgenden Kapitel 4 wird das Entwicklungsmodell für die Methodik zur umsetzungsorientierten Projektgestaltung abgeleitet. Schwerpunkt ist dabei die Formulierung von Merkmalen, die für die Entscheidungen über das Gesamtvorgehen in Umstrukturierungsprojekten (Kapitel 4.2) und über den Einsatz von Methoden und Hilfsmitteln des Risikomanagement (Kapitel 4.3) relevant sein können. Voraussetzung für die Thesenbildung zum Gesamtvorgehen ist die Kenntnis der situativ variablen Vorgehensschritte in Umstrukturierungsprojekten. Aus diesem Grunde werden im Rahmen des Kapitels 4.1 Vorüberlegungen zu diesem Thema angestellt. Das Kapitel 4 schließt mit der Vorbereitung der Projektanalyse (Kapitel 4.4) ab. Dabei werden das Konzept zur Erfolgsbewertung für die analysierten Projekte, der Fragebogen zur Datenerhebung sowie die multivariaten Verfahren zur Datenauswertung vorgestellt.

4.1 Vorüberlegungen zu den situativ variablen Vorgehensschritten

Die Identifikation der situativ variablen Schritte erfolgt auf Basis der Häufigkeitsverteilung in der Stichprobe der analysierten Projekte. Die befragten Projektbearbeiter sollen hierzu in ihren Fragebögen angeben, welche Vorgehensschritte in den jeweiligen Phasen der Projekte durchgeführt wurden. Hieraus läßt sich ableiten, wie häufig ein Vorgehensschritt im Durchschnitt über alle Projekte durchgeführt wurde.

Die Festlegung, ob ein Vorgehensschritt des projektneutralen Vorgehensmodells als situativ variabel oder situativ <u>nicht</u> variabel klassifiziert werden kann, erfolgt nach dem Ausschlußverfahren. Hierzu muß ein pauschaler Grenzwert für die Häufigkeit bestimmt werden, ab dem ein Vorgehensschritt situativ nicht variabel ist. Unabhängig von der genauen Ausprägung der Häufigkeiten der einzelnen Schritte wurde für das gewählte Forschungsdesign festgelegt, daß dieser Grenzwert eher <u>hoch</u> anzulegen ist. Diese Vorgehensweise hat zwei Vorteile:

Die Festlegung eines hohen Grenzwert führt zu einer Variabilisierung der untersuchten Vorgehensmodelle, was Vorteile in bezug auf die statistische Auswertung der Projekte hat. Eine feine Stufung des Umfanges (1, 2, 3... Schritte) der Vorgehensmodelle ermöglicht es, die Anzahl der Vorgehensschritte als "quasi-metrisches" Maß für den Umfang der Vorgehensmodelle aufzufassen. Ein metrisches Skalenniveau der Variablen ermöglicht dabei die Durchführung von Cluster- und Regressionsanalysen.

Darüber hinaus wurde bei der Festlegung des Grenzwertes berücksichtigt, daß in empirischen Analysen von Projekten die befragten Projektmitarbeiter und -leiter dazu neigen, ihre Kompetenz und Leistung im Projekt subjektiv positiv verzerrt einzuschätzen [LEC97]. Dies kann sich auf das Verhalten der Befragten so auswirken, daß sie ihrem Projekt ein komplexes Vorgehensmodell mit einer Vielzahl von eingesetzten Methoden zuschreiben, um eine hohe Projektmanagement-Kompetenz zu belegen. Die Festlegung eines hohen Grenzwertes für die Häufigkeit von Projektschritten führt hierbei zu einer korrigierenden "Verschlankung" des Grundmodells für das Vorgehen, das sich aus den situativ nicht variablen Schritten zusammensetzt.

4.2 Ableitung von möglichen entscheidungsrelevanten Situationsmerkmalen für das Gesamtvorgehen in Umstrukturierungsprojekten

Zur Beschreibung von Projektsituationen sind eine Vielzahl von Merkmalen denkbar. So leitet DYLLUS in einer Untersuchung mehr als 20 mögliche Beschreibungsmerkmale für Projektsituationen in Umstrukturierungsprojekten ab [DYL97]. Die Zusammenstellung von Merkmalen erfolgte dabei auf Basis von strukturierten Brainstroming-Sitzungen mit Experten. DYLLUS unterteilt die identifizierten Merkmale in phasenneutrale und phasenspezifische Merkmale und differenziert weiterhin nach Ziel-, Objekt- und Ergebnissichtweisen. Die Operationalisierung der Merkmale erfolgt mit gemischten Skalierungen, wobei alle Skalentypen (Nominal-, Ordinal-, Intervallskalen und metrische Skalen) vorkommen.

Die große Anzahl an möglichen Merkmalen resultiert daraus, daß man für jeden Vorgehensschritt zunächst rein qualitativ viele denkbare Entscheidungsmerkmale und Einflußgrößen argumentieren kann, die sich zu einer großen Anzahl an Merkmalen über das gesamte Vorgehensmodell addieren. Zur Konzeption des Fragebogens war es erforderlich, die Merkmalsanzahl auf ein sinnvolles Maß einzuschränken. Hierzu wurden im Rahmen von Vorüberlegungen folgende Kriterien abgeleitet: Metrisches Skalenniveau, Reproduzierbarkeit über viele Fälle, einfache Ermittlung und Nutzbarkeit für Projektgestaltung. Erläuterungen zu den methodischen Hintergründen dieser Kriterien befinden sich in Anhang C.

Unter Berücksichtigung der oben aufgeführten Kriterien wurde eine Vorauswahl von 7 möglichen Merkmalen zur Beschreibung von Projektsituationen getroffen, die als Basis für die weitere empirische Auswertung verwendet werden soll (Bild 4.1).

Da die Merkmalsauswahl entscheidend von den situativ variablen Vorgehensschritten abhängt, war es erforderlich, bereits bei der Konzeption des Fragebogens eine Annahme darüber zu treffen, welche Vorgehensschritte situativ variabel sind. Um hierbei nicht mögliche, entscheidungsrelevante Merkmale bereits frühzeitig auszuschließen, wurde angenommen, daß lediglich die Vorgehensschritte "Zielsetzung/Leitlinien ableiten", Projektorganisation/ Entscheidungsstruktur festlegen", "Analyse", "Systemgestaltung" und "Kommunikation durch die Führung und/oder Projektleitung" situativ nicht variabel sind ("schlankes Grundmodell" des Vorgehens, vgl. Kapitel 4.1). Alle anderen Vorgehensschritte des Vorgehensmodells wurden als situativ variabel eingeschätzt.

Zu der Argumentation für die Merkmale im einzelnen:

- "Größe des Objektbereiches" [Anzahl Mitarbeiter]: Die Größe des Objektbereiches beeinflußt zunächst die Entscheidungen über die situativ variablen Schritte in der Phase der Projektvorbereitung. So ist es denkbar, daß ab einer bestimmten Größe des Objektbereiches die Kommunikation über ein Umstrukturierungsprojekt nicht mehr nur alleine über informelle Wege (z.B. Gespräche zwischen Mitarbeitern) realisiert werden kann, sondern daß ein explizites Kommunikationskonzept benötigt wird. Darüber hinaus ist eine bestimmte Mindestgröße des Objektbereiches auch die Voraussetzung, um in der Umsetzungsphase Pilotbereiche sinnvoll abgrenzen zu können. Meßgröße ist die Anzahl der Mitarbeiter im Objektbereich des Projektes.

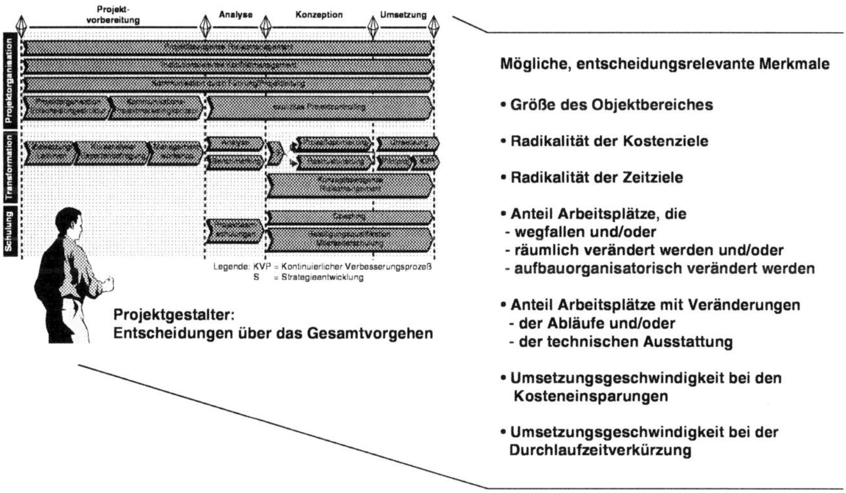

Bild 4.1: Mögliche Merkmale zur Entscheidung über das Gesamtvorgehen

- "Radikalität Kostenziele" [%]: Die Zielradikalität der Kostenziele hat Auswirkungen auf das erforderliche Maß der Projektabsicherung (projektbezogenes Risikomanagement, Konfliktmanagement). Je radikaler das Kostenziel, desto eher ist ein explizites Controlling der Zielerreichung im Projekt erforderlich. Die zu erreichenden Einsparungen determinieren darüber hinaus die methodische Entscheidung, ob eine Restrukturierung durchzuführen ist oder ob eine Prozeßoptimierung ausreicht. Die Größe wird durch die prozentuale Einsparung der im Objektbereich beeinflußbaren Kosten operationalisiert.
- "Radikalität Zeitziele" [%]: Die Argumentation für diese Beschreibungsgröße ist vergleichbar mit der Argumentation in bezug auf die Radikalität der Kostenziele. Eine Operationalisierung erfolgt durch die Messung der durchschnittlichen, prozentualen Durchlauf-

zeitverkürzung der im Objektbereich beeinflußbaren Zeitanteile in der Auftragsabwicklung.

- "Umsetzungsgeschwindigkeit bei den Kosteneinsparungen" [%/Monat]: Mit dieser Größe wird die Geschwindigkeit bezeichnet, mit der die Kostenziele in der Umsetzungsphase erreicht werden sollen. Die Umsetzungsgeschwindigkeit kann dabei insbesondere Auswirkungen auf den Umfang von Absicherungsmaßnahmen zur Schulung von Mitarbeitern haben. Darüber hinaus ist es denkbar, daß eine hohe Umsetzungsgeschwindigkeit eine verbesserte Absicherung gegenüber den Umsetzungsrisiken des Produktionskonzeptes (vgl. Kapitel 4.3) erfordert. Die Größe wird aus dem Quotienten von Kostenziel [%] und Plandauer der Umsetzung [Monate] gebildet.
- "Umsetzungsgeschwindigkeit bei der Durchlaufzeitverkürzung" [%/Monat]: Die Argumentation dieses Merkmals ist analog zur Argumentation in bezug auf die Geschwindigkeit zu führen, mit der die Kostenziele in der Umsetzungsphase erreicht werden sollen.
- "Anteil Arbeitsplätze Wegfall/räumliche Änderung/Aufbauorganisation" [%]: Diese Größe bezeichnet den Anteil der Arbeitsplätze im Objektbereich, die aufgrund des erarbeiteten Produktionskonzeptes wegfallen und/oder in ihrer räumlichen und/oder aufbauorganisatorischen Zuordnung verändert werden. Diese Größe ist ein Maß für die Radikalität des erarbeiteten Produktionskonzeptes. Der Wegfall von Arbeitsplätzen aber auch räumliche und aufbauorganisatorische Veränderungen von Arbeitsplätzen sind kritisch in bezug auf die Widerstände im Projekt und stellen hohe Anforderungen an die Projektabsicherung. Darüber hinaus sind die genannten Veränderungen in der Regel irreversibel, so daß das erarbeitete Produktionskonzept in bezug auf seine Risiken zu bewerten ist (konzeptbezogenes Risikomanagement). Meßgröße ist der Anteil der im oben genannten Sinne veränderten Arbeitsplätze im Verhältnis an allen Arbeitsplätzen im Objektbereich.
- "Anteil Arbeitsplätze mit Veränderung von Abläufen/Technik" [%]: Die Größe bezeichnet den Anteil der Arbeitsplätze im Objektbereich, die aufgrund des erarbeiteten Produktionskonzeptes von Veränderungen der Ablauforganisation und/oder der technischen Ausstattung betroffen sind. Es wird vermutet, daß ablauforganisatorische Veränderungen und/oder Veränderungen der technischen Ausstattung der Arbeitsplätze in bezug auf mögliche Widerstände unkritischer sind als der Wegfall von Arbeitsplätzen oder räumliche und aufbauorganisatorische Veränderungen. Dennoch sind mögliche konzeptionelle Risiken zu prüfen. Darüber hinaus ziehen Veränderungen von Abläufen und Technik Aufwände zur Mitarbeiterschulung nach sich. Meßgröße ist der Anteil der im oben genannten Sinne veränderten Arbeitsplätzen an allen Arbeitsplätzen im Objektbereich.

Im Sinne einer Hypothesenbildung wird postuliert, daß die Ausprägungen der oben aufgeführten Projektmerkmale Einfluß sowohl auf das Vorgehen in den Projekten als auch auf die Systemgestaltung (Prozeßoptimierung oder Umstrukturierung) haben. Um diese Vermutung zu überprüfen, ist die Merkmalsauswahl in die Konzeption der Fragebögen eingeflossen. Die aufgeführten Merkmale werden dabei entweder direkt abgefragt (z.B. Radikalität der Kostenziele) oder müssen bei der Auswertung aus zwei Größen abgeleitet werden (z.B. Umsetzungsgeschwindigkeit bei der Kosteneinsparungen).

4.3 Ableitung von möglichen entscheidungsrelevanten Situationsmerkmalen zum Vorgehensschritt "konzeptbezogenes Risikomanagement"

In Kapitel 2 wurde gezeigt, daß ein Handlungsbedarf besteht, Elemente des Risikomanagement auf die spezifischen Belange von Umstrukturierungsprojekten in der Produktion zu adaptieren. Ergänzend zu den Vorüberlegungen in bezug auf die entscheidungsrelevanten Situationsmerkmale für das Gesamtvorgehensmodell sollen daher vertiefend die Entscheidungen über den Einsatz von Methoden des Risikomanagement untersucht werden. Im Gegensatz zur Absicherung des Projektes gegenüber möglichen Umfeldrisiken durch den Vorgehensschritt des "projektbezogenen Risikomanagement" soll die Absicherung des Produktionskonzeptes durch Methoden des Risikomanagement - der Festlegung in Kapitel 2.3 folgend – als "konzeptbezogenes Risikomanagement" bezeichnet werden.

Bei der Ableitung möglicher entscheidungsrelevanter Merkmale kann in diesem Zusammenhang zwischen den Risiken unterschieden werden, die sich während der Umsetzung des Produktionskonzeptes ergeben können, und solchen, die das Produktionskonzept im späteren Betrieb birgt. In Bild 4.2 sind Merkmale aufgeführt, die einen möglichen Zusammenhang zu den Umsetzungsrisiken eines Produktionskonzeptes aufweisen und damit Einfluß auf die Entscheidung haben könnten, konzeptbezogenes Risikomanagement in einem Umstrukturierungsprojekt durchzuführen.

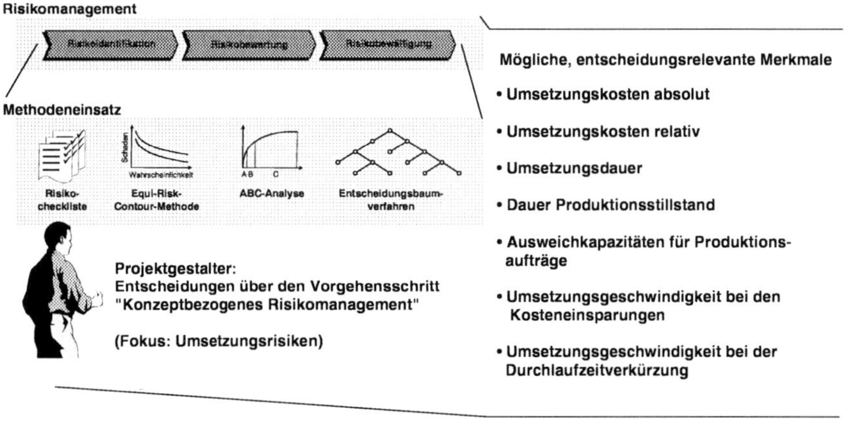

Bild 4.2: Mögliche entscheidungsrelevante Merkmale: Umsetzungsrisiken

Die möglichen Merkmale beziehen sich auf die Kostenauswirkungen und die zeitlichen Auswirkungen (Dauer, erforderliche Kapazitäten) einer Umstellung auf ein verändertes Produktionskonzept. Zu den Größen, die die Kostenauswirkungen beschreiben, zählen:

- "Umsetzungskosten absolut" [DM]: Eine mögliche Veranlassung für die Durchführung von Risikomanagement könnte die absolute Höhe der Umsetzungskosten sein. Beispiele für Umsetzungskosten sind Kosten für Um- und Neubauten von Gebäuden, Rationalisierungs- und Erweiterungsinvestitionen in Betriebsmittel, Kosten für Umzüge, Produktionsausfallkosten, Abfindungen und Schulungen. Es ist zu untersuchen, ob in den analysierten Projekten ein Grenzwert für die Umsetzungskosten (z.B. ab 1 Mio. DM) identifizierbar ist, ab dem Risikomanagement eingesetzt wird.
- "Umsetzungskosten bezogen auf die Jahreskosten in der Bilanzhülle des Projektes" [%]: Die absolute Höhe der Kosten für die Umstellung auf ein verändertes Produktionskonzept hängt unter anderem von der Größe des Objektbereiches ab. In Ergänzung zu dem oben aufgeführten Merkmal der absoluten Umsetzungskosten sollen daher als weiteres Merkmal die auf die Jahreskosten in der Bilanzhülle normierten Umsetzungskosten herangezogen werden. Der daraus abgeleitete Prozentwert ist ein Maß für den "relativen Aufwand" der Konzeptumsetzung.

Zu den ausgewählten Merkmalen mit Zeitbezug zählen:

- "Umsetzungsdauer" [Monate]: Neben den Umsetzungskosten ist die Umsetzungsdauer eine Maß für den Umstellungsaufwand.
- "Dauer des Produktionsstillstands" [Tage]: Mit der Umsetzung eines neuen Produktionskonzeptes können Produktionsstillstände verbunden sein. Dies ist insbesondere dann der Fall, wenn bei der Umsetzung des Produktionskonzeptes Veränderungen der technischen Ausstattung im Objektbereich des Umstrukturierungsprojektes zu erwarten sind. Es ist zu vermuten, daß die Notwendigkeit für ein umsetzungsbegleitendes Risikomanagement mit zunehmendem Produktionsausfall steigt.
- "Anteil der Produktionsaufträge, die während der Umsetzung von anderen Produktionskapazitäten übernommen werden können (Ausweichkapazitäten)" [%]: Diese Größe ist mit der oben genannten Größe "Dauer des Produktionsstillstands" inhaltlich eng verbunden. Neben Vor- oder Nachlaufproduktionen ist eine Möglichkeit, die Auswirkung von Produktionsausfällen zu vermindern, die blockierten Produktionskapazitäten durch andere Produktionsbereiche temporär zu ersetzen. Voraussetzung hierfür ist, daß Produktionskapazitäten vorhanden sind, die die Produktionsaufträge technisch und kapazitiv übernehmen können. Es wird vermutet, daß die Umsetzungssrisiken bei einem hohen Anteil an Ersatzkapazität sinken und damit die Notwendigkeit für den Einsatz von Methoden des Risikomanagement vermindert wird.

Zusätzlich zu den oben aufgeführten Größen sollen die bereits aus den Vorüberlegungen zum Gesamtvorgehensmodell bekannten Merkmale "Umsetzungsgeschwindigkeit bei den Kosteneinsparungen" [%/Monat] und "Umsetzungsgeschwindigkeit bei der Durchlaufzeitverkürzung" [%/Monat] als eine Maß für die möglichen Umsetzungsrisiken in die Untersuchung mit einbezogen werden (vgl. Kapitel 4.2).

Konzeptmerkmale, die einen Zusammenhang zu den möglichen Betriebsrisiken eines neuen Produktionskonzeptes aufweisen, sind in Bild 4.3 aufgeführt.

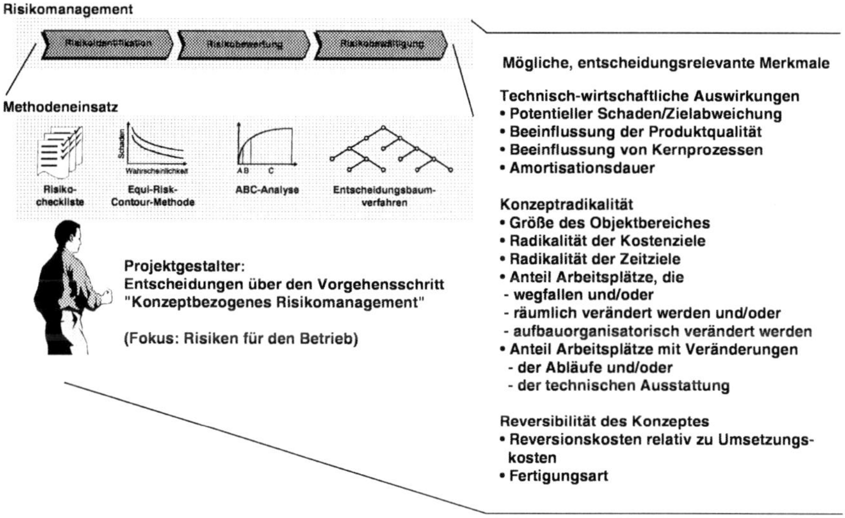

Bild 4.3: Mögliche entscheidungsrelevante Merkmale: Risiken für den späteren Betrieb

Die Merkmale zur Beschreibung von Risiken für den späteren Betrieb eines neuen Produktionskonzeptes lassen sich in drei Kategorien einteilen. Die erste Merkmalsgruppe beschreibt die möglichen technisch-wirtschaftlichen Auswirkungen des Produktionskonzeptes. Hierunter fallen folgende Größen:

- "Schaden/Zielabweichung" [ ]: Dem klassischen Risikoverständnis entsprechend beschreibt der Begriff Risiko einen Schaden, der mit einer gewissen Wahrscheinlichkeit eintritt (vgl. Kapitel 2.3.2). Unter "Schaden" sollen im Zusammenhang mit der Untersuchung von Umstrukturierungsprojekten die Auswirkungen von Problemen im späteren Betrieb des erarbeiteten Produktionskonzeptes zusammengefaßt werden. Hierunter soll auch eine dauerhafte Abweichung von vorgegebenen Zielgrößen (z.B. Kostenziele) verstanden werden. Beispiele für solche Probleme sind: ein geplantes technisches Konzept funktioniert nicht; geplante Kapazitäten sind zu hoch gewählt; bei veränderten Abläufen wurden neu gebildete Schnittstellen übersehen. Die Messung des potentiellen Schaden kann nicht auf metrischem Skalenniveau erfolgen, sondern auf Basis eines ordinal skalierten Ranking (Schaden ist "sehr hoch", "hoch", "mittel" etc., vgl. Fragebogen im Anhang D).

- "Beeinflussung von produktbezogenen Qualitätsaspekten" [ ]: Eine wichtiges Merkmal, um die technisch-wirtschaftlichen Auswirkungen eines Produktionskonzeptes abzuschätzen, ist das Maß, in dem durch das Produktionskonzept die Qualität der Produkte beeinflußt wird. Technische Veränderungen der Produktionsprozesse aber auch die Reduzierung von Personalkapazitäten - z.B. für Prüftätigkeiten - im Rahmen der Umstrukturierung können Auswirkungen auf die Produktqualität haben und Anlaß zur Durchführung von Schritten des Risikomanagement geben. Die Messung dieses Merkmals erfolgt ebenfalls ordinal skaliert (vgl. Fragebogen im Anhang D).

- "Beeinflussung von Kernprozessen" [ ]: Als ein weiterer Indikator für die Auswirkungen eines Produktionskonzeptes kann das Maß herangezogen werden, mit dem durch das Konzept Kernprozesse im Objektbereich des Projektes beeinflußt werden. Dieses Merkmal weist eine inhaltliche Überschneidung mit dem zuvor genannten Merkmal der "Beeinflussung von Qualitätsaspekten" auf. Dabei liegt die Überlegung zugrunde, daß ein Produktionskonzept ist um so sensibler zu bewerten ist, je eher Kernprozesse verändert werden. Die Messung dieser Größe erfolgt ebenfalls ordinal skaliert (vgl. Fragebogen im Anhang D).

- "Amortisationsdauer" [Jahre]: Die Amortisationsdauer der aufgewendeten Umsetzungskosten könnte Einfluß auf die Entscheidung haben, ein Produktionskonzept in bezug auf mögliche Risiken zu bewerten. So ist es denkbar, daß Umstrukturierungkonzepte mit einer langen Amortisationsdauer besonders kritisch geprüft werden. Die Amortisationsdauer wird durch eine Division der absoluten Umsetzungskosten durch die erwartete jährliche Einsparung, die am Ende der Umsetzung erreicht wird, ermittelt.

Eine weitere Merkmalskategorie, unter der mögliche entscheidungsrelevevante Merkmale zusammengefaßt werden können, ist die Radikalität des Produktionskonzeptes. Hierbei werden die Merkmale, die bereits im Zusammenhang mit der Konfiguration der Gesamtvorgehensmodelle benannt worden sind, erneut verwendet. Dies sind: "Größe des Objektbereiches" [Anzahl Mitarbeiter], "Radikalität Kostenziele" [%], "Anteil Arbeitsplätze Wegfall/räumliche Änderung/Aufbauorganisation" [%], "Anteil Arbeitsplätze mit Veränderung von Abläufen/Technik" [%]. Als Kontrollvariable soll darüber hinaus der "Anteil der von Veränderungen betroffenen Arbeitsplätze" [%] verwendet werden, die aus den beiden anderen arbeitsplatzbezogenen Merkmalen aggregiert wird.

Die letzte Merkmalskategorie beschreibt die "Reversibilität" des Produktionskonzeptes. Dabei liegt die Annahme zugrunde, daß ein Produktionskonzept um so eher auf mögliche Risiken hin untersucht wird, desto irreversibler es ist. Zu den Merkmalen im einzelnen:

- "Reversionskosten bezogen auf die Umsetzungskosten" [%]: Eine mögliche Meßgröße für die Reversibilität eines Produktionskonzeptes sind die Reversionskosten. Hierunter sollen die Kosten verstanden werden, die man aufwenden muß, um die Umsetzung des Produktionskonzeptes wieder rückgängig zu machen. Um auch hier wieder unabhängig von der Größe des Objektbereiches der untersuchten Projekte zu sein, fließen die Reversionskosten in Relation zu den Umsetzungskosten in die Untersuchung mit ein.
- "Fertigungsart" [ ]: Eine weitere mögliche Maßgröße für die Reversibilität eines Produktionskonzeptes ist die Fertigungsart des veränderten Bereiches. Unter Fertigungsart soll dabei die Charakterisierung der Produktion im Sinne der Büdenbender-Typologie [EV96b] verstanden werden (Einmalfertigung, Einzel- und Kleinserienfertigung, Serienfertigung oder Massenfertigung). Dabei wird unterstellt, daß die Reversion eines Produktionskonzeptes in der Serien- oder Massenfertigung schwieriger, in der Einzel- und Kleinserienfertigung oder in der Einmalfertigung dagegen wegen der ohnehin flexibleren Gesamtkonfiguration der Fertigung einfacher durchzuführen ist. Daraus leitet sich die Vermutung ab, daß Methoden des Risikomanagement eher bei Umstrukturierungen in der Serien- oder Massenfertigung als in der Einzel- und Kleinserie oder in der Einmalfertigung eingesetzt werden. Die Messung des Merkmals erfolgt ordinal skaliert im Sinne der oben genannten Typologie.

4.4 Vorbereitung der Projektanalyse

Die Datenerhebung zur Durchführung des explorativ empirischen Programms erfolgt mit Hilfe eines Fragebogens, auf den im Kapitel 4.4.2 vertiefend eingegangen wird. Ein wichtiger Aspekt bei der Gestaltung des Fragebogen ist die Anforderung, daß Empfehlungen für die Projektgestaltung im Sinne eines situativen Ansatzes nur aus erfolgreichen Projekte abgeleitet werden dürfen. Durch eine Filterabfrage im Fragebogen müssen also die Projekte identifiziert werden, die signifikant erfolgreich waren. Hierzu ist die Frage zu stellen, welche Faktoren als Meßgrößen für den Projekterfolg herangezogen werden können.

4.4.1 Konzept zur Erfolgsbewertung der Projekte

Die Fragestellung einer Erfolgsbewertung ist aus Arbeiten der Erfolgsfaktorenforschung bekannt. Schwerpunkt der Erfolgsfaktorenforschung ist die Detektion von Erfolgsfaktoren z.B. für Projekte, aber auch für anderen Untersuchungsgegenstände. Methodisch erfordert dies die Messung des Projekterfolges und eine darauf aufbauende Trennung von erfolgreichen und weniger erfolgreichen Projekten mit Hilfe von Diskriminanzanalysen. Um hier zu möglichst signifikanten Aussagen zu kommen, werden Erfolgsmodelle mit einer Vielzahl von möglichen Erfolgsindikatoren benötigt [LEC97, PER96].

Die Aufgabenstellung in dieser Arbeit hat demgegenüber jedoch einen anders gelagerten Schwerpunkt: Die zu erarbeitende Methodik soll dazu genutzt werden, anhand von Merkmalen der Projektsituation Empfehlungen für das Vorgehen im Projekt abzuleiten. Anhand der Projektdaten werden die entscheidungsrelevanten Merkmale für das Vorgehen detektiert, nicht jedoch die Erfolgsfaktoren eines Projektes. Dennoch ist es erforderlich, die Erfolgsdimensionen eines Projektes zu kennen, um die erfolgreichen von den weniger erfolgreichen Projekten trennen zu können.

Die Erfolgsdimensionen eines Projektes können nach LECHLER [LEC97] in den Konzepterfolg (bei Entwicklungsprojekten: in den Innovationserfolg) und den Projekterfolg unterteilt werden (Bild 4.4).

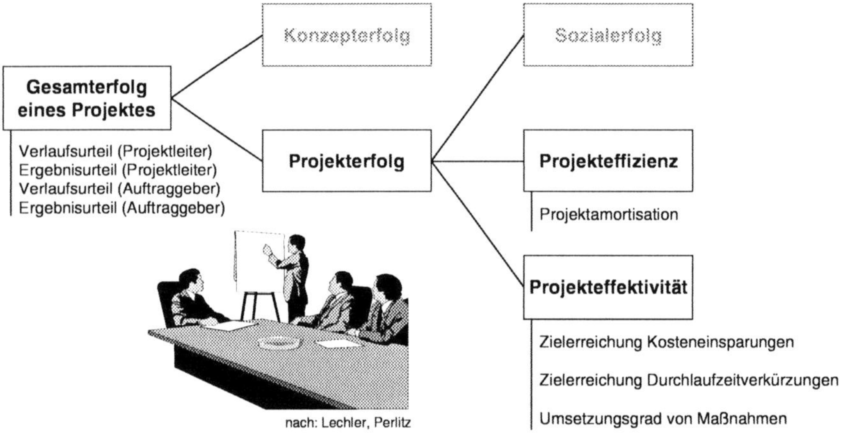

Bild 4.4: Messung des Projekterfolges

Bezogen auf den Anwendungsfall von Umstrukturierungsprojekten bedeutet die Messung des Konzepterfolges, daß der Einfluß des in einem Projekt erarbeiteten Produktionskonzeptes auf Größen wie die Produktivität oder das Betriebsergebnis gemessen werden müßte. Eine solche Erfolgsmeßkonzeption bezieht sich direkt auf die relevanten Erfolgsdimensionen eines Unternehmens und wird deshalb in der Erfolgsfaktorenforschung häufig angewendet. Dieser Ansatz weist jedoch einige methodische Schwächen auf. So argumentiert LECHLER, daß der Konzepterfolg sich möglicherweise erst weit nach der Beendigung des Projektes (d.h. nach der Umsetzung/im Systembetrieb) einstellt und damit meßbar wird. Problematisch an dieser "Totzeit" in der Messung ist dabei, daß der Erfolgseinfluß des erarbeiteten Produktionskonzeptes dann nicht mehr von anderen möglichen Einflüssen (z.B. Marktveränderungen) zu trennen ist. Darüber hinaus können je nach Zeitdauer zwischen Erfolgsmessung und der Durchführung des Projektes die zu befragenden Projektbearbeiter nicht mehr verfügbar sein, oder zumindest Erinnerungslücken in bezug auf Vorgehen und Inhalte des Projektes aufweisen [LEC97].

Aufgrund dieser methodischen Schwierigkeiten schlägt LECHLER vor, anstelle des Konzepterfolges den Projekterfolg zu messen, der bereits bei Beendigung eines Projektes feststeht. Der Projekterfolg kann dabei in die Erfolgsdimensionen Projekteffektivität, Projekteffizienz und Sozialerfolg strukturiert werden.

Die Projekteffektivität beschreibt die Projektergebnisse; d.h. es wird gemessen, inwieweit die inhaltlichen Ziele des Projektes im Sinne des Nutzens für den Auftraggeber erfüllt wurden. Der Begriff der Projekteffektivität hat gegenüber den anderen Erfolgsdimensionen die größte Nähe zum Konzepterfolg, beinhaltet er doch eine Beurteilung des erarbeiteten Produktionskonzeptes zum Zeitpunkt des Projektendes [LEC97].

Die Projekteffizienz beschreibt Größen wie die Einhaltung von Kosten- und Zeitvorgaben für den Projektverlauf. Der Sozialerfolg eines Projektes ist eine Maß für den Grad der Zusammenarbeit der Projektbeteiligten und beschreibt damit auch eher Verlaufsgrößen eines Projektes [LEC97].

Für die im oben formulierten Sinne "reduzierte" Erfolgsbewertung, die im Rahmen dieser Arbeit erforderlich ist, sollen folgende Erfolgsdimensionen berücksichtigt werden: Relevante und primäre Meßgröße ist die vergleichsweise "harte" Erfolgsdimension der Projekteffektivität. Bei der Bewertung von Umstrukturierungsprojekten bietet sich an, diese durch eine Bewertung der Erreichung von Kosten- und Prozeßzeitzielen durch das erarbeitete Produktionskonzept (nicht: Zeit- und Kostenzielerreichung durch das Projekt) zu operationalisieren. Weiterhin soll als Erfolgsmaßstab der Umsetzungsgrad von Maßnahmen gegenüber der Maßnahmendefinition zum Ende der Konzeptphase genutzt werden.

Die Projekteffizienz im Sinne der Budgeteinhaltung für die Projektkosten oder der Einhaltung von Zeitzielen soll nicht in die Erfolgsbewertung eingehen. Diesen Größen wird in der Praxis gegenüber den Effektivitätsgrößen, wie der Qualität des Produktionskonzeptes, eine nur geringe Bedeutung zugemessen. Empirische Befunde aus Studien bestätigen die geringe Erfolgsrelevanz von Größen der Projekteffizienz [LEC97]. Ergänzend zu den oben genannten Meßgrößen soll die Amortisation des Projektes eingehen, in die die Projektaufwände (neben den Investitionen für die Konzeptumsetzung) als Teilgröße der Projekteffizienz einfließen. Eine Messung des Sozialerfolges ist im Rahmen dieser Arbeit nicht vorgesehen.

In den verwendeten Fragebogen (vgl. Anhang D) sind weiterhin Fragen nach der subjektiven Erfolgsbewertung der Befragten sowie nach dem Erfolgsurteil des Auftraggebers in bezug auf Projektverlauf und -ergebnis eingeflossen. Diese wurden als K.O.-Kriterium verwendet, um sicherzustellen, daß nicht solche Projekte als erfolgreich eingestuft werden, die zwar aufgrund der Meßgrößen der Projekteffektivität als erfolgreich identifiziert wurden, im subjektiven Urteil der Beteiligten aber Mißerfolge waren. Meßzeitpunkt ist das Ende der Umsetzungsphase von Umstrukturierungsprojekten. Zugelassen wurden zudem Projekte, deren Umsetzungsphase so weit fortgeschritten ist, daß eine fundierte Abschätzung über Zielerreichung und den voraussichtlichen Umsetzungsgrad von Maßnahmen möglich ist.

Zur Klassifizierung der Projekte sind für die festgelegten Erfolgsmeßgrößen Grenzwerte für den Übergang zwischen erfolgreichen und weniger erfolgreichen Projekten festzulegen. Aufgrund des explorativen Charakters der Untersuchung wurden diese Werte nicht primär aus den Projektdaten abgeleitet, sondern vereinfachend aus Angaben in der Literatur entnommen und mit den erhobenen Daten iterativ abgeglichen. Dabei kommt der Umstand zum Tragen, daß Umstrukturierungsprojekte in der Produktion z.T. auffällig geringe Umsetzungsgrade aufweisen [INT98]. Würde man als Erfolgsmaßstab die 100%ige Erfüllung der Umsetzung ansetzen, so würde man nahezu kein Projekt als Erfolg einstufen können. Dennoch werden im subjektiven Erfolgsurteil auch Projekte als erfolgreich angesehen, die keine vollständige Maßnahmenumsetzung aufweisen [LEC97].

Um zu Angaben über die festzusetzenden Grenzwerte zu kommen, wurden für die Untersuchung diejenigen Projekte als erfolgreich bewertet, deren Zielerreichung und Umsetzungsgrade überdurchschnittlich waren (Bild 4.5). Dabei wurden Vergleichswerte aus Projektstudien herangezogen [INT98, ILOI97].

Definition:

Ein Projekt wird als erfolgreich bewertet, wenn

- **die Kostenziele zu über 50% erreicht wurden und**
- **die Ziele zur Durchlaufzeitverkürzung zu über 70% erreicht wurden und**
- **die in der Konzeption definierten Maßnahmen zu über 50% umgesetzt wurden und**
- **eine Projektamortisation (Projektaufwände und Investitionen) innerhalb von 8 Jahren erwartet werden kann.**

Zeitpunkt für die Erfolgsmessung ist das Ende der Umsetzungsphase.

Bild 4.5: Kriterien zur Erfolgsbewertung der analysierten Projekte

Durchschnittswerte für Kostenziele liegen bei nur etwa 50% Zielerreichung gegenüber den definierten Projektzielen [ILOI97]. Die Erreichung von Kostenzielen erfordert eine Veränderung des Ressourceneinsatzes (insbesondere der Personalressourcen) und gehört damit zu den sensiblen Aspekte in Projekten. Demgegenüber ist die Zielerreichung von Zeitzielen deutlich besser, was dadurch erklärt werden kann, daß Zeitziele primär durch die Optimierung von Abläufen, nicht jedoch durch eine Reduzierung des Ressourceneinsatzes erreicht werden.

Die durchschnittlichen Umsetzungsgrade von Maßnahmen schwanken erwartungsgemäß abhängig von der Maßnahmenart. Maßnahmen zur Reduzierung der Eigenleistungstiefe haben in der Regel einen unmittelbaren Einfluß auf den Ressourceneinsatz und sind kritisch in bezug auf Widerstand. Ähnlich sensibel sind aufbauorganisatorische Veränderungen, Veränderungen der Ablauforganisation und der räumlichen Anordnungsstruktur der Ressourcen im Objektbereich. Einfacher zu realisieren sind Veränderungen der technischen Ausstattung im Objektbereich (z.B. durch Investitionen) und die Einführung von KVP-Prozessen in der Produktion.

Insgesamt wurde als Grenzwert für den Projekterfolg ein Umsetzungsgrad der Maßnahmen von mehr als 50% gegenüber der Maßnahmendefinition am Ende der Konzeptionsphase festgelegt. Dieser Wert entspricht etwa den durchschnittlichen Umsetzungsgraden von Maßnahmen in erfolgreichen Projekten [INT98].

Ein Beispiel verdeutlicht die Messung des Umsetzungsgrades: Wenn für 15 Abteilungen in der Bilanzhülle des Projektes eine aufbauorganisatorische Veränderungen (z.B. Entfall der Obermeisterebene) vorgesehen ist, und diese ist in 10 Abteilungen umgesetzt worden, so beträgt der Umsetzungsgrad für die Maßnahme 66%.

4.4.2 Fragebogen und Methoden der multivariaten Statistik

Die Datenerhebung zur Durchführung des explorativ empirischen Programms erfolgt mit Hilfe eines Fragebogens (Bild 4.6, vgl. Anhang D). Der Konzeption des Fragebogens lagen folgende Überlegungen zugrunde:

Im Informationsteil des Fragebogens werden die Befragten über das Ziel der Erhebung, relevante Begriffe und die Restriktionen in bezug auf den Objektbereich der Projekte und die Projektart informiert. Hierdurch soll sichergestellt werden, daß die Befragten für die Datenerhebung erfolgreich abgeschlossene Umstrukturierungsprojekte in der Produktion und in den produktionsnahen Unternehmensbereichen auswählen. Dabei werden auch ausdrücklich Prozeßoptimierungsprojekte zugelassen, um in der Auswertung eine Abgrenzung zwischen den Merkmalen von Umstrukturierungs- und Prozeßoptimierungsprojekten ableiten zu können.

Der Fragenteil des Fragebogens gliedert sich in Fragen zu Zielen und Vorgehensweisen im Projekt, zum erarbeiteten Produktionskonzept sowie zur Erfolgsbewertung des Projektes. Die Fragen zum Vorgehen orientieren sich dabei an dem in Kapitel 2.3.1 abgeleiteten Phasenmodell und dem projektneutralen Vorgehensmodell. Die Befragten sollen hierbei angeben, welche Vorgehensschritte sie in den einzelnen Projektphasen durchgeführt haben.

Die Fragen zum Produktionskonzept beziehen sich auf den angewendeten Grundansatz der Systemgestaltung (Umstrukturierung oder Prozeßoptimierung) und die daraus resultierenden Veränderungen in der Produktion (Wegfall von Arbeitsplätzen, veränderte räumliche Zuordnung, Veränderungen in Ablauf- und Aufbauorganisation etc.). Weitere Fragen beziehen sich auf die mit der Umsetzung des Produktionskonzeptes verbundenen Risiken. Der Fragebogen beinhaltet damit Abfragen zu den möglichen entscheidungsrelevanten Merkmalen zum Gesamtvorgehen im Projekt (vgl. Kapitel 4.2) und zum Einsatz von Methoden des konzeptbezogenen Risikomanagement (vgl. Kapitel 4.3).

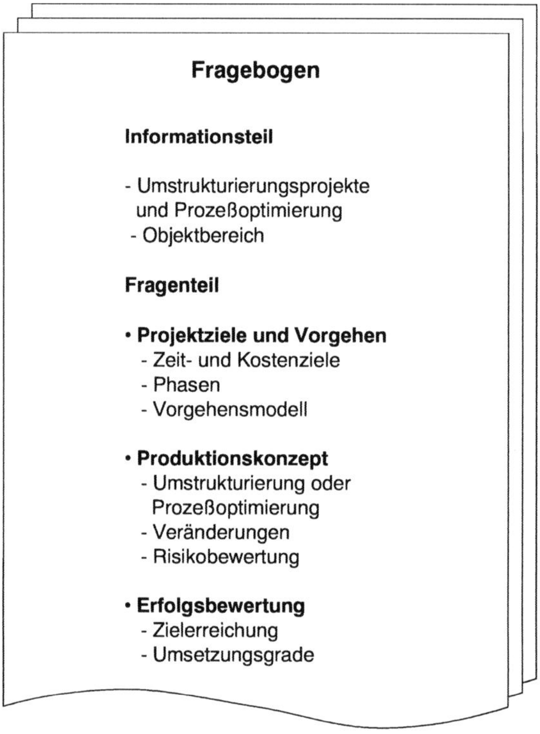

Bild 4.6: Konzeption des Fragebogens

Zur Analyse der erhobenen Projektdaten kommen im Rahmen der Arbeit Methoden der multivariaten Statistik zum Einsatz. Zur Auswertung der Projektdaten werden dabei im einzelnen die folgenden Methoden eingesetzt:

Regressionsanalyse: "Bei der Regressionsanalyse wird der Zusammenhang zwischen einer abhängigen und einer oder mehreren unabhängigen Variablen betrachtet, wobei unterstellt wird, daß alle Variablen auf metrischem Niveau gemessen werden können. Mit Hilfe der Regressionsanalyse können dann die unterstellten Beziehungen überprüft und abgeschätzt werden" [BAC96].

Im Rahmen der Arbeit wird mit Hilfe von Regressionsanalysen untersucht, welche der vorausgewählten Beschreibungsmerkmale die Varianz im Umfang der Vorgehensmodelle am besten erklären. Als quasi-metrische Maßzahl für den Umfang der Vorgehensmodelle wird die Anzahl der durchgeführten Vorgehensschritte im Gesamtprojekt und in den einzelnen Projektphasen gewählt. Die Variable "Umfang des gesamten Vorgehensmodells" ist ein Beispiel für eine der jeweils abhängigen (zu erklärenden) Variablen der Regressionsgleichungen. Die in Kapitel 4.2 argumentativ abgeleiteten Beschreibungsmerkmale der Projektsituation ("Größe des Objektbereiches", "Radikalität Kostenziele" etc.) stellen die unabhängigen Variablen dar.

Diskriminanzanalyse: "Ist die abhängige Variable nominal skaliert, und besitzen die unabhängigen Variablen metrisches Skalenniveau, so findet die Diskriminanzanalyse Anwendung. Die Diskriminanzanalyse ist ein Verfahren zur Analyse von Gruppenunterschieden" [BAC96].

Die vorliegende Projektauswertung wird zum einen mit Hilfe einer Diskriminanzanalyse unterstützt, um die signifikanten Unterscheidungsmerkmale zwischen Umstrukturierungsprojekten und Prozeßoptimierungsprojekten zu identifizieren. Mit Hilfe der Diskriminanzanalyse können dabei Trennwerte der Merkmale identifiziert werden, die es ermöglichen, ein neues Projekt anhand der Ausprägung der relevanten Merkmale einem Projekttyp zuzuordnen. Die Diskriminanzanalyse liefert so einen wesentlichen Beitrag zum Aufbau des Beschreibungsmodells für Projektsituationen.

Zum anderen wird mit Hilfe von Diskriminanzanalysen untersucht, welche Situationsmerkmale die Entscheidung bestimmen, in einem Umstrukturierungsprojekt Methoden des Risikomanagement einzusetzen. Hierbei ist zu beachten, daß die in diesem Zusammenhang aufgenommen Merkmale mit ordinaler Skalierung in ein quasi-metrisches Maß umgewandelt werden, indem die projektspezifische Position der Merkmalsausprägung auf der Rankingskala als metrische Zahl interpretiert wird (Beispiel: bei Problemen mit dem Produktionskonzept wäre der Schaden: "mittel" → Position 3 in der Rankingskala → Wert 3).

Clusteranalyse: Mit Hilfe von Clusteranalysen wird eine Bündelung von Objekten angestrebt. "Das Ziel ist dabei, die Objekte so zu Gruppen zu bündeln, daß die Objekte in einer Gruppe möglichst ähnlich und die Gruppen untereinander möglichst unähnlich sind" [BAC96].

Im Rahmen der Auswertung werden Clusteranalysen zur Bündelung von Projekten eingesetzt. Dabei kommen hierarchische, agglomerative Clusterverfahren zum Einsatz. Als zugrunde liegendes Distanzmaß wird die quadrierte Euklidische Distanz verwendet. Die Zuordnung von Projekten zu Projekttypen anhand der identifizierten Merkmale des Beschreibungsmodells erfolgt mit Hilfe einer Ward-Clusteranalyse. Dieses Verfahren wird gewählt, weil es Untersuchungen zufolge die beste Gruppierungsqualität ("richtige Zuordnung") aller Verfahren erreicht [BAC96].

Zu beachten ist, daß der Einsatz der Clusteranalyse zur Bündelung der Projekte im Rahmen dieser Arbeit nicht als ein rein struktur-entdeckendes Verfahren, sondern als ein Hilfsmittel eingesetzt wird, um die Zuordnung der Projekte zu den Projekttypen zu bestätigen. Die Clusteranalyse unterstützt dabei die Ordinalskalierung der ursprünglich metrischen Merkmale. Durch die Ordinalskalierung der Merkmale im Beschreibungsmodell soll die Anwendung der Methodik erleichtert werden. Die aus den Diskriminanzanalysen abgeleiteten Trennwerte der Beschreibungsmerkmale werden hierzu mit Hilfe der Projekt-Clusterung iterativ kalibriert und als Trennwerte für die Ordinalskala verwendet.

Das aufgrund der Vorüberlegungen abgeleitete Forschungsdesign (vgl. Kapitel 4.2 bis 4.3) enthält keine Abhängigkeiten zwischen latenten Variablen, so daß auf die Anwendung komplexer, kausalanalytischer Verfahren - wie z.B. einer LISREL-Analyse - verzichtet werden kann. Über diesen Zusammenhang und über weitere Hintergründe zu den eingesetzten Methoden gibt BACKHAUS [BAC96] einen guten Überblick.

Eine Leitlinie für das Design von empirischen Programmen besagt, daß zur Überprüfung von Zusammenhängen die Daten aus mindestens doppelt so vielen Fälle (hier: untersuchte Projekte) zur Verfügung stehen sollten, als unabhängige Variablen vorliegen (hier: mögliche Beschreibungsmerkmale der Projektsituation für das Gesamtvorgehen und mögliche entscheidungsrelevante Merkmale zum Vorgehen beim Risikomanagement), um signifikante Aussagen zu erhalten [BAC96]. Berücksichtigt man, daß im Rahmen der Vorüberlegungen 7 mögliche Merkmale identifiziert wurden, so sind bei der Untersuchung der Gesamtvorgehensmodelle mindestens 14 vollständige Datensätze aus erfolgreichen Projekten auszuwerten. Die maximale Merkmalsanzahl für die Untersuchung des Schrittes "konzeptbezogenes Risikomanagement" liegt bei 11. Die Mindestanzahl zugrundeliegender Projekte liegt damit für diesen Untersuchungsteil bei 22.

Darüber hinaus ist zu beachten, daß bei Befragungen keine 100%ige Rückläuferquote erwartet werden kann. Zudem ist es möglich, daß die befragten Experten erfolglose Projekte beschreiben oder die Fragen nicht vollständig beantworten (Problem der "missing values" in den Datensätzen) [BAC96]. Um unter diesen Umständen eine insgesamt ausreichende Datenbasis für das explorativ empirische Programm sicherzustellen, wurden im Rahmen der Befragung ca. 45 Experten um eine Projektbeschreibung gebeten.

Zur Überprüfung der Verläßlichkeit der aus den Regressions- und Diskriminanzanalysen abgeleiteten Aussagen werden Signifikanztests herangezogen. Im Rahmen der Arbeit werden nur Aussagen zugelassen, die entweder "signifikant" (SIG < 5% Irrtumswahrscheinlichkeit) oder "hoch signifikant" (SIG < 1% Irrtumswahrscheinlichkeit) sind. Die Auswertung der empirischen Daten erfolgt mit Hilfe des Statistikprogrammes SPPS 6.1 for Windows [BRO95].

5 Ableitung von Nutzungsmodellen und Methoden für eine umsetzungsorientierte Gestaltung von Umstrukturierungsprojekten auf Basis von Projektanalysen

Im folgenden Kapitel 5 werden die Nutzungsmodelle und Methoden für die Anwendung der Methodik entwickelt. Im Sinne der Übertragung situativer Ansätze werden die Gestaltungsempfehlungen aus einer empirischen Projektanalyse abgeleitet. In Kapitel 5.1 wird die hierzu verwendete Datenbasis vorgestellt. Die analysierten Projekte werden dabei einer Erfolgsbewertung gemäß dem in Kapitel 4.4.1 vorgestellten Bewertungskonzept unterworfen. In Kapitel 5.2 werden die Ergebnisse der Projektanalyse zum Gesamtvorgehen in den analysierten Projekten vorgestellt. Im Rahmen von Kapitel 5.3 werden auf dieser Basis das Beschreibungsmodell für Projektsituationen und entsprechende Projekttypen sowie situativ instanziierte Vorgehensmodelle für Umstrukturierungsprojekte abgeleitet. In Kapitel 5.4 werden die Ergebnisse der Projektanalyse zum Vorgehensschritt "konzeptbezogenes Risikomanagement" erläutert. Mit Hilfe der Projektanalyse werden die Schwerpunkte für die anschließende Adaption von Methoden des Risikomanagement auf die Rahmenbedingungen von Umstrukturierungsprojekten in der Produktion gebildet (Kapitel 5.5).

5.1 Vorstellung und Erfolgsbewertung der untersuchten Projekte

Als empirische Basis zur Entwicklung der Methodik wurden die Daten von abgeschlossenen Umstrukturierungsprojekten ausgewertet (Bild 5.1). Die Datenerhebung erfolgte im Rahmen einer schriftlichen Befragung von Experten mit Hilfe des in Kapitel 4.4.2 vorgestellten Fragebogens im Zeitraum von Februar bis April 1998.

Von den 47 Anfragen zu Umstrukturierungsprojekten wurden 30 beantwortet. Dies entspricht einer für empirische Untersuchungen ungewöhnlich hohen Rücklaufquote von 64%. Diese kann allerdings damit erklärt werden, daß die Studie als kleinzahlige, explorative Studie angelegt war, so daß die Befragung bei den Experten telefonisch oder persönlich angekündigt werden konnte. Darüber hinaus ermöglichte der Stichprobenumfang, u.U. mehrmals nachzufragen. Von den 30 Antworten erwiesen sich 27 als brauchbar und sind in die Auswertung eingeflossen.

Die Mehrzahl der ausgewerteten Umstrukturierungsprojekte (62%, entspricht 14 Projekten) wurde in Unternehmen des Maschinen- und Anlagenbaus durchgeführt, wobei in dieser Kategorie auch Umstrukturierungsprojekte im Werkzeugbau, in der Luft- und Raumfahrtindustrie und im Schienenfahrzeugbau erfaßt wurden. Die zweitgrößte Gruppe mit 6 ausgewerteten Fragebögen (22%) beschreibt Projekte in der sonstigen metallverarbeitenden Industrie. Projekte in Unternehmen mit Serienproduktion stellen weitere 26% der untersuchten Projekte, wobei diese sich auf die Branchen Elektroindustrie (3 Projekte, 11%) und Automobilindustrie/ Automobilzulieferer (4 Projekte, 15%) aufteilen.

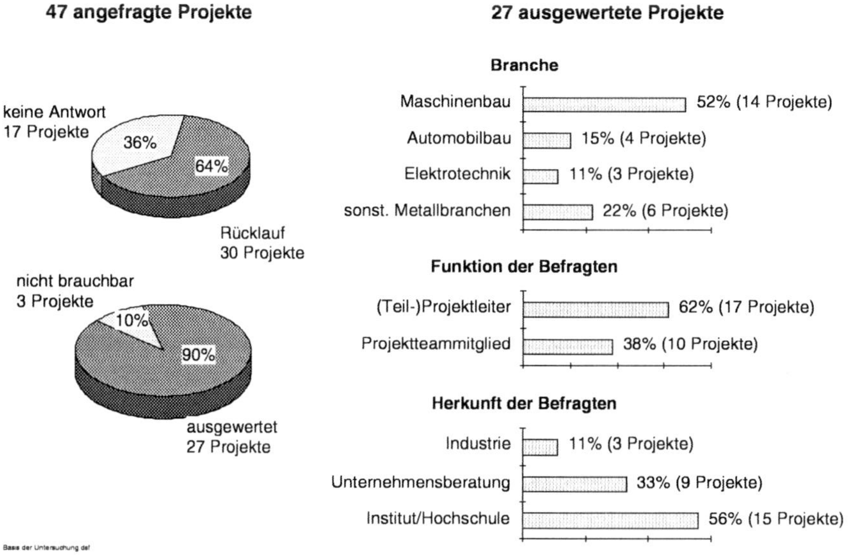

Bild 5.1: Basis der Untersuchung

Die Projekte wurden überwiegend in Unternehmen mittlerer Größe durchgeführt (vgl. Anhang E). Die betrachteten Unternehmen beschäftigen durchschnittlich 3.800 Mitarbeiter (von 120 bis 19.500 Mitarbeiter) bei einem durchschnittlichen Umsatz von 900 Mio. DM/a (24 Mio. DM/a bis 3.800 Mio. DM/a).

Als Experten wurden Mitarbeiter aus der Industrie (11%, 3 Projekte), von Unternehmensberatungen (33%, 9 Projekte) und Mitarbeiter von Hochschulinstituten (WZL und IAW der RWTH Aachen, 56%, 15 Projekte) befragt, die die Umstrukturierungsprojekte entweder als Projekt- bzw. Teilprojektleiter (62%) oder als Projektteammitglieder (38%) begleitet haben.

Die Umstrukturierungsprojekte wurden zunächst einer Erfolgsbewertung entsprechend den in Kapitel 4.4.1 abgeleiteten Erfolgskriterien unterzogen (vgl. Anhang E). 3 der 27 Projekte wurden dabei als "nicht erfolgreich abgeschlossen" bewertet und aus der weiteren Betrachtung ausgeschlossen. Der Ausschluß dieser Projekten erfolgte, weil die Umsetzungsphase der Projekte noch nicht ausreichend weit fortgeschritten war und Zielerreichung sowie Umsetzungsgrade von Maßnahmen entsprechend gering ausfielen. 89% der Projekte in der Datenbasis wurden damit als erfolgreich bewertet. Dieser hohe Anteil erklärt sich dadurch, daß die Experten im Informationsteil des Fragebogens und bei den mündlichen Ankündigungen der Fragebögen explizit darauf hingewiesen wurden, daß für die Befragung nur (subjektiv) erfolgreich abgeschlossene Projekte berücksichtigt werden sollen. Die Basis für alle weiteren Betrachtungen ist damit zunächst die Anzahl der erfolgreichen Projekte n_{erf} = 24 Projekte (Index erf: "erfolgreiche Projekte").

5.2 Ergebnisse der Projektanalysen zu den Gesamtvorgehensmodellen

5.2.1 Bestimmung der situativ variablen Vorgehensschritte

Die befragten Projektbearbeiter gaben in Ihren Fragebögen an, welche Vorgehensschritte in den jeweiligen Phasen der Projekte durchgeführt wurden. Hieraus läßt sich ableiten, wie häufig ein Vorgehensschritt im Durchschnitt über alle Projekte durchgeführt wurde (Bild 5.2). Beispiel: In der Phase der Projektvorbereitung wurde in 38% der untersuchten Fälle eine Kurzanalyse bzw. Expertenbefragung durchgeführt, die der eigentlichen Analyse vorausgeht. Die Identifikation der situativ variablen Vorgehensschritte erfolgt dabei nach dem Ausschlußverfahren, indem die Schritte herangezogen wurden, die in den Projekten besonders häufig durchgeführt wurden. Alle Vorgehensschritte, die in mehr als 75% aller Projekte zu Anwendung kamen, wurden als "situativ nicht variabel", die übrigen Schritte demnach als "situativ variabel" gekennzeichnet.

Kennwert	Einheit	Durchschnitt	situativ variabel
Vorgehen im Projekt (Projektvorbereitung)			
Zielsetzung/Leitlinien	O oder 1	**79%**	nein
Kurzanalyse/Expertenbefragung	O oder 1	**38%**	ja
Managementworkshop	O oder 1	**58%**	ja
Projektorganisation/Entscheidungsstruktur	O oder 1	**83%**	nein
Kommunikations-/Projektmarketingkonzept	O oder 1	**29%**	ja
Vorgehen im Projekt (Analyse/Konzeption)			
projektbezogenes Risikomanagement	O oder 1	**17%**	ja
institutionalisiertes Konfliktmanagement	O oder 1	**29%**	ja
Kommunikation durch Führung und/oder durch Projektleitung	O oder 1	**75%**	nein
explizites Projektcontrolling	O oder 1	**63%**	ja
Analyse	O oder 1	**100%**	nein
Benchmarking	O oder 1	**38%**	ja
Projektteamschulungen	O oder 1	**29%**	ja
Beteiligungsqualifikation/Mitarbeiterschulung	O oder 1	**25%**	ja
Coaching	O oder 1	**17%**	ja
konzeptbezogenes Risikomanagement	O oder 1	**67%**	ja
Vorgehen im Projekt (Umsetzung)			
institutionalisiertes Konfliktmanagement	O oder 1	**38%**	ja
Kommunikation durch Führung und/oder durch Projektleitung	O oder 1	**71%**	nein
explizites Projektcontrolling	O oder 1	**67%**	ja
Projektteamschulungen	O oder 1	**29%**	ja
Beteiligungsqualifikation/Mitarbeiterschulung	O oder 1	**54%**	ja
Coaching	O oder 1	**46%**	ja
Pilotprojekt(e)	O oder 1	**46%**	ja
Initiierung KVP	O oder 1	**38%**	ja
konzeptbezogenes Risikomanagement	O oder 1	**50%**	ja

Basis: n= 24 Projekte

Bild 5.2: Identifikation der situativ variablen Vorgehenschritte

Die Festlegung des Grenzwertes von 75% Häufigkeit ist dabei zunächst willkürlich. Auffällig ist, daß die Häufigkeit einiger Vorgehensschritte nahe an den Grenzwert von 75% heranreichen (z.B. explizites Projektcontrolling mit 63% Häufigkeit in der Analyse- und Konzeptphase und 67% Häufigkeit in der Umsetzungsphase), diese Schritte aber dennoch als situativ variabel eingestuft werden.

Diese Vorgehensweise folgt der in Kapitel 4.1 argumentierten Strategie des "schlanken" Grundmodells im Vorgehen, die methodische Vorteile aufweist. Die Festlegung erscheint darüber hinaus mit Blick auf die Ergebnisse plausibel. Demnach sind lediglich die Vorgehensschritte "Zielsetzung/ Leitlinien ableiten", Projektorganisation/ Entscheidungsstruktur festlegen", "Kommunikation durch Führung und/oder Projektleitung" und "Analyse" situativ nicht variabel, während für alle anderen Vorgehensschritte eine Abhängigkeit von der Projektsituation vermutet wird. Damit wurde die in Kapitel 4.1 getroffene Vermutung darüber, welche Vorgehensschritte situativ nicht variabel sind, bestätigt.

5.2.2 Umfang der Vorgehensmodelle

In einem ersten Auswertungsschritt wurden die Beschreibungsmerkmale identifiziert, die einen signifikanten Einfluß auf die Konfiguration der Vorgehensmodelle in den untersuchten Projekten haben. Mit Hilfe von Regressionsanalysen wurde hierzu untersucht, welche der vorausgewählten Beschreibungsmerkmale die Varianz in dem Umfang der Vorgehensmodelle am besten erklären. Als quasi-metrische Maßzahl für den Umfang der Vorgehensmodelle wurde die Anzahl der durchgeführten Vorgehensschritte im Gesamtprojekt und in den einzelnen Projektphasen gewählt (Bild 5.3).

Die Variablen "Umfang des gesamten Vorgehensmodells", "Umfang des Vorgehensmodells in der Phase der Projektvorbereitung", "Umfang des Vorgehensmodells in der Analyse- und Konzeptionsphase" und "Umfang des Vorgehensmodells in der Umsetzungsphase" stellen somit die jeweils abhängige (zu erklärende) Variable der Regressionsgleichungen dar. Um die Signifikanz der Aussagen zu erhöhen, wurden nur die situativ variablen Vorgehensschritte berücksichtigt.

Die in Kapitel 4.2 vorausgewählten Beschreibungsmerkmale der Projektsituation ("Größe des Objektbereiches", "Radikalität der Kostenziele", "Radikalität der Zeitziele", "Umsetzungsgeschwindigkeit bei den Kosteneinsparungen", "Umsetzungsgeschwindigkeit bei der Durchlaufzeitverkürzung", "Anteil Arbeitsplätze Wegfall/ räumliche Änderung/ Aufbauorganisation", "Anteil Arbeitsplätze mit Veränderung von Abläufen/Technik") stellen die unabhängigen Variablen dar. Die Ausprägungen der unabhängigen Variablen in der Datenbasis sind ebenfalls in Bild 5.3 aufgeführt.

Unter Berücksichtigung der erfolgreichen Projekte (n_{erf} = 24 Projekte) erbrachten die Regressionsanalysen zunächst keine statistisch signifikanten Aussagen.

Merkmal	Kürzel	Ausprägung	
Größe des Objektbereichs	MA_OB	Anzahl Mitarbeiter	
		30-3.500	Ø 626
Radikalität Kostenziele	ZIEL_K	Kosteneinsparung	
		0%-35%	Ø 19%
Radikalität Zeitziele	ZIEL_Z	DLZ-Verkürzung	
		0%-50%	Ø 26%
Umsetzungs-geschwindigkeit Kosteneinsparungen	UMGE_K	Einsparung pro Monat	
		0%-3,75%	Ø 1,62%
Umsetzungs-geschwindigkeit DLZ-Verkürzung	UMGE_Z	Verkürzung pro Monat	
		0%-8,33%	Ø 3,99%
Anteil Arbeitsplätze mit Wegfall/Änderung der räumlichen Zuordnung/ Aufbauorganisation	AP_WEG	Anteil	
		0%-100%	Ø 42%
Anteil Arbeitsplätze mit Änderungen in Abläufen/ Technik	AP_ABL	Anteil	
		0%-100%	Ø 35%

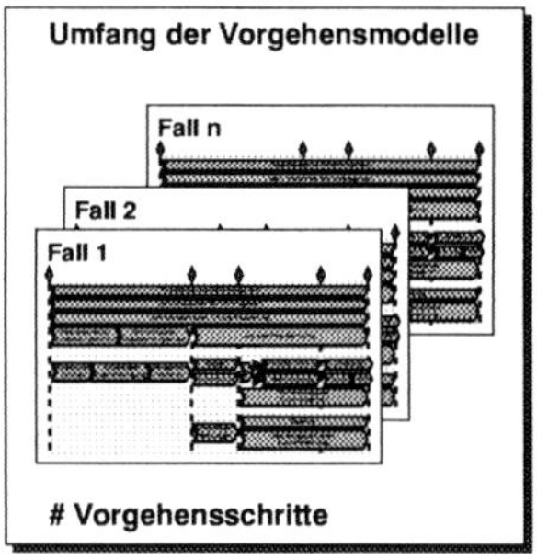

Basis: $n_{erf.}$ = 24 Projekte
DLZ: Durchlaufzeit
Ø: Durchschnitt
#: Anzahl

 # Vorgehensschritte = m + x1 * MA_OB + ... + xn * AP_ABL

Bild 5.3: Aufbau der Regressionsanalysen

Die Projekte wurden daraufhin auf mögliche Ausreißer hin untersucht. Dabei zeigte sich, daß 3 Projekte im Verhältnis zu den anderen Projekten auffällig umfangreiche Vorgehensmodelle aufweisen, obwohl die unabhängigen Variablen nur durchschnittlich ausgeprägt sind. Bei diesen Projekten wurde eine positiv verzerrte Darstellung des Projektumfanges durch die befragten Projektleiter vermutet. Die Projekte wurden daraufhin von der weiteren Betrachtung ausgeschlossen. Die Anzahl der Projekte für die weitere Analyse ist damit n_{oA1} = 21 Projekte (Index oA1: "ohne Ausreißer, 1. Gruppe", vgl. Anhang F).

Regressionsanalysen auf dieser Datenbasis ergaben die in Bild 5.4 aufgeführten Ergebnisse (vgl. Anhang F). Zu den Ergebnissen im einzelnen:

- Die Variablen "Größe des Objektbereiches" und "Radikalität Kostenziele" sind die relevanten Merkmale zur Erklärung von Unterschieden der Vorgehensmodelle in den untersuchten Projekten. Die beiden Variablen erklären zusammen 72,5% (Bestimmtheitsmaß) bzw. 69,4% (korrigiertes Bestimmtheitsmaß) der Varianz im Umfang der Vorgehensmodelle der Projekte und bestimmen damit maßgeblich das in den Projekten gewählte Maß der Projekt- und Konzeptabsicherung. Das Signifikanzniveau dieser Analysen liegt unter 5% Irrtumswahrscheinlichkeit. Die Aussagen sind damit "signifikant".

Der Grad der Projekt- und Konzeptabsicherung in den Projektphasen wird erklärt durch...

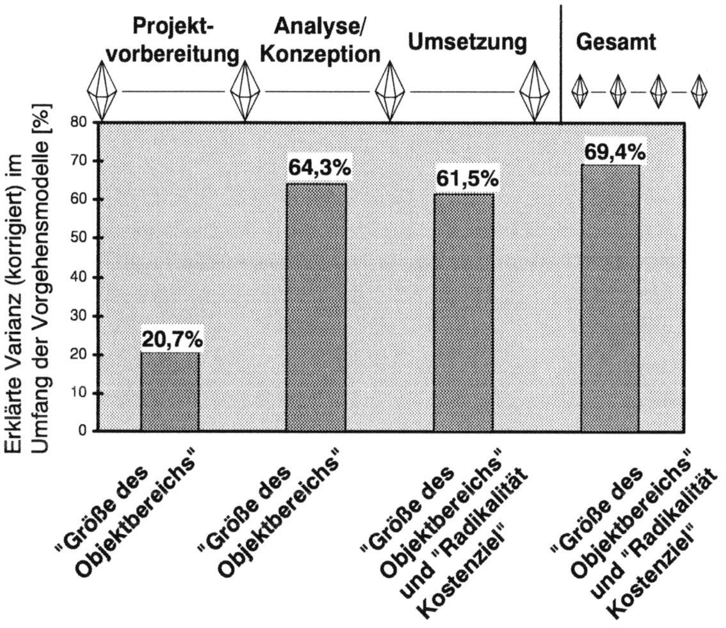

SIG < 0,05 (stepwise)
NoA1 = 21 Projekte

Bild 5.4: Ergebnisse der Regressionsanalysen

- Die Bedeutung der beiden Variablen wechselt während des Projektverlaufes. Das Vorgehen in den frühen Projektphasen von Umstrukturierungsprojekten ("Projektvorbereitung", "Analyse und Konzeption") ist wesentlich von der "Größe des Objektbereiches" bestimmt, während die Bedeutung der "Radikalität der Kostenziele" zur Umsetzungsphase hin zunimmt.

Keine der anderen untersuchten Variablen erbringt einen signifikanten, weiteren Erklärungsbeitrag zur Umfangsvarianz der Vorgehensmodelle. Die Radikalität von Kostenzielen hat damit offensichtlich einen wesentlich höheren Einfluß auf die Absicherungsstrategien (und die damit verbundenen Vorgehensschritte) in den Projekten als die Radikalität von Zeitzielen.

5.2.3 Umstrukturierung versus Prozeßoptimierung

Ein wichtiger Entscheidungspunkt bei der situativen Instanziierung des projektneutralen Vorgehensmodells ist die Frage, ob bei der Systemgestaltung eine Prozeßoptimierung ausreicht oder ob eine Umstrukturierung erforderlich ist.

Mit Hilfe einer Diskriminanzanalyse wurde hierzu untersucht, welche projektbeschreibenden Merkmale signifikant zur Unterscheidung von Umstrukturierungsprojekten und Projekten zur Prozeßoptimierung beitragen. Die Zuordnung der Projekte zu diesen Gruppen erfolgte durch die Experten, die das von ihnen betreute Projekt im Fragebogen klassifizieren sollten. Um ein einheitliches Begriffsverständnis zu gewährleisten, wurden die Unterschiede in den Vorgehensweisen zwischen den Projektarten im Fragebogen erklärt.

Zur Unterscheidung der Projektarten "Umstrukturierung" und "Prozeßoptimierung" wurden zunächst wieder alle 7 unabhängigen Merkmale der Projektsituation und alle erfolgreichen Projekte (n_{erf} = 24 Projekte) zugelassen. Eine erneute Einzelfallprüfung ergab 3 Ausreißerprojekte. Ausschließende Merkmale dieser Projekte sind entweder ungewöhnlich hohe Umsetzungsgeschwindigkeiten der Kosteneinsparungen oder fehlende Kostenzielangaben. Basis für die Diskriminanzanalyse sind damit n_{oA2} = 21 Projekte (Index oA2: "ohne Ausreißer, 2. Gruppe"); 13 Projekte davon wurden von den Experten als Umstrukturierungsprojekte und 8 als Prozeßoptimierungsprojekte klassifiziert (vgl. Anhang G).

Es ergaben sich die in Bild 5.5 aufgeführten Ergebnisse. Zu den Ergebnissen im einzelnen (vgl. Anhang G):

- Die Radikalität der Kostenziele in Umstrukturierungsprojekten ist mit durchschnittlich 23% Einsparung deutlich höher als die Einsparungsziele bei Prozeßoptimierungen mit 5,3%. Das Merkmal "Radikalität der Kostenziele" besitzt die mit Abstand größte diskriminatorische Bedeutung für eine Unterscheidung der Projektarten "Umstrukturierung" und "Prozeßoptimierung" (Wilks' Lambda: 0,43). Eine auf diesem Merkmal abgeleitete Diskriminanzfunktion trennt die Gruppen hoch signifikant (SIG < 1% Irrtumswahrscheinlichkeit) mit einer "Trefferquote" der Diskriminanzfunktion (= aufgrund der Funktion prognostizierte Zuordnung gegenüber der tatsächlichen Zuordnung) von über 80%.
- Keine weitere Variable erreicht ein zufriedenstellendes Signifikanzniveau von unter 5% Irrtumswahrscheinlichkeit.
- Bei einem Mittelwert von 1,23% Einsparung pro Monat über aller Projekte werden die Kosteneinsparungen in Umstrukturierungsprojekten deutlich schneller umgesetzt (1,66% Einsparung pro Monat) als bei Prozeßoptimierungen (0,5% Einsparung pro Monat). Die Variable "Umsetzungsgeschwindigkeit bei den Kosteneinsparungen" erreicht dabei die zweitbeste Trennqualität zwischen den Projektarten (Wilks' Lambda: 0,64).

- In Prozeßoptimierungsprojekten werden Zeitziele stärker betont (20% durchschnittliche Verkürzung der Durchlaufzeit) als in Umstrukturierungsprojekten (12%).

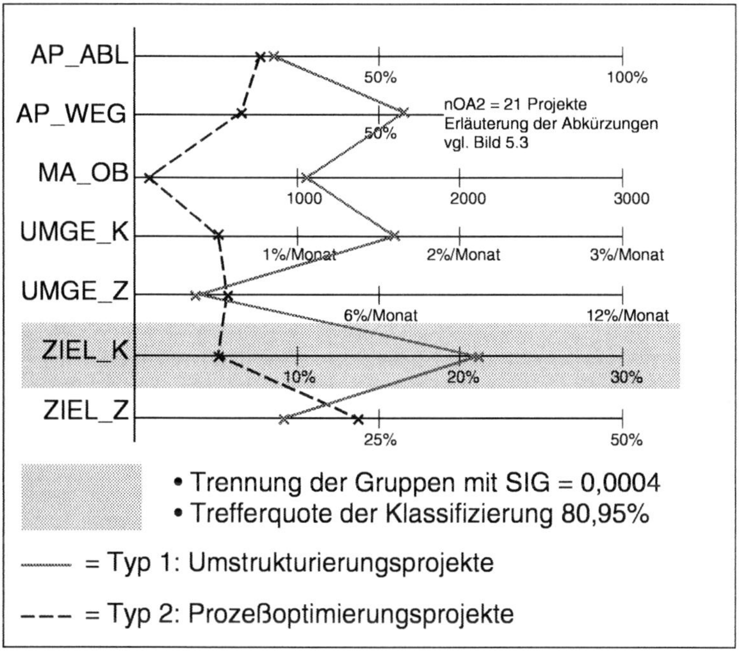

- **Der Objektbereich von Umstrukturierungsprojekten ist deutlich größer als der von Prozeßoptimierungsprojekten**
- **Betonung von Kostenzielen in Umstrukturierungsprojekten**
- **Betonung von Zeitzielen in Prozeßoptimierungsprojekten**
- **Das Merkmal "Kostenziel" trennt die Projekttypen hoch signifikant**
- **Zweitbeste Trennqualität durch das Merkmal "Umsetzungsgeschwindigkeit der Kosteneinsparungen"**

Bild 5.5: Ergebnisse der Diskriminanzanalyse I

- Der Objektbereich von Prozeßoptimierungen ist mit durchschnittlich 145 Mitarbeitern deutlich kleiner als der von Umstrukturierungsprojekten mit durchschnittlich 1.029 betroffenen Mitarbeitern. Aufgrund des eher partizipativen methodischen Ansatzes einer Prozeßoptimierung ist die Größe des Objektbereiches offensichtlich limitiert.

Die im Vergleich zu den anderen Variablen hohe Trennqualität des Merkmals "Umsetzungsgeschwindigkeit bei den Kosteneinsparungen" legt die Vermutung nahe, daß es innerhalb der Projektart "Umstrukturierungsprojekte" zwei Untergruppierung gibt, die sich zwar nicht in bezug auf Radikalität der Kostenziele, wohl aber in bezug auf die Umsetzungsgeschwindigkeit unterscheiden. Aufgrund dieser Vermutung wurde von der Gruppe der Projekte, die von den Experten als "Umstrukturierung" klassifiziert wurde, eine Untergruppe "gedämpfte Umstrukturierungen" absplittet. Als Trennkriterium wurde der Mittelwert von 1,23% Einsparung pro Monat angesetzt. Die Umstrukturierungsprojekten, die diesen Grenzwert unterschreiten, wurden daraufhin in "gedämpfte Umstrukturierungen" umklassifiziert. Davon betroffen sind 5 Projekte. Mit dieser veränderten Datenbasis wurde erneut eine Diskriminanzanalyse durchgeführt (Bild 5.6).

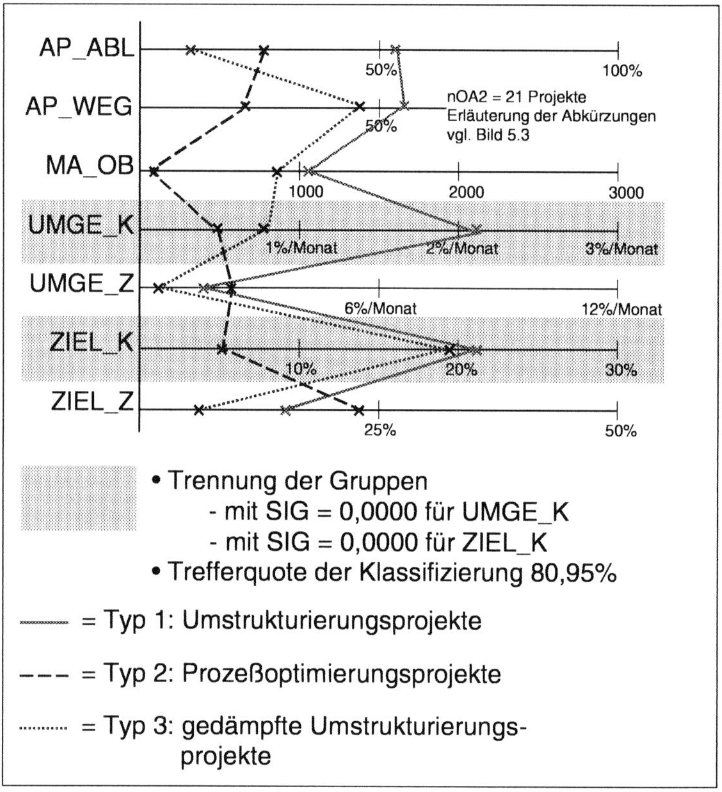

- **Signifikante Unterscheidung der Projekttypen durch die Merkmale "Kostenziel" und "Umsetzungsgeschwindigkeit bei den Kosteneinsparungen"**
- **Je größer der Objektbereich eines Projektes ist, desto geringer ist die Umsetzungsgeschwindigkeit bei den Kosteneinsparungen**

Bild 5.6: Ergebnisse der Diskriminanzanalyse II

Zusätzlich zu den in der ersten Diskriminanzanalyse erzielten Ergebnissen können auf Basis dieser modifizierten Analyse folgende Aussagen getroffen werden:

- Die Projektarten "Prozeßoptimierungen", "Umstrukturierungen" und "gedämpfte Umstrukturierungen" unterscheiden sich hoch signifikant (SIG < 1% Irrtumswahrscheinlichkeit) durch die Ausprägungen der Merkmale "Radikalität Kostenziele" und "Umsetzungsgeschwindigkeit bei den Kosteneinsparungen".
- In Umstrukturierungsprojekten werden radikale Kostenziele (durchschnittlich 25% Einsparung) schnell umgesetzt (durchschnittlich 2,19% Einsparung pro Monat).
- Die Radikalität der Kostenziele "gedämpfter Umstrukturierungen" ist nur unwesentlich geringer (durchschnittlich 19% Einsparung) als die der "Umstrukturierung". Die Umsetzungsgeschwindigkeiten liegen aber mit 0,81% Einsparung pro Monat deutlich niedriger und kommen somit in den Bereich der Umsetzungsgeschwindigkeiten von Prozeßoptimierungsprojekten (0,53%). Der Objektbereich der "gedämpften Umstrukturierungen" ist dabei größer als der in "Umstrukturierungen", was eine Erklärung für die verminderte Umsetzungsgeschwindigkeit sein könnte.

5.3 Ableitung von Nutzungsmodellen für Umstrukturierungsprojekte in der Produktion

Die Analyse der Projektdaten hat aufgezeigt, daß sowohl die Ausgestaltung des Projektvorgehens (hier: Umfang der Vorgehensmodelle und damit das Maß der Projekt- und Konzeptabsicherung) als auch die Entscheidungen über die Art der Systemgestaltung (hier: Prozeßoptimierung vs. Umstrukturierung) in den untersuchten Projekten signifikant von der Ausprägung der folgenden Projektmerkmale abhängt:

- Größe des Objektbereiches [Anzahl Mitarbeiter],
- Radikalität der Kostenziele [% Einsparung] und
- Umsetzungsgeschwindigkeit bei den Kosteneinsparungen [% Einsparung/Monat].

Auf dieser Basis lassen sich das Beschreibungsmodell für Projektsituationen und die situativ instanziierten Vorgehensmodelle als Nutzungsmodelle der Methodik ableiten.

5.3.1 Beschreibungsmodell für Projektsituationen und Ableitung von Projekttypen

Eine Zuordnung von Projektsituation und Vorgehensmodell kann durch eine Betrachtung von Projekttypen erfolgen, die sich aus der Kombination der relevanten Beschreibungsmerkmale ableiten lassen. Hierzu wurde anhand der Beschreibungsmerkmale (Größe des Objektbereiches, Radikalität der Kostenziele und Umsetzungsgeschwindigkeit bei den Kosteneinsparungen) eine Ward-Clusteranalyse der Projekte durchgeführt (vgl. Anhang H). Es ergeben sich sechs unterscheidbare Projekttypen in der Datenbasis (Bild 5.7).

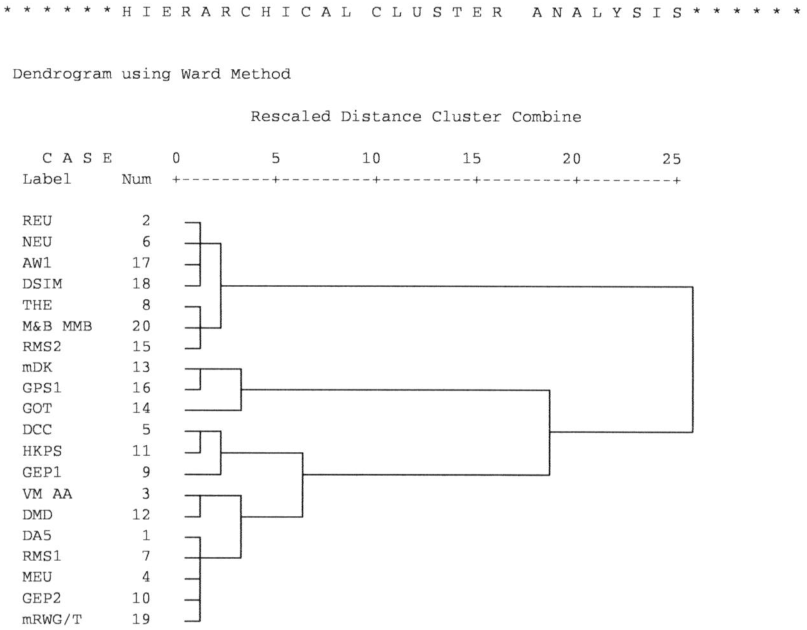

Bild 5.7: Clusteranalyse der Projekte

Eine Analyse der Merkmalsausprägungen der Projekttypen ergibt, daß sich die durch die Clusteranalyse getroffene Klassifizierung gut nachvollziehen läßt, wenn man die Merkmalsausprägungen ordinal skaliert. Die Trennwerte für die Abgrenzung zwischen den Merkmalsklassen korrespondieren dabei für die Merkmale "Radikalität der Kostenziele" und "Umsetzungsgeschwindigkeit bei den Kosteneinsparungen" mit den kritischen Trennwerten aus der Diskriminanzanalyse der Projekte. Der Trennwert zwischen "gering" und "hoch" für das Merkmal "Radikalität der Kostenziele" liegt mit 7% etwas oberhalb des Durchschnittswertes für Prozeßoptimierungen. Der Trennwert für das Merkmal "Umsetzungsgeschwindigkeit bei den Kosteneinsparungen" liegt mit 1,7% Einsparung pro Monat auf dem Mittelwert aller untersuchten Projekte (inkl. der Ausreißerprojekte). Der Wert liegt damit sowohl deutlich oberhalb des Mittelwertes für "Prozeßoptimierungen" (0,53%/Monat) und "gedämpfte Umstrukturierungen" (0,8%/Monat) als auch deutlich unterhalb des Mittelwertes für Umstrukturierungen (2,1%/Monat).

Aufgrund der großen Gesamtstreuung der Werte für das Merkmal "Größe des Objektbereiches" (von 30 bis 3.500 Mitarbeitern im Objektbereich) reicht eine Ordinalskalierung in zwei

Gruppen nicht aus, um die Clusterung der Projekte nachzuvollziehen. Eine Stufung in "klein", "mittel" und "groß" ergibt jedoch eine gute Überdeckung mit der Clusteranalyse.

Der Trennwert zwischen "klein" und "mittel" für das Merkmal "Größe des Objektbereiches" von 150 liegt nur knapp über dem Mittelwert für die Projektart "Prozeßoptimierung" und liegt somit deutlich unterhalb des Mittelwertes über alle Projekte (693 Mitarbeiter). Eine weitere gut identifizierbare Gruppe bilden die "großen" Projekte ab etwa 1.500 Mitarbeitern im Objektbereich.

Unter Berücksichtigung der genannten Ordinalskalierung ergibt sich ein vergleichsweise einfaches Beschreibungsmodell für Projektsituationen als ein Partialmodell für die zu entwikkelnde Methodik (Bild 5.8). Die aufgeführten Merkmale mit ihren jeweiligen Grenzwerten können so als entscheidungsrelevante Steuerungsgrößen für die Projektgestaltung zukünftiger Projekte aufgefaßt werden.

Größe des Objektbereichs [# Mitarbeiter]	KLEIN **< 150 Mitarbeiter**	MITTEL **150-1500 Mitarbeiter**	GROSS **> 1.500 Mitarbeiter**
Radikalität der Kostenziele [Einsparungen in %]	GERING **< 7%**	HOCH **≥ 7%**	
Umsetzungsgeschwindigkeit bei den Kosteneinsparungen [% Einsparung/Monat]	GERING **< 1,7%/Monat**	HOCH **≥ 1,7%/Monat**	

Bild 5.8: Beschreibungsmodell für Projektsituationen

Die instanziierten Beschreibungsmodelle der aufgrund der Clusteranalyse identifizierten sechs Projekttypen sind in Bild 5.9 abgebildet.

Zu den Projekttypen im einzelnen:

Projekttyp "große Umstrukturierung, gedämpft" (GUG, 3 Projekte): Dieser Projekttyp bezeichnet große Projekte mit radikalen Kostenzielen. Die Umsetzung der Einsparungsmaßnahmen erfolgt allerdings gedämpft, d.h. mit geringen Umsetzungsgeschwindigkeiten. Auffällig ist, daß in der Datenbasis kein großes Projekt zu finden ist, das radikale Ziele mit hohen Umsetzungsgeschwindigkeiten verbindet. Dies legt den Schluß nahe, daß mit der zunehmenden Größe des Objektbereiches die möglichen Umsetzungsgeschwindigkeiten abnehmen. Ein großes, radikales Projekt mit hohen Umsetzungsgeschwindigkeiten müßte als "Unternehmenssanierung" charakterisiert werden.

Zu den Projekttypen "mittlere Umstrukturierung" (MU, 2 Projekte) und "kleine Umstrukturierungen" (KU, 3 Projekte) sind jeweils zusätzliche Varianten mit geringer Umsetzungsgeschwindigkeit identifizierbar: "mittlere Umstrukturierung, gedämpft" (MUG, 5 Projekte), "kleine Umstrukturierung, gedämpft" (KUG, 3 Projekte).

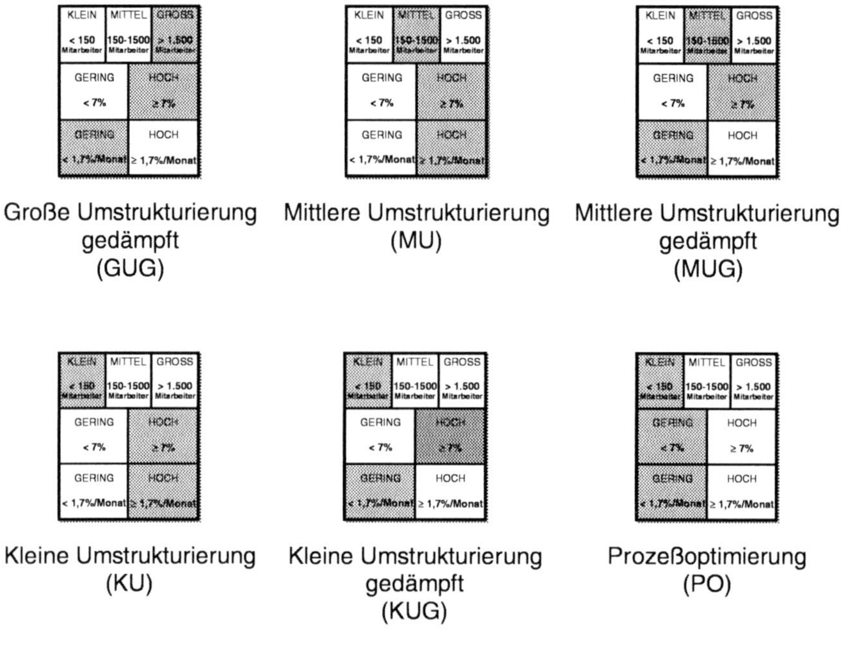

Bild 5.9: Projekttypen auf Basis der Projektanalyse

Der Projekttyp "kleine Umstrukturierung, gedämpft" (KUG) unterscheidet sich von einer "Prozeßoptimierung" (PO, 4 Projekte) lediglich durch die Radikalität der Kostenziele. Die Größe des Objektbereiches von Prozeßoptimierungsprojekten ist auf kleine Bereiche begrenzt. Die Umsetzungsgeschwindigkeiten sind gering.

Es fällt auf, daß nur sechs der zwölf Projekttypen, die aufgrund der Kombination der Beschreibungsmerkmale möglich wären (vgl. Anhang H), in der Datenbasis vorhanden sind. Dies erklärt sich allerdings dadurch, daß die nicht repräsentierten Projekttypen in bezug auf ihre Merkmalskombinationen entweder eher ungewöhnlich sind (z.B. große Umstrukturierung mit hoher Umsetzungsgeschwindigkeit = "Sanierung", siehe oben) oder im Rahmen der Expertenbefragung nicht angesprochen wurden (z.B. "große KVP-Projekte").

5.3.2 Ableitung situativ instanziierter Vorgehensmodelle

Im Sinne eines situativen Ansatzes können das Beschreibungsmodell und die daraus abgeleiteten Projekttypen als Basis für eine Gestaltung von Projekten genutzt werden. Hierzu ist zu untersuchen, welches Vorgehen in den Projekten gewählt wurde, die den einzelnen Projekttypen zugeordnet sind. Eine Differenzierung der situativen Vorgehensmodelle erfolgt dabei durch die Untersuchung der Häufigkeit, mit der einzelne Vorgehensschritte in den Projekten der Projekttypen gewählt wurden (vgl. Anhang H).

Als Grenzwert für die Berücksichtigung eines Vorgehensschrittes in einem situativ instanziierten Vorgehensmodell für einen Projekttyp wird die einfache Mehrheit der Projekte innerhalb eines Projekttyps gewählt. Das heißt, daß ein Vorgehensschritt in das Vorgehensmodell für einen Projekttyp aufgenommen wird, sobald er in mehr als 50% der Projekte des entsprechenden Typs durchgeführt wurde.

Zu beachten ist, daß für die vorliegende explorative Untersuchung nur 24 Projekte genutzt wurden, die sich nun auf sechs Projekttypen aufteilen. Dies führt dazu, daß pro Projekttyp nur etwa 3 bis 4 Projekte - für den Projekttyp mittlere Umstrukturierungen (MU) sogar nur 2 Projekte - zur Verfügung stehen, um Aussagen zu den entsprechenden Vorgehensmodellen abzuleiten. Dennoch ergeben sich gut erkennbare Differenzierungen zwischen den Vorgehensmodellen der Projekttypen, während die Vorgehensmodelle innerhalb der Projekttypen vergleichsweise homogen sind. Unter Berücksichtigung der oben genannten Randbedingungen ergeben sich für die Projekttypen die im folgenden aufgeführten, situativ instanziierten Vorgehensmodelle. Zu besseren Anschauung sind jeweils Projektbeispiele aus der Datenbasis aufgeführt.

In großen, gedämpften Umstrukturierungen (GUG) werden erwartungsgemäß fast alle situativ variablen Vorgehensschritte durchgeführt (Bild 5.10). Aufgrund der geringen Umsetzungsgeschwindigkeiten (durchschnittlich 0,81% Kosteneinsparung pro Monat) wird in diesen Projekten auf die Einführung eines anschließenden, expliziten KVP-Prozesses verzichtet. Die Umsetzung der Maßnahmen erfolgt bereits weitgehend unter KVP-Bedingungen. Ebenso wird auf ein umfassendes Coaching der Mitarbeiter verzichtet, da die geringen Umsetzungsgeschwindigkeit offensichtlich eine Eingewöhnung an neue Abläufe und Strukturen erleichtert.

Beispiel für den Projekttyp GUG: Sicherung der Wettbewerbsfähigkeit bei einem Halbzeughersteller
Bei einem Hersteller von Halbzeugen wurde eine Projekt zum Reengineering der direkten und der produktionsnahen indirekten Prozesse durchgeführt. Von dem Projekt waren alle 7 inländischen Werke des Herstellers mit über 3.000 Mitarbeitern betroffen. Aufgrund des großen Kostendrucks im Markt für die Halbzeuge wurde ein Einsparungsziel von durchschnittlich 30% der in den Werken beeinflußbaren Kosten vorgegeben. Durch die Verteilung des Projektes auf verschiedene Standorte war eine intensive Kommunikation im Projekt erforderlich. Dieser Anforderung wurde mit Hilfe einer Projektzeitung entsprochen. Um die Mitarbeiter von der Wirkung des

Projektes zu überzeugen, wurde ein Werk für ein Pilotprojekt ausgewählt, das im Werksvergleich am leistungsfähigsten war.

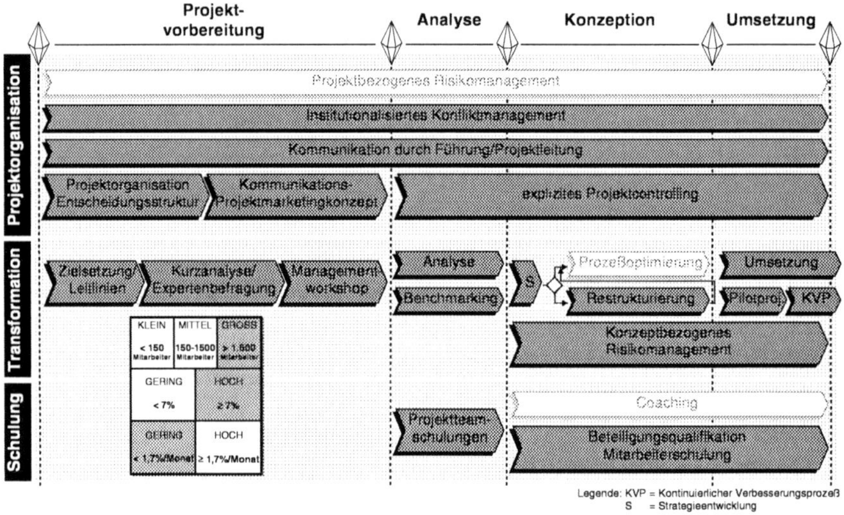

Bild 5.10: Situativ instanziiertes Vorgehensmodell für den Projekttyp GUG

Ebenfalls noch sehr umfangreich sind die Vorgehensmodelle in mittleren Umstrukturierungsprojekten (MU) (Bild 5.11).

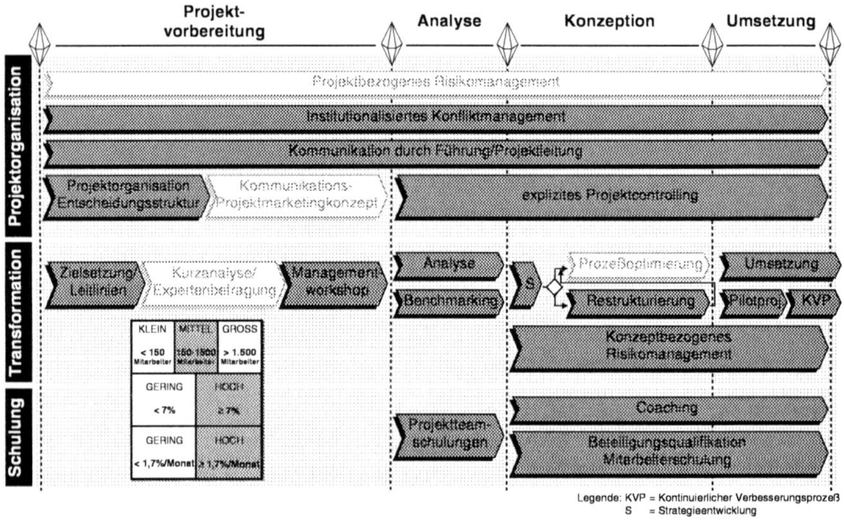

Bild 5.11: Situativ instanziiertes Vorgehensmodell für den Projekttyp MU

Gegenüber den großen Umstrukturierungsprojekten wird hier aufgrund der geringeren Größe des Objektbereiches lediglich auf eine Kurzanalyse und auf die Entwicklung umfassender Projektmarketingkonzepte verzichtet.

Aufgrund der hohen Umsetzungsgeschwindigkeiten (durchschnittlich 2,1% Kosteneinsparung pro Monat) sind bei dem Projekttyp MU projektabsichernde (z.B. institutionalisiertes Konfliktmanagement) und konzeptabsichernde Vorgehensschritte (z.B. Risikomanagement) vorgesehen. Zusätzlich zum Vorgehensmodell des Projekttyps GUG werden in den Projekten des Typs MU die erreichten Ergebnisse langfristig durch einen KVP-Prozeß gesichert und ausgebaut. Die Einführungsstrategien neuer Produktionskonzepte werden durch Mitarbeiterschulungen und -coaching abgesichert.

Beispiel für den Projekttyp MU: Einführung von kundenorientierten Produktionssegmenten bei einem Automobilzulieferer

In dem Werk eines Automobilzulieferers wurde die Produktion von Komponenten restrukturiert. Ziel des Projektes war es, durch eine Einsparung der Herstellkosten von durchschnittlich 35% über alle betrachteten Produkte die Verlagerung der Produktion an einen osteuropäischen Standort zu verhindern. Die Bilanzhülle des Projektes umfaßte die Vorfertigung sowie Vor- und Endmontagen mit ca. 550 Mitarbeitern. Als wesentlicher Lösungsansatz wurde die Bildung kundenorientierter – statt der bisher technologieorientierten - Produktionssegmente verfolgt. Die hierzu erforderliche räumliche und aufbauorganisatorische Integration von Vorfertigungsumfängen in die Montagebereiche wurde durch umfangreiche Qualifikationsmaßnahmen sowohl bei den Werkern als auch bei den Schichtmeistern flankiert. Mit Hilfe von Szenariotechniken und Sensitivitätsanalysen wurden die kritischen Einflußgrößen für das Produktionskonzept identifiziert und bei der Konzeption berücksichtigt. Nach Abschluß der Restrukturierung sind in den gebildeten Segmenten Verbesserungsmanager benannt worden, die sich um eine kontinuierliche Optimierung der Prozesse kümmern.

Die "gedämpfte" Variante der mittleren Umstrukturierungen MUG ist durch ein gegenüber dem MU-Modell reduziertes Vorgehensmodell geprägt (vgl. Anhang I). Aufgrund der geringen Umsetzungsgeschwindigkeiten wird - genauso wie beim Projekttyp GUG - auf eine KVP-Einführung und umfassende Qualifizierungs- und Coaching-Maßnahmen verzichtet. Eine Konzeptabsicherung erfolgt durch Maßnahmen des Risikomanagement, während auf Pilotprojekte zugunsten einer breiten, aber verlangsamten Umsetzung eher verzichtet wird.

Das Vorgehensmodell für den Projekttyp "kleine Umstrukturierung" (KU) ist - bis auf den Schritt "KVP-Einführung" - bereits auf die situativ <u>nicht</u> variablen Schritte reduziert (vgl. Anhang I). Von den untersuchten 3 Projekten dieses Typs weist lediglich eines (33%) den Vorgehensschritt "explizites Projektcontrolling" aus. Da dieser Schritt im Vorgehensmodell für den Projekttyp KUG ("kleine Umstrukturierung, gedämpft") trotz geringerer Umsetzungsgeschwindigkeit jedoch wieder vorgesehen ist (vgl. Anhang I), wird er - abweichend von der oben festgelegten Regel - auch für den Projekttyp KU empfohlen (<u>Bild 5.12</u>).

Beispiel für den Projekttyp KU: Restrukturierung der Montage bei einem Maschinenbauunternehmen
Bei einem Maschinenbauunternehmen wurde die Endmontage mit 150 Mitarbeitern restrukturiert. Eine reduzierte Eigenleistungstiefe sowie eine grundlegend veränderte Produktstruktur erforderten eine Veränderung der bisherigen, auf die alte Produktgeneration abgestimmten Montagestruktur. Durch eine Überarbeitung des Montagelayouts , eine Anpassung der Montagearbeitspläne, Einführung von Gruppenarbeit und eine verbesserte Teilebereitstellung konnte die Personalproduktivität der Endmontage um 10% verbessert werden. Zur Umsetzung der Einzelmaßnahmen wurde ein detaillierter Maßnahmenplan erstellt, der die Grundlage des Maßnahmencontrolling bildete. In den KVP-Prozeß, der im Anschluß an das Restrukturierungsprojekt eingeführt wurde, wurden die Vormontagebereiche mit einbezogen.

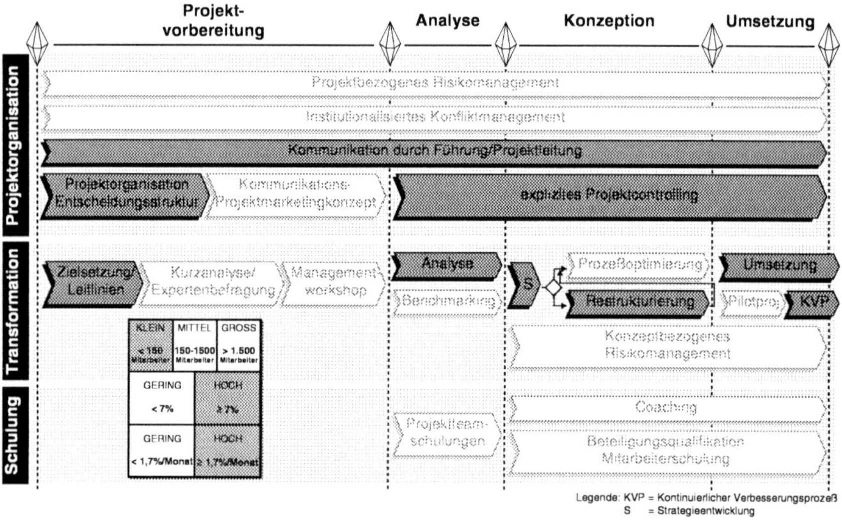

Bild 5.12: Situativ instanziiertes Vorgehensmodell für den Projekttyp KU

Etwas aufwendiger als bei den kleinen Umstrukturierungsprojekten ist das Vorgehensmodell für Prozeßoptimierungsprojekte (Bild 5.13).

Trotz des kleinen Objektbereiches ist im Rahmen der Projektvorbereitung eine Kurzanalyse vorgesehen. Dies kann so interpretiert werden, daß im Vorfeld eines PO-Projektes mögliche Restriktionen für die Durchführung eines eher partizipativ angelegten Vorgehens geprüft werden, die sich z.B. aus der Qualifikation der beteiligten Mitarbeiter ergeben können.

Die breite Umsetzung von Ergebnissen wird in Prozeßoptimierungsprojekten - wie in großen und mittleren Umstrukturierungsprojekten - mit Hilfe von Pilotprojekten vorbereitet. Aufgrund der geringen Gesamtgröße des Objektbereiches (< 150 Mitarbeiter) können die Pilotprojekte dieses Projekttyps jedoch nicht auf größere aufbauorganisatorische oder räumlichen

Veränderungen der Produktion zielen, sondern beziehen sich eher auf die Umgestaltung von einzelnen Arbeitsplätzen und deren Umfeld.

Beispiel für den Projekttyp PO: Prozeßoptimierung bei einem Hersteller von Heizkörpern
Bei einem Hersteller von Heizkörpern wurden die manuellen Schweißarbeitsplätze in der Produktion optimiert. Der Handlungsbedarf für das Projekt resultierte aus den nicht mehr marktgerechten Produktionsdurchlaufzeiten des Unternehmens. Mit Hilfe einer Prozeßanalyse, die im Rahmen der Projektvorbereitung als Kurzanalyse durchgeführt wurde, konnten die Schweißarbeitsplätze als durchlaufzeitbestimmende Engpässe identifiziert werden. Unzureichende ergonomische Bedingungen sowie die Arbeitsteilung zwischen Schweiß- und Schleifarbeitsplätzen führten zu ungeplanten Neben- und Liegezeiten. Unter Beteiligung der Mitarbeiter wurden optimierte Arbeitsplätze entworfen, die mit Hebehilfen für die bis zu 6 Meter langen Heizkörper sowie mit einer integrierten Schleifkabine ausgestattet sind. Die Umsetzung der Projektergebnisse erfolgte zunächst an einem Pilotarbeitsplatz, an dem die Mitarbeiter geschult wurden.

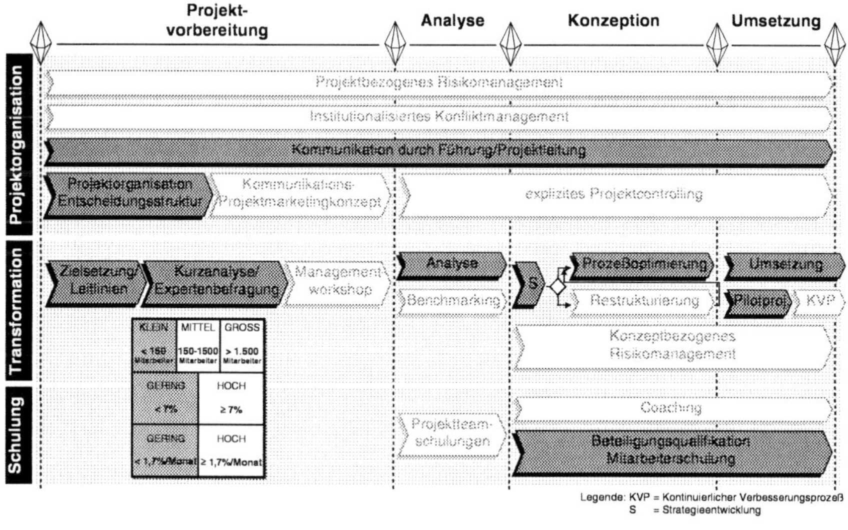

Bild 5.13: Situativ instanziiertes Vorgehensmodell für den Projekttyp PO

Der Vorgehensschritt "projektbezogenes Risikomanagement" kommt nur in 17% aller untersuchten Projekte vor. Dieser Schritt ist dementsprechend auch in keinem der aufgeführten Vorgehensmodelle vorgesehen. Um ein projektbezogenes Risikomanagement für zukünftige - ggf. konfirmatorisch angelegte - Untersuchungen berücksichtigen zu können, bleibt es weiterhin im projektneutralen (nicht situativ instanziierten) Vorgehensmodell integriert. Darüber hinaus ist zu beachten, daß projektbezogenes Risikomanagement Bestandteil des Vorgehens für die Projekttypen sein könnte, die in der untersuchten Datenbasis nicht vertreten waren.

5.4 Ergebnisse der Projektanalysen zum Vorgehensschritt "konzeptbezogenes Risikomanagement"

In Ergänzung der oben aufgeführten Analysen zu den Gesamtvorgehensmodellen in den untersuchten Umstrukturierungsprojekten wurde der Vorgehensschritt "konzeptbezogenes Risikomanagement" vertiefend untersucht. Ziel der Untersuchung war es, Schwerpunkte für eine Adaption von Methoden des Risikomanagement auf die Randbedingungen von Umstrukturierungsprojekten in der Produktion zu identifizieren. Untersuchungsbasis waren erneut die 24 erfolgreichen Umstrukturierungsprojekte, wobei drei Projekte als Ausreißerprojekte identifiziert wurden. Der Ausschluß dieser Projekte erfolgte dabei, entweder weil die Projekte mit Vorgehensschritten des Risikomanagement im Vergleich zu anderen Projekten erkennbar "überfrachtet" waren, obwohl keine der a priori abgeleiteten Indikatoren dies erwarten ließen (2 Projekte), oder weil Angaben zum Themenkomplex Risikomanagement unvollständig (1 Projekt) waren. Die Datenbasis für die Untersuchung umfaßt daher nRM = 21 Projekte (vgl. Anhang J).

Anhand des Fragebogens wurden die Projektbearbeiter zunächst nach dem Umgang mit den möglichen Risiken im Projekt befragt. Insbesondere wurde untersucht, ob in den Projekten Methoden des Risikomanagement eingesetzt wurden (Bild 5.14). Den Befragten wurde hierzu eine Auswahl der aus der Literatur bekannten Methoden vorgegeben.

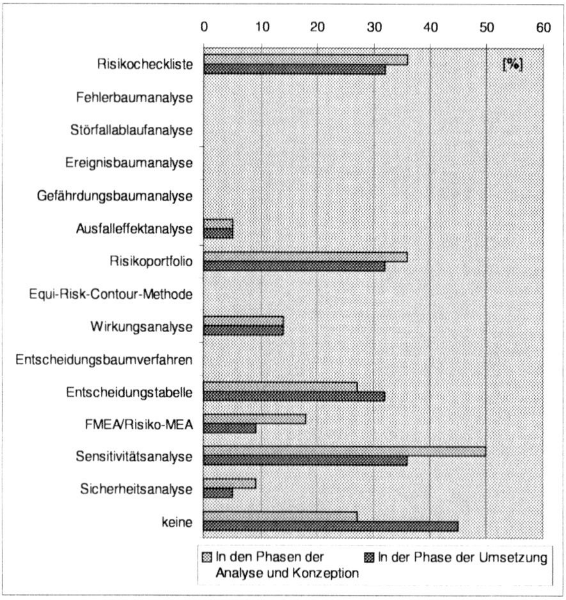

Bild 5.14: Verwendete Methoden des Risikomanagement (Basis nRM = 21 Projekte)

Zu den Ergebnissen im einzelnen:

- In etwa der Hälfte der untersuchten Projekte (11 von 21 Projekten) wurden Methoden des Risikomanagement eingesetzt. Bei den Projekten mit Methodeneinsatz kamen im Durchschnitt etwa drei Methoden zur Anwendung. Der Schwerpunkt des Methodeneinsatzes ist erwartungsgemäß die Analyse- und Konzeptionsphase.
- Die am häufigsten eingesetzte Methode in Umstrukturierungsprojekten ist die Sensitivitätsanalyse (bei ca. 50% der Projekte mit Methodeneinsatz in der Konzeptphase). Weitere häufig eingesetzte Methoden sind die eher gering strukturierten Methoden wie z.B. Risikochecklisten und -portfolios (je ca. 36%), sowie Entscheidungstabellen (ca. 27%).
- In einzelnen Fällen (< 20% Häufigkeit) wurden komplexere Methoden des Risikomanagement - wie z.B. Wirkungsanalysen und FMEAs - eingesetzt. Methoden aus der Sicherheitstechnik - wie zum Beispiel Fehlerbäume - oder Methoden, die eine Risikobewertung mit Hilfe eines gewissen Berechnungsaufwands (z.B. Equi-Risk-Contour-Methode) ermöglichen, wurden nicht eingesetzt.

Die Projektbearbeiter wurden mit Hilfe des Fragebogens weiterhin nach der Charakterisierung der Risiken befragt, die sich in dem von ihnen betreuten Umstrukturierungsprojekt ergeben können (Bild 5.15). Dabei wurde zwischen Risiken für die Phase der Umsetzung und Risiken des Produktionskonzeptes für den späteren Betrieb - d.h. nach Abschluß des Umstrukturierungsprojektes - unterschieden. Zu beachten ist, daß die Projektbearbeiter nicht nach den tatsächlich aufgetretenen Schäden befragt wurden, sondern nach den potentiellen Risiken.

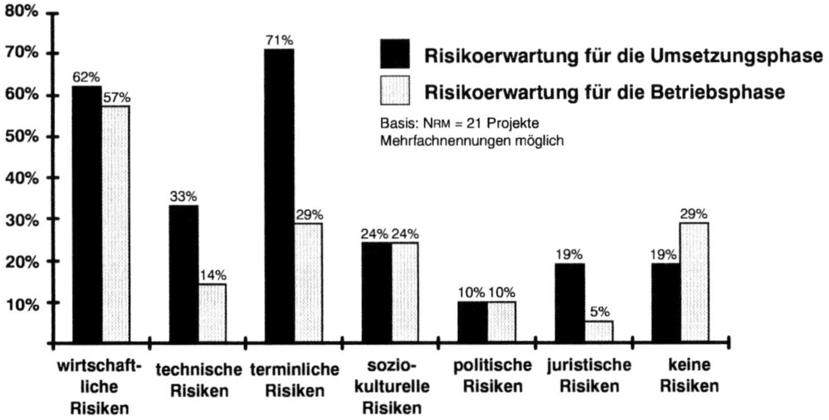

Bild 5.15: Risikoarten in den untersuchten Projekten

Es ergeben sich folgende Ergebnisse:

- In den untersuchten, produktionsnahen Umstrukturierungsprojekten dominieren eindeutig "klassische" Risikoarten der wirtschaftlichen (zutreffend für 62% der Projekte in der Umsetzungsphase, 57% im Betrieb), technischen (33% in der Umsetzung, 14% im Betrieb) und terminlichen Risiken (71% in der Umsetzung, 29% im Betrieb). Lediglich soziokulturelle Risiken erreichen eine den technischen Risiken vergleichbare Risikoerwartung (24% in der Umsetzung und im Betrieb).
- Umsetzungsphase und Systembetrieb unterscheiden sich z.T. hinsichtlich der Art der erwarteten Risiken. Während für die Umsetzungsphase in 71% der untersuchten Projekte terminliche Risiken (z.B. verspätete Produktionsanläufe) für möglich gehalten wurden, gehen die Erwartungen in bezug auf terminliche Probleme aufgrund des neuen Produktionskonzeptes (z.B. durch veränderte Auftragsdurchlaufzeiten aufgrund des Konzeptes) in der stabilen Betriebsphase auf 29% zurück. Eine ähnliche Entwicklung ist in bezug auf technische Probleme festzustellen, deren Bedeutung von 33% in der Umsetzung auf nur noch 14% im Betrieb zurückgeht. Auffällig ist weiterhin die Erwartung von juristischen Risiken für die Umsetzungsphase. Bei allen anderen Risikoarten ist kein signifikanter Unterschied in der Risikoerwartung zwischen der Umsetzungsphase und der Betriebsphase erkennbar.
- Etwa ein Fünftel der erarbeiteten Produktionkonzepte wurde als insgesamt unkritisch für die Umsetzungsphase, etwa ein Drittel als unkritisch für die Betriebsphase beurteilt.

Terminliche Risiken in der Umsetzungsphase haben allerdings keinen Einfluß darauf, ob in einem Projekt Methoden des Risikomanagements angewendet werden oder nicht. Dies zeigt die phasenbezogene Analyse der Risikoerwartungen zunächst für die Umsetzungsphase (Bild 5.16).

Terminliche Risiken wurden in Projekten mit, als auch in Projekten ohne Methodeneinsatz gleichermaßen erwartet und stellen somit offensichtlich kein ausreichendes Unterscheidungsmerkmal dar. Die erwarteten wirtschaftlichen Risiken haben dagegen am deutlichsten Einfluß auf die Entscheidung über den Einsatz von Methoden des Risikomanagement. Diese Einschätzung wird durch die Analyse der erwarteten Risiken für den späteren Betrieb des neuen Produktionskonzeptes bestätigt: bei 82% der Projekte mit Methodeneinsatz wurden für den späteren Betrieb wirtschaftliche Risiken erwartet, dagegen nur bei 30% der Projekte ohne Methodeneinsatz.

Auffällig sind die Projekte, für die die Projektbearbeiter keine Risikoerwartung hatten, aber dennoch Methoden des Risikomanagement eingesetzt haben (bezogen auf die Betriebsphase: 18% der Projekte mit Methodeneinsatz). Eine ergänzende Analyse zeigt hier, daß in diesen Projekten nicht - wie vielleicht erwartet - nur eine Standardmethode für Umstrukturierungsprojekte wie z.B. die Sensitivitätsanalyse angewendet wurde, sondern sogar überdurchschnittlich viele Methoden zum Einsatz kamen. Auf Nachfrage bei den Projektbearbeitern gaben diese an, daß sie die vermuteten Risiken nicht in die vorgegebene Risikokategorien einsortieren konnten.

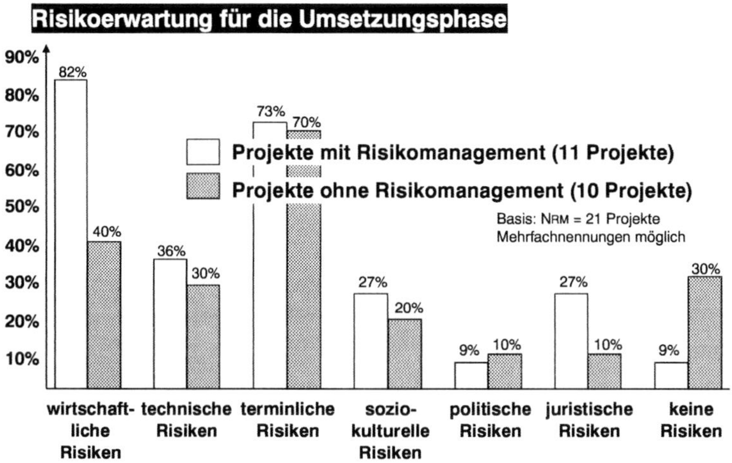

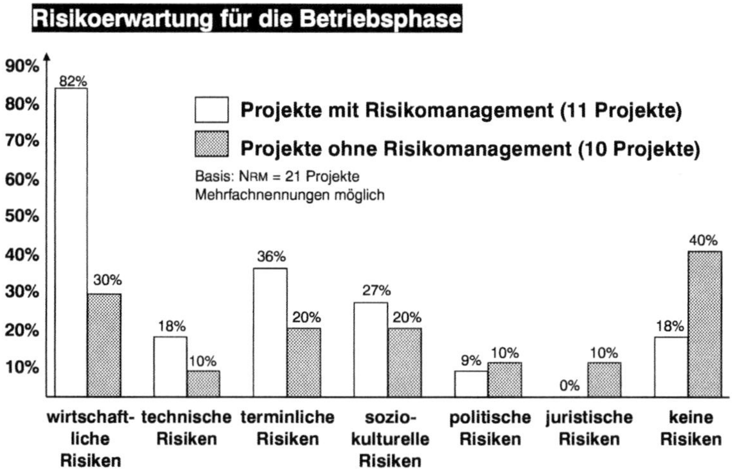

Bild 5.16: Risikoarten und Methodeneinsatz

Um einen besseren Aufschluß über die Entscheidungshintergründe in bezug auf das Risikomanagement in Umstrukturierungsprojekten zu erhalten, wurden die Projekte neben den oben aufgeführten univariaten Analysen mit Hilfe einer multivariaten Diskriminanzanalyse untersucht (vgl. Anhang J). Entsprechend den Vorüberlegungen in Kapitel 4.3 wurden hierzu mögliche diskriminierende Variablen gesucht, die eine signifikante Unterscheidung zwischen den Projekten mit und ohne entsprechenden Methodeneinsatz ermöglichen.

Bei der Analyse wurde zwischen Merkmalen unterschieden, die sich auf die Risiken in der Umsetzungsphase des Projektes beziehen, und solchen, die mit den späteren betrieblichen Risiken zusammenhängen können (vgl. Kapitel 4.3). In bezug auf den Zusammenhang zwischen Methodeneinsatz und den möglichen Risiken in der Umsetzungsphase ergeben sich die in Bild 5.17 gezeigten Ergebnisse.

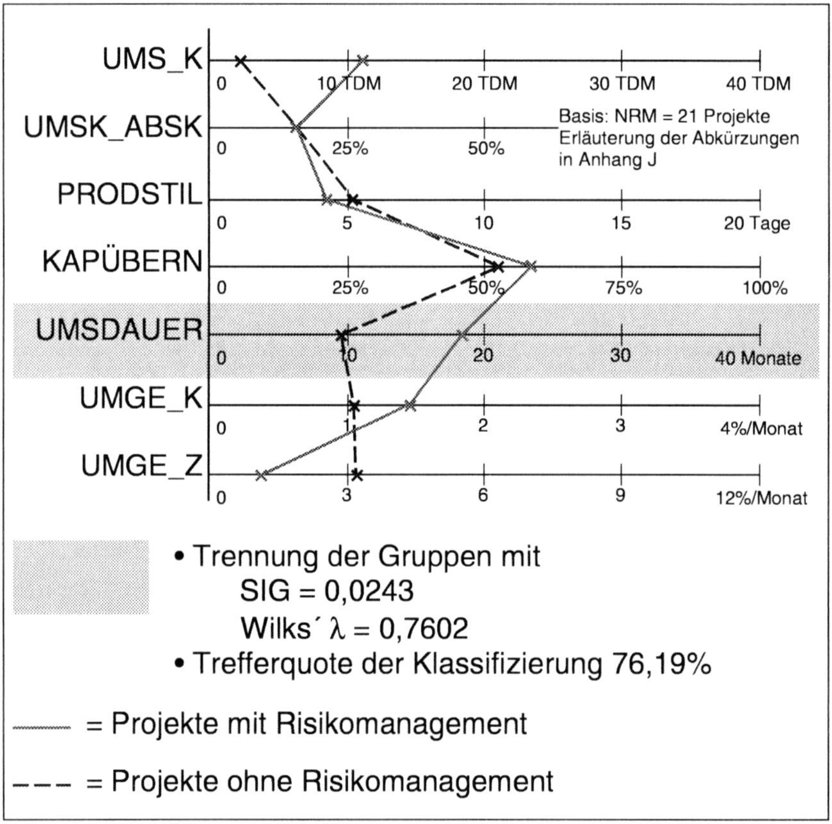

Bild 5.17: Diskriminanzanalyse für die Umsetzungsrisiken

Insgesamt zeigen sich nur wenig signifikante Zusammenhänge zwischen dem Einsatz von Methoden des Risikomanagement und möglichen Risiken in der Umsetzungsphase eines Umstrukturierungsprojektes. Die Ergebnisse können wie folgt zusammengefaßt werden:

- Lediglich die Ausprägung der Variable "Umsetzungsdauer" ermöglicht eine signifikante Trennung der Projektgruppen "mit Risikomanagement" und "ohne Risikomanagement". Mit 0,7602 zeigt der Wert für Wilk's λ aber eine nur geringe "Trennkraft" dieser Variablen an (zu den methodischen Hintergründen vgl. Kapitel 4.2 bzw. [BAC96]).
- Die Gruppenmittelwerte der Variablen "Tage Produktionsstillstand" und "Möglichkeiten zur Auftragsübernahme" zeigen sogar einen unerwarteten Vorzeichenwechsel gegenüber dem prognostizierten Zusammenhang. So weisen gerade die Projekte ohne Risikomanagement die längeren durchschnittlichen Produktionsstillstände auf und verfügen über weniger Ausweichmöglichkeiten für die während der Umsetzung ausfallenden Produktionskapazitäten als die Projekte mit Methodeneinsatz.
- Eine Trennung der Gruppen anhand der Umsetzungskosten (absolut oder in Relation zu den im Objektbereich beeinflußbaren Kosten) ist nicht möglich. Hierbei kommt zum Tragen, daß die Projektbearbeiter Investitionskosten in der Regel gut spezifizieren konnten; nicht ausgabewirksame Kosten, wie z.B. die Personalaufwände für die Projekte, konnten sie dagegen häufig nicht abschätzen.

Im Gegensatz zu den möglichen Risiken für die Umsetzungsphase wurden bei der Diskriminanzanalyse in bezug auf mögliche Risiken für den späteren Betrieb des erarbeiteten Produktionskonzeptes signifikante Ergebnisse erzielt (Bild 5.18).

Zu den Ergebnissen im einzelnen:

- Der Einsatz von Methoden des Risikomanagement wird in Umstrukturierungsprojekten wesentlich von den möglichen technisch-wirtschaftlichen Auswirkungen sowie dem Umfang und der Radikalität des Produktionskonzeptes beeinflußt. Die Kombination der Variablen "Beeinflussung von Qualitätsaspekten", "Potentieller Schaden durch das Produktionskonzept/ Zielabweichung", "Größe des Objektbereiches" und "Radikalität des Kostenziels" trennt die untersuchten Projektgruppen signifikant (SIG = 0,0169) mit einem Wert für Wilk's λ von 0,47.
- Die Variablen "Größe des Objektbereiches" und "Radikalität des Kostenziels" weisen dabei die größte diskriminatorische Einzelwirkung auf. Unter Berücksichtigung nur dieser beiden Variablen trennt die Diskriminanzfunktion die Gruppen hoch signifikant (SIG = 0,0091) bei unveränderter "Trefferquote" (jeweils 80%), jedoch etwas geringerer "Trennkraft" (Wilk's λ = 0,57) als bei Berücksichtigung aller vier Variablen. Die bereits bei der Analyse der Gesamtvorgehensmodelle identifizierte Bedeutung dieser Variablen wird damit durch die Analyse in bezug auf den Vorgehensschritt "konzeptbezogenes Risikomanagement" bestätigt.

Einige der vorab argumentierten, möglichen Einflußgrößen können entgegen den Erwartungen nicht zu einer Unterscheidung der Projektgruppen herangezogen werden.

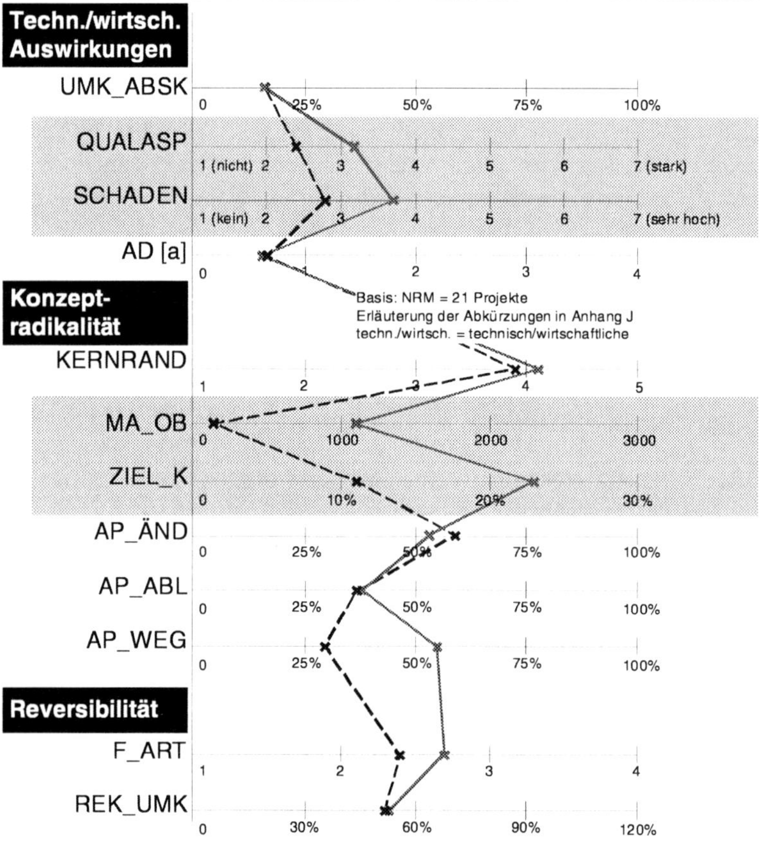

- Trennung der Gruppen mit SIG = 0,0169 Wilks´ λ = 0,47
- Trefferquote der Klassifizierung 80%

- univariate Analyse:

	SIG	λ
QUALASP	0,0367	0,78
SCHADEN	0,0222	0,75
MA_OB	0,0204	0,73
ZIEL_K	0,0095	0,69

······· = Projekte mit Risikomanagement

– – – = Projekte ohne Risikomanagement

Bild 5.18: Diskriminanzanalyse für die Betriebsrisiken

- Der Amortisationsdauer als eine mögliche Operationalisierung der wirtschaftlichen Auswirkungen eines Umstrukturierungskonzeptes kommt keine diskriminatorische Wirkung zu. Die Amortisationsdauern der untersuchten Projekte fallen im Vergleich zu Investitionsprojekten kurz aus (Durchschnitt 0,65 Jahre) und streuen gering. Die Amortisationsdauer ist damit offensichtlich kein kritischer Risikofaktor in Umstrukturierungsprojekten.

- Ebenfalls ohne diskriminatorische Wirkung ist die Variable "Kernprozeß", die eine Aussage darüber liefert, ob die durch das Produktionskonzept veränderten Prozesse zu den Kernprozessen gehören. Da die Projekte ausschließlich im Produktionsbereich der untersuchten Unternehmen durchgeführt wurden, ergab sich eine durchschnittliche und homogene Ausprägung dieses Merkmals mit 4 (= "der umstrukturierte Bereich dient eher der Erfüllung von Kernprozessen"), so daß dieses nicht zur Unterscheidung der Gruppen beiträgt.

- Die Operationalisierung der Konzeptradikalität durch das Maß der Veränderung der Arbeitsstellen im Objektbereich (vgl. Kapitel 4.2/4.3) führt bei keinem der drei möglichen Ansätze (vgl. Bild 5.18) zu einem statistisch signifikanten Ergebnis. Lediglich die Variable "Anteil Arbeitsplätze Wegfall/ räumliche Änderung/ Aufbauorganisation" zeigt zwar erkennbar voneinander trennbare Gruppenmittelwerte (durchschnittlich 55% Anteil bei Projekten mit Risikomanagement, 30% bei Projekten ohne Risikomanagement), weist aber große Streuungen innerhalb der Gruppen auf (vgl. Anhang J), so daß auch aufgrund dieses Merkmals keine signifikante Trennung der Gruppen möglich ist.

- Die Möglichkeiten, ein erarbeitetes Produktionskonzept wieder rückgängig zu machen bzw. zu einem alternativen Konzept zu wechseln, haben keine Auswirkungen auf den Methodeneinsatz. Die entsprechenden Variablen zur Operationalisierung der Reversibilität des Produktionskonzeptes haben keine diskriminatorische Wirkung (vgl. Bild 5.18). Einige der befragten Projektbearbeiter kommentierten diese Fragestellung im Fragebogen sogar dahingehend, daß in Umstrukturierungsprojekten eine grundlegende Reversion eines einmal umgesetzten Konzeptes weder wirtschaftlich noch unternehmenspolitisch überhaupt denkbar ist.

Die aus der Projektanalyse gewonnenen Erkenntnisse in bezug auf das konzeptbezogene Risikomanagement in Umstrukturierungsprojekten können somit zu folgenden Kernaussagen verdichtet werden:

- Beim Einsatz von Methoden des Risikomanagement stehen technisch-wirtschaftliche Risiken eines neuen Produktionskonzeptes im Vordergrund. Terminliche und soziokulturelle Risiken spielen zwar in Umstrukturierungsprojekten eine große Rolle, werden aber nicht vorrangig mit Methoden des Risikomanagement behandelt.

- Der Methodeneinsatz im Rahmen des Risikomanagement fokussiert auf Konzeptrisiken für den späteren Betrieb eines neuen Produktionskonzeptes, nicht jedoch auf Risiken, die sich im Verlaufe der Umsetzung ergeben können.
- Zielgröße des Risikomanagement in Umstrukturierungsprojekten ist die Projekteffektivität im Sinne der Erreichung einer hohen Konzeptqualität als Projektergebnis, nicht die Projekteffizienz im Sinne von Verlaufsgrößen wie z.B. der Termineinhaltung.
- Eine Reversion von Produktionskonzepten ist kein geeignetes Mittel, um möglichen Konzeptrisiken zu begegnen.
- Wichtige Einflußgrößen einer Entscheidung über den Methodeneinsatz sind: die Größe des Objektbereiches, die Radikalität der Kostenziele, der potentielle Schaden/ die Zielabweichung und die Beeinflussung von produktbezogenen Qualitätsaspekten durch das erarbeitete Produktionskonzept.

5.5 Adaption von Methoden zum Vorgehensschritt "Risikomanagement"

Durch die Untersuchung zum Vorgehensschritt "konzeptbezogenes Risikomanagement" konnten die Merkmale "Größe des Objektbereiches" und "Radikalität der Kostenziele", die bereits für das Gesamtvorgehen als relevante Steuerungsgrößen erkannt wurden, auch für die Einzelentscheidung über den Einsatz von Methoden des Risikomanagement als die entscheidungsrelevanten Größen bestätigt werden (Bild 5.19).

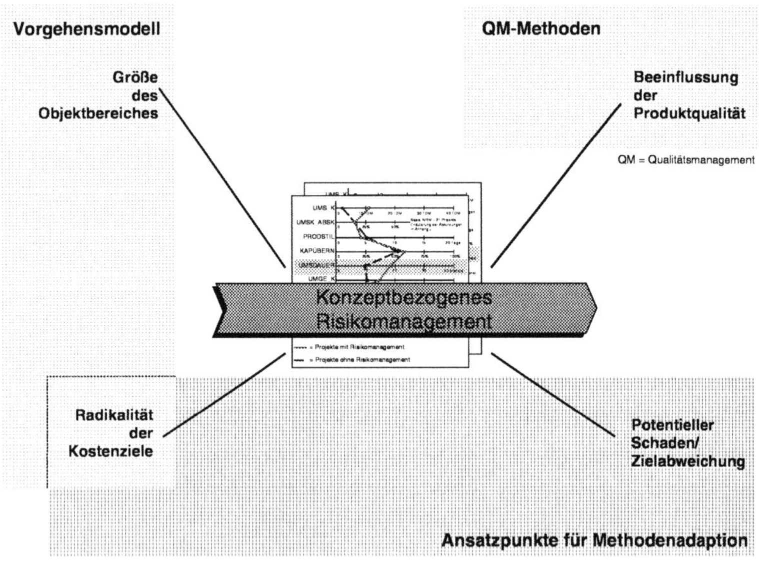

Bild 5.19: Entscheidungsrelevante Einflußgrößen und methodische Konsequenzen

Die beiden weiteren Merkmale "Beeinflussung der Produktqualität" und "Schaden/Zielabweichung" weisen zwar ebenfalls einen signifikanten Entscheidungseinfluß auf und erhöhen die "Trennkraft" der Diskriminanzfunktion, führen aber zu keiner nennenswerten Verbesserung der "Trefferquote" bei der Zuordnung von Projekten zu den Gruppen (vgl. Kap. 5.4). Die gewonnenen Erkenntnisse sollen aus diesem Grund wie folgt zur Weiterentwicklung der Methodik genutzt werden:

Die Merkmale "Größe des Objektbereiches" und "Radikalität der Kostenziele" bleiben die relevanten Größen, um den Projektgestalter bei der Entscheidung über den Einsatz von Methoden des Risikomanagement zu unterstützen. Es werden keine weiteren Merkmale ergänzt. Die Untersuchung führt daher zu keiner Veränderung der Nutzungsmodelle der Methodik etwa durch eine Erweiterung des Beschreibungsmodells für Projektsituationen oder Veränderungen der situativ instanziierten Vorgehensmodelle.

Die in Kapitel 5.4. identifizierten, weiteren Einflußgrößen und die Erkenntnisse der univariaten Analysen werden jedoch genutzt, um die Anforderungen eine Adaption von Methoden des Risikomanagement an die Rahmenbedingungen produktionsnaher Umstrukturierungsprojekte abzuleiten, wie sie in Kapitel 2 gefordert wurde. Die Anforderungen sind in Bild 5.20 zusammengefaßt.

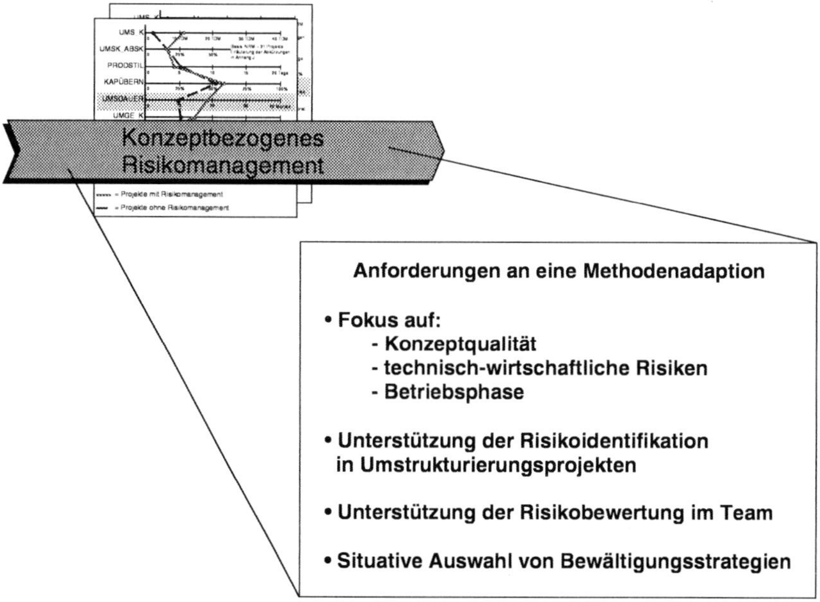

Bild 5.20: Anforderungen an eine Adaption von Methoden des Risikomanagement an Umstrukturierungsprojekte

Der Schwerpunkt einer Methodenadaption sollte auf die Unterstützung des Projektgestalters bei der Identifikation, Bewertung und Bewältigung von potentiellen technisch-wirtschaftlichen Risiken eines Produktionskonzeptes gelegt werden. Gemäß den Erkenntnissen aus der Projektanalyse sollte der Fokus dabei darauf gelegt werden, die Qualität des Produktionskonzeptes für den späteren Betrieb zu erhöhen. Diese Schwerpunktsetzung wird auch durch Erfahrungsberichte und Studien bestätigt, die sich mit den möglichen negativen Konsequenzen (Schäden) von Umstrukturierungskonzepten im späteren Betrieb beschäftigen [KÜH98a, KÜH98b]. Eine Weiterentwicklung von Methoden zur Sicherung der Produktqualität, die aus dem Merkmal "Beeinflussung der Produktqualität" abzuleiten wäre, soll dagegen in dieser Arbeit nicht vertieft werden, weil hierzu bereits vielfältige Methoden und Hilfsmittel (insbesondere Prozeß-FMEAs) aus dem Qualitätsmanagement bekannt sind [PF93].

Einer Methodenadaption zur Unterstützung der Risikoidentifikation kommt dabei eine besondere Bedeutung zu, weil in dieser frühen Phase die Planungsoptionen für den Projektgestalter im Sinne eines effektiven Vorgehens eingegrenzt werden können [CHA98]. Zu beachten ist weiterhin, daß Umstrukturierungprojekte ein teamorientiertes Vorgehen erfordern [CHA98]. Dies ist besonders für die Adaption von Methoden zur Bewertung von Risiken bzw. zur Festlegung von Eingriffsgrenzen wichtig, da diese Entscheidungen von Unsicherheit geprägt sind, und in den Projekten durch mehrere Experten abgesichert werden müssen. Im Sinne einer situativen Eingrenzung von Planungsoptionen soll der Projektgestalter darüber hinaus bei der Methodenauswahl zur Bewältigung der identifizierten und bewerteten Risiken unterstützt werden. Auf Basis der oben genannten Anforderungen wird der Methodenentwicklung bzw. -adaption das in Bild 5.21 gezeigte Modell zugrunde gelegt.

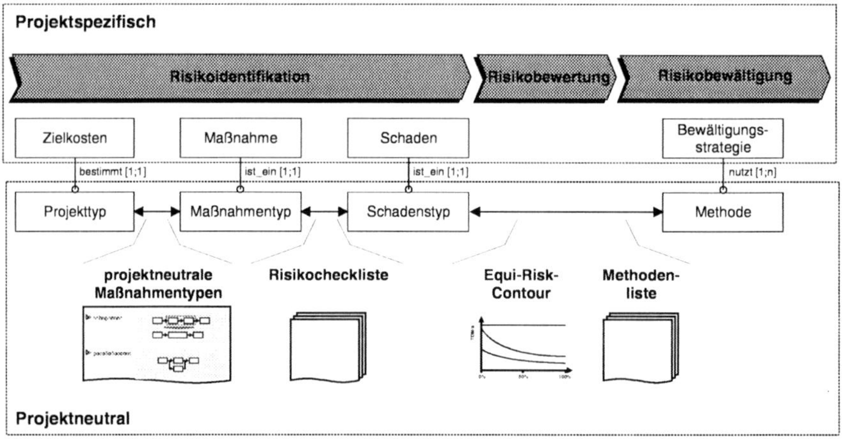

Bild 5.21: Gesamtmodell Risikomanagement

Die Entwicklung dieses Modells basiert auf der Überlegung, daß potentielle Schäden, die sich aus einem Produktionskonzept ergeben können, davon beeinflußt sind, welche Maßnahmen bei der Systemgestaltung ergriffen werden müssen, um den betrachteten Produktionsbereich im Sinne der Soll-Situation gegenüber der Ist-Situation zu verändern. Die erforderlichen Maßnahmen hängen dabei ihrerseits von der Radikalität der Umstrukturierungsziele - insbesondere der Kostenziele - ab.

Abhängig von der Höhe des potentiellen Schadens und der Eintrittswahrscheinlichkeit, die im Rahmen der Risikobewertung abgeschätzt werden muß, ist eine Strategie zur Risikobewältigung zu wählen. Maßnahmen und damit zusammenhängende, potentielle Schäden sind dabei in hohem Maße projektspezifisch, was die Entwicklung einer methodischen Unterstützung erschwert. Aus diesem Grund ist es für die Methodenentwicklung erforderlich, eine projektneutrale Basis zu definieren. Hierzu bietet sich an, nicht den potentiellen Schaden einer spezifischen Maßnahme zu modellieren, sondern lediglich die projektneutralen Zusammenhänge zwischen Maßnahmen- und Schadenstypen [vgl. auch SIA96]. Die Maßnahmentypen ihrerseits können dann mit bestimmten Zieltypen - und damit letztlich mit den in Kapitel 5.3 abgeleiteten Projekttypen - in Verbindung gebracht werden. Abhängig von den Schadenstypen können dann methodische Hilfsmittel zur Risikobewältigung ausgewählt werden.

5.5.1 Entwicklung einer Checkliste zur Risikoidentifikation in Umstrukturierungsprojekten

Zur Unterstützung der Risikoidentifikation soll eine an die Erfordernisse von Umstrukturierungsprojekten angepaßte Risikocheckliste entwickelt werden, die es dem Projektgestalter ermöglicht, abhängig von dem jeweiligen Maßnahmentyp vorinstanziierte Schadenstypen zu identifizieren, die dann als strukturierte "Ideengeber" für eine Schadensdiskussion im Rahmen des Projektteams (z.B. im Rahmen eines Brainstorming [CHA98]) genutzt werden können. Um eine Ankopplung der Risikoidentifikation an Zieltypen und den damit verbunden Projekttypen zu gewährleisten, muß hierzu der Zusammenhang zwischen den Ziel- bzw. Projekttypen und den Maßnahmentypen untersucht werden.

5.5.1.1 Projekttypen und Maßnahmentypen

Um den Zusammenhang von Projekttypen und Maßnahmentypen zu beschreiben, bietet sich an, auf eine Typisierung von Maßnahmen zurückzugreifen, die - ebenso wie das der Arbeit zugrundeliegende Vorgehensmodell - im Rahmen des MOTION-Projektes unter der Bezeichnung "ablauforientierte Optimierungsansätze" entwickelt wurde [EV97c]. Um die Wiederverwendung der Maßnahmen zu erhöhen, sind diese projektneutral zu Maßnahmentypen zusammengefaßt (Bild 5.22).

Das Repertoire der Maßnahmen umfaßt dabei insgesamt (mindestens) zehn generische Maßnahmentypen [EV97c]. Diese können unterteilt werden in solche, die vorwiegend auf eine

Prozeßoptimierung fokussieren, und in solche, die räumliche und aufbauorganisatorische Strukturveränderungen bewirken. Zu den Maßnahmentypen der Prozeßoptimierung gehören:

Eliminieren: nicht-wertschöpfende Tätigkeiten werden identifiziert und eliminiert. Welche Tätigkeiten nicht oder nur mittelbar zu der gesamten Wertschöpfung des Prozesses beitragen, ist abhängig vom jeweiligen Unternehmen bzw. vom betrachteten Prozeß. Zur Entscheidung, ob eine bestimmte Tätigkeit eliminiert werden kann, sollte die Frage, ob der (Prozeß-) Kunde diese Tätigkeit "spürt", negativ beantwortet werden.

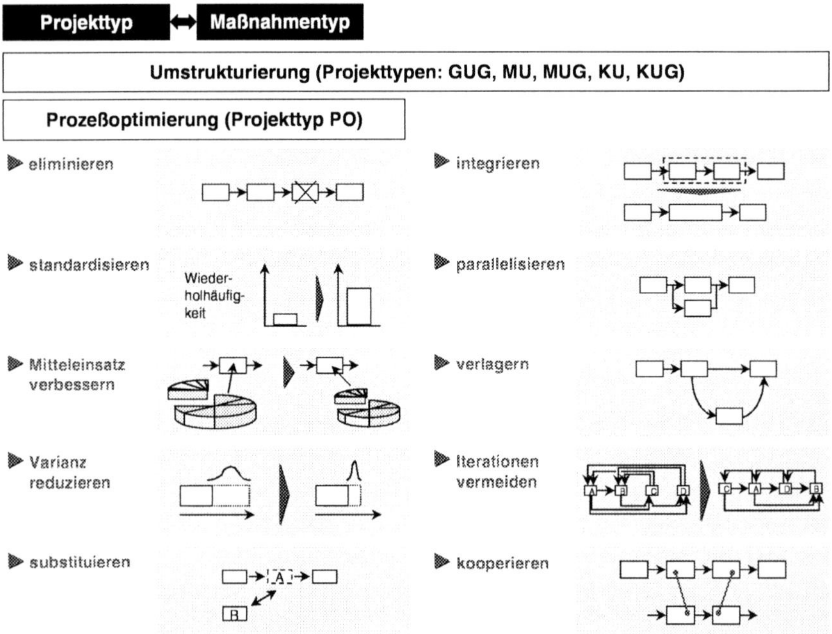

Maßnahmentypen nach MOTION [EV97c]
zur Erläuterung der Projekttypen vgl. Kapitel 5.3/Bild 5.9

Bild 5.22: Zuordnung von Projekttypen und Maßnahmentypen

Standardisieren: Die Standardisierung einzelner Tätigkeiten zielt darauf ab, mittels Schaffung von Routinefällen die gesamte Durchführung von Prozeßelementen effizienter und weniger fehleranfälliger zu gestalten.

Mitteleinsatz verbessern: zur Verbesserung des Mitteleinsatzes gehören sowohl eine effiziente und schonende Ressourcennutzung als auch die Verwendung qualitativ hochwertiger Produktoren.

Varianz reduzieren: in der Regel weisen alle Prozeßelemente Varianzen auf. Eine Reduzierung der Varianz in der Durchlaufzeit – also der zeitlichen Streuung – eines Prozeßelementes ist ein direkter Schritt zur Steigerung der Stabilität. Eine Reduzierung der ergebnisbezogenen Varianz hat eine Steigerung und Stabilisierung der Prozeßqualität zur Folge.

Substituieren: die Verwendung neuer Technologien – sowohl im Produktions- als auch im Entwicklungsprozeß – kann dazu führen, einzelne Prozeßelemente oder gar ganze (Teil-) Prozeßketten zu substituieren. Auch dies ist ein Beitrag zur Prozeßoptimierung.

Zu den strukturverändernden Ansätzen zählen:

Integrieren: die Zusammenfassung von einzelnen Prozeßelementen gelingt ohne Änderung der Aufgabenstruktur nur selten. Mit einer tatsächlichen Integration ist neben einer Änderung des prozeßinternen Ablaufes meist eine Änderung der räumlichen und aufbauorganisatorischen Zuordnung der Bearbeiter verbunden. Integration ist daher einer der Ansätze, der am schwierigsten umzusetzen ist, gleichzeitig jedoch die größten Potentiale birgt.

Parallelisieren: für die Parallelisierung von Prozeßelementen oder -ketten gilt ähnliches wie für deren Integration.

Verlagern: eine Verlagerung von Tätigkeiten über die Grenzen der konventionellen Bilanzhüllen hinaus kann einerseits bedeuten, daß bestimmte Tätigkeiten an (prozeß- oder unternehmens-) externe Lieferanten vergeben werden, andererseits, daß ehemals externe Tätigkeiten in die Prozeßkette hinein verlagert werden.

Iterationen vermeiden: über längere Zeiträume gewachsene und etablierte Strukturen – das heißt hier vor allem: Reihenfolgen – spiegeln häufig nicht mehr die durch den tatsächlichen Informationsfluß geschaffenen Ablauf wider. Folgen sind u.a. eine zu große Anzahl von Iterationen und damit verbunden kostenintensive Änderungen in späteren Phasen des Prozesses. Eine Redefinition der Reihenfolge sowie die Schaffung neuer Abstimmungselemente sind Ansätze, verflochtene Iterationsschleifen zu entflechten und zu minimieren.

Kooperieren: Kooperation kann insofern einen Beitrag zu einer Optimierung von Prozeßketten leisten, als daß auf der einen Seite frühzeitige Abstimmungen von Anforderungen zu verbesserten Ergebnissen und auf der anderen Seite abgestimmte Ressourcenteilungen bei ehemaliger Ressourcenkonkurrenz zu einer effizienteren Mittelnutzung führen.

Durch die Verknüpfung von Maßnahmentypen und Projekttypen kann im folgenden der Zusammenhang zwischen Projekttypen und Schadenstypen entwickelt werden. Hierzu sind die Maßnahmentypen mit Schadenstypen zu verknüpfen. Das Konstrukt "Maßnahmentyp" stellt damit im Sinne der Projektgestaltung das Brückenelement zwischen dem Projekttyp und dem Schadenstyp dar.

5.5.1.2 Maßnahmentypen und Schadenstypen

Zur Zuordnung von Maßnahmentypen und Schadenstypen wurde mit vier projekterfahrenen Experten ein Brainstorming zur Identifikation von möglichen Problemen bzw. Schäden in Umstrukturierungsprojekten durchgeführt. Dabei wurde so verfahren, daß zunächst anhand einer Diskussion über Projektbeispiele eine Liste potentieller Schadenstypen erstellt wurde. Dann erfolgte eine Zuordnung von Schadenstypen und Maßnahmentypen (Bild 5.23). Zusätzlich wurden mögliche Operationalisierungen zu den Schadenstypen abgeleitet. Den aus der Projektanalyse abgeleiteten Anforderungen entsprechend wurden die Überlegungen dabei auf mögliche technisch-wirtschaftliche Schäden für den Betrieb eines neuen Produktionskonzeptes fokussiert.

Maßnahmentyp ↔ Schadenstyp

Risikocheckliste

Maßnahmentyp	Schadenstyp	Operationalisierung einmalig	Operationalisierung laufend
Integrieren	Unterauslastung		
	unzureichende Kapazität/Mengenflexibilität	Zusatzinvestitionen	Stückzahlverluste
	unzureichende Qualifikation		Umplanungen
	Durchlauf-/Reaktionszeiten werden länger		
	Störungshäufigkeiten nehmen zu		
	unzureichende Auftragsflexibilität		
	neue Schnittstellen		
	unzureichende Qualität		
Mitteleinsatz verbessern	unzureichende Kapazität/Mengenflexibilität		
	unzureichende Qualifikation		
	unzureichende Auftragsflexibilität		
	neue Schnittstellen		
	unzureichende Qualität		

Bild 5.23: Zuordnung von Schadenstypen zu Maßnahmentypen (Risikockeckliste)

Zu den Schadenstypen im einzelnen:

Schadenstyp "Unterauslastung": Dieser Schadentyp ist insbesondere im Zusammenhang mit den strukturverändernden Maßnahmentypen wie z.B. "Integrieren" zu sehen. So kann Unterauslastung von Personal oder Betriebsmitteln eine Konsequenz von Dezentralisierungskonzepten sein. Ein Problembeispiel ist unterausgelastetes Instandhaltungspersonal, das im Rahmen einer Umstruktuierung aus einer zentralen Instandhaltungsabteilung den Produktionseinheiten zugeordnet wird. Unterausgelastete Betriebsmittel können sich im Rahmen einer produkt- bzw. baugruppenorientierten Restrukturierung von Fertigungsbereichen ergeben, wenn Betriebsmittel zugunsten einer eindeutigen Prozeßkettenzuordnung redundant vorgehalten werden müssen. Unterauslastung hat unmittelbare Auswirkungen auf die Produktionsstückkosten.

Schadenstyp "unzureichende Kapazität/Mengenflexibilität": Dieser Schadenstyp repräsentiert den komplementären Typ zur Unterauslastung. Unzureichende Kapazitäten und eine daraus resultierende eingeschränkte Mengenflexibilität können aus Fehleinschätzungen des Kapazitätsbedarfes insbesondere im Zusammenhang mit Maßnahmen des Typs "Mitteleinsatz verbessern" resultieren (Beispiel: Reduzierung des Personaleinsatzes in der Montage). Wirtschaftliche Schäden können sich dabei daraus ergeben, daß die erforderliche Produktionsmenge nicht mehr produziert werden kann. Für einen Serienhersteller kann dies z.B. unter der Voraussetzung einer Vollauslastung Umsatzverluste bedeuten.

Schadenstyp "unzureichende Auftragsflexibilität": Neben der Reaktionsfähigkeit auf sich wandelnde Mengenanforderungen ist die Flexibilität gegenüber Veränderungen der Auftragsart z.B. durch Produktvarianten eine wichtige Gestaltungsgröße für Produktionskonzepte. Eine mögliche Konsequenz von Umstrukturierungen ist die Einschränkung dieser Auftragsflexibilität. Ein Beispiel für eine solche Fehlplanung wäre die Investition in eine hoch automatisierte, starr verkettete Transferstraße in der Fertigung auf Basis des bekannten Teilespektrums, d.h. ohne ausreichende Berücksichtigung zukünftiger Entwicklungen der zu fertigenden Produkte. Der daraus resultierende Schaden könnte in unerwarteten Zusatzinvestitionen für Umbauten und Anpassungen bestehen.

Schadenstyp "unzureichende Qualifikation": Schäden dieses Typs können aus Maßnahmen zur Veränderung der Aufgaben der Mitarbeiter - z.B. durch Aufgabenintegration - resultieren. Eine mögliche Konsequenz sind unerwartete Aufwände und Ausfallzeiten für Schulungen. Eine weitere mögliche Konsequenz kann eine verminderte Produktqualität sein, die einen eigenen Schadenstyp darstellt.

Schadenstyp "unzureichende Qualität": Mit diesem Schadenstyp ist die Einschränkung der Qualität der produzierten Einzelteile, Baugruppen und Produkte gemeint. Diese kann - wie oben beschreiben - aus Qualifikationsmängeln bei den Mitarbeitern resultieren. Es ist jedoch auch denkbar, daß die Produktqualität aufgrund von Änderungen der technischen Prozesse im Rahmen eines Umstrukturierungskonzeptes (z. B. Maßnahmentypen "Eliminieren" oder "Substituieren") eingeschränkt wird. Mögliche Schäden sind Zusatzinvestitionen oder erhöhte Ausschuß- bzw. Fehlerkosten.

Schadenstyp "Durchlauf-/Reaktionszeiten werden länger": Neben den unmittelbar wirtschaftlich wirksamen, negativen Konsequenzen eines veränderten Produktionskonzeptes können Probleme aufgrund von verlängerten Durchlaufzeiten (Wiederholprozesse) bzw. Reaktionszeiten z.B. bei Störungen (Einmalprozesse) auftreten. Dieser Schadenstyp kann die Folge von Maßnahmen des Typs "Mitteleinsatz verbessern" sein und steht in Zusammenhang mit den oben genannten Problemfeldern "unzureichende Kapazität" bzw. "unzureichende Qualifikation". Denkbar ist aber auch, daß restrukturierte Abläufe z.B. aufgrund von Maßnahmen des

Typs "Integrieren" oder "Verlagern" nicht funktionieren, weil z.B. die erforderlichen Informationen am Ort der Prozeßausführung nicht vorliegen. Die meßbare Konsequenz dieses Schadenstyps sind verlängerte Prozeßzeiten.

Schadenstyp "Störungshäufigkeiten nehmen zu": Dieser Schadenstyp ist mit dem oben genannten Schadenstyp "Durchlauf-/Reaktionszeiten werden länger" eng verknüpft und kann auf die selben Ursachen zurückgeführt werden. Mögliche Schäden sind z.B. Ausfallkosten aufgrund von Betriebsmittelstillständen.

Schadenstyp "neue Schnittstellen": Dieser Schadenstyp beschreibt Probleme, die insbesondere im Zusammenhang mit den Maßnahmentypen "Integrieren" und "Verlagern" auftreten können. Bei Umstrukturierungen werden Prozesse aus ihrem bisherigen Verbund gelöst und in einen anderen Prozeßkontext eingebunden. Hierbei können neu entstehende Schnittstellen und die damit verbundenen Mehraufwände nicht erkannt und daher auch nicht in der Nutzenbilanz für Maßnahmen berücksichtigt werden. Ein Beispiel hierfür ist die Integration der Materialdisposition in die Produktion. Da diese Funktion häufig in der Einkaufsabteilung angesiedelt ist, ist es erforderlich zu untersuchen, ob diese Maßnahme zu Mehraufwänden (z.B. in Form von zusätzlichen Personalaufwänden) an der neu entstandenen Schnittstelle zwischen der produktionsintegrierten Materialdisposition und dem zentralen Einkauf führt.

Eine vollständige Dokumentation der erarbeiteten Risikocheckliste inkl. der Zuordnung von Schadentypen und Maßnahmentypen ist im Anhang K aufgeführt.

5.5.2 Unterstützung der Risikobewertung im Team

Im Rahmen von Umstrukturierungsprojekten werden vielfältige Maßnahmen definiert. Die Untersuchung dieser Maßnahmen mit Hilfe der vorgestellten Risikocheckliste kann dazu führen, daß zunächst eine Vielzahl von Maßnahmen-Schaden-Kombinationen identifiziert werden. Ziel der Risikobewertung in Umstrukturierungsprojekten ist es festzulegen, ob die so erkannten Risiken oberhalb zulässiger Eingriffsgrenzen liegen, um auf diese Weise Schwerpunkte für eine nachfolgende Risikobehandlung zu setzen.

Entsprechend den in Bild 5.20 formulierten Anforderungen steht bei der Risikobewertung das teamorientierte Vorgehen von Experten im Vordergrund, um trotz der Unsicherheiten über Schadenshöhen und Eintrittswahrscheinlichkeiten zu einer zielgerichteten Absicherung des Produktionskonzeptes zu kommen.

Ein geeignetes Hilfsmittel, um insbesondere der Anforderung eines teamorientierten Vorgehens gerecht zu werden (unterschiedliche Risikotoleranz, Berücksichtigung der Abschätzung mehrerer Experten, Teamunterstützung durch Visualisierung), ist die Methode der gleichwertigen Risikolinien (Equi-Risk-Contour-Methode) [FRFÜ90].

Die Einschätzung eines Risikos hängt - der Risikodefinition entsprechend (vgl. Kapitel 2.3.2) - von der Schadenshöhe und der Eintrittswahrscheinlichkeit ab. Die Equi-Risk-Contour-Methode basiert auf der Überlegung, daß die Toleranz gegenüber potentiellen Schäden mit abnehmender Eintrittswahrscheinlichkeit - innerhalb bestimmter Grenzen - zunimmt. Somit ist es möglich, "Linien gleichen Risikos" zu definieren, die vergleichbare Risiken bei unterschiedlichen Kombinationen von Schadenshöhe und Eintrittswahrscheinlichkeit repräsentieren. Diesen Zusammenhang macht man sich zunutzte, in dem man durch die Experten im Projektteam nicht die Risikotoleranz (Schaden x Wahrscheinlichkeit) definieren läßt, sondern zunächst nur die Abstufungen der Schadenstoleranz, unter der Annahme, daß der Schaden mit 100%iger Wahrscheinlichkeit eintritt [FRFÜ90]. Dies stellt eine wesentliche Vereinfachung dar, da die Experten nicht ihre Einschätzung in bezug auf die komplexe Größe der Risikotoleranz (unter Berücksichtigung von Schaden und Wahrscheinlichkeit), sondern zunächst nur in bezug auf die Schadenstoleranz abgeben müssen. Ein weiterer Vorteil dieses Ansatzes besteht darin, daß identifizierte Risiken nicht zu einer intransparenten Risikokennzahl verdichtet werden. Die "Zweidimensionalität" des Risikos (Schaden und Wahrscheinlichkeit) bleibt in der Bewertung erkennbar, was eine wichtige Voraussetzung für die anschließende Risikobewältigung ist [WLL96]. Überträgt man diese Überlegungen auf die Risikobewertung in Umstrukturierungsprojekten, so läßt sich das in Bild 5.24 aufgeführte Konzept ableiten.

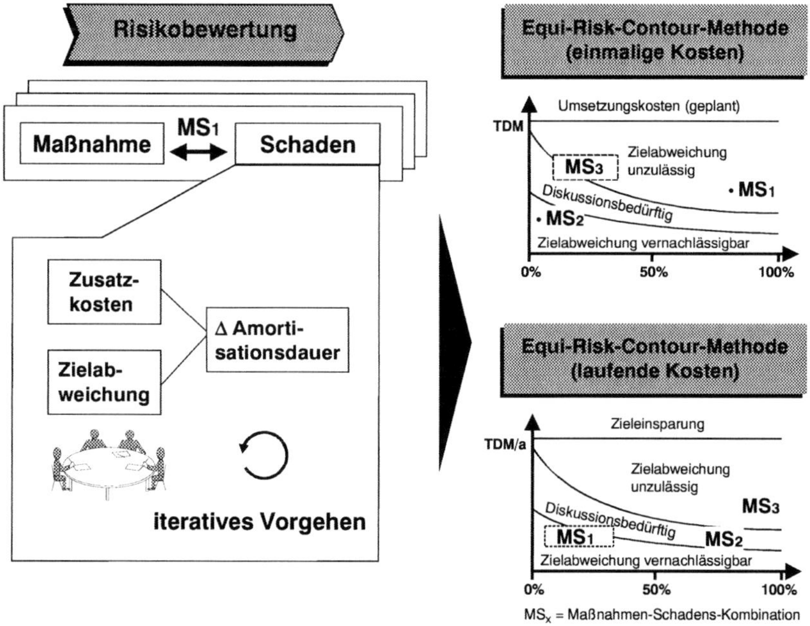

Bild 5.24: Konzept der Risikobewertung

Bei der Übertragung ist zu beachten, daß Schäden in Umstrukturierungsprojekten zum einen dauerhafte Zielabweichungen (vgl. Definition des Risikobegriffs in Kapitel 2.3.2) sein können, d.h. insbesondere Abweichungen von der gewünschten Einsparung. Zum anderen können Schäden Abweichungen von den budgetierten Umsetzungskosten durch erhöhte Umsetzungsaufwände (z.B. durch Zusatzinvestitionen) sein. Bei der Risikobewertung ist daher zwischen einer Bewertung der laufenden Zielabweichung [DM/a] und der Bewertung von einmaligen Zusatzkosten [DM] zu unterscheiden.

Um die Bewertung nicht unnötig komplex zu gestalten, soll dabei in beiden Sichtweisen zwischen den Risikolinien "vernachlässigbar bis" und "unzulässig ab" unterschieden werden, so daß sich in den Diagrammen 3 Felder ergeben: "Zusatzkosten bzw. Zielabweichung vernachlässigbar", "Zusatzkosten bzw. Zielabweichung diskussionsbedürftig" und "Zusatzkosten bzw. Zielabweichung unzulässig". Eine weitere Kontrollvariable für die Risikotoleranz ist die Veränderung der Amortisationsdauer, die sich durch Zusatzkosten und/oder Zielabweichungen ergeben kann. Die Amortisationsdauer eines Umstrukturierungsprojektes ergibt sich dabei aus den Umsetzungskosten in (statischer) Relation zu den jährlichen Einsparungen.

Die Experten bewerten die Maßnahmen-Schaden-Kombinationen MSx, die im Rahmen der Risikoidentifikation erkannt worden sind, so daß sich für die jeweiligen Kombinationen Eintragungen in den Diagrammen ergeben. Die Lage der Maßnahmen-Schadenskombinationen in den Diagrammen indiziert generell die Behandlungsbedürftigkeit eines Risikos entsprechend den Stufungen der Risikotoleranz. Die graphische Darstellung ermöglicht dabei, mögliche Unterschiede in der Experteneinschätzung von Schadenshöhen (senkrechte Linien), Eintrittswahrscheinlichkeiten (waagerechte Linien) oder sogar in der Einschätzung beider Dimensionen (Felder) anschaulich darzustellen. Die Existenz dieser Spannweiten kann dabei einen gesonderten Hinweis auf Informationsunsicherheiten und damit die Behandlungsbedürftigkeit eines Risikos geben.

Bei der Anwendung der vorgestellten Risikobewertung könnte es zu einem Zuordnungsproblem kommen, indem z.B. identifizierte Umsetzungsaufwände nicht eindeutig den "normalen Umsetzungsaufwänden" oder den "risikobedingten Zusatzaufwänden" zugeordnet werden können. Hierbei ist der iterative Charakter des Vorgehens zu beachten. Im Rahmen der zu erarbeitenden Methodik soll es möglich sein, die Risikobewertung auf Produktionskonzepte unterschiedlichen Reifegrades anzuwenden. Dieses Vorgehen beinhaltet die Konsequenz, daß Umsetzungskosten, die in einem ersten Bewertungsdurchgang noch als Zusatzkosten ausgewiesen werden, bei einer zweiten Bewertung bereits in den budgetierten Umsetzungskosten des "reiferen" Produktionskonzeptes enthalten sind, sofern die vorgegebenen Grenzwerte für die Umsetzungskosten nicht überschritten werden. Dieses Vorgehen ist insofern zulässig, als die Methodenanwendung letztlich nur auf die Vollständigkeit der Erfassung von Aufwänden fokussiert. Analoges gilt für die Bewertung der durch ein Produktionskonzept erzielbaren Einsparungen und den möglichen Zielabweichungen aufgrund von Unsicherheiten.

5.5.3 Situative Auswahl von Methoden zur Risikobewältigung

Analog dem Konzept der situativen Eingrenzung von Handlungsoptionen auf der Ebene des Gesamtvorgehens in Umstrukturierungsprojekten (vgl. Kapitel 5.3) soll mit Hilfe der zu erarbeitenden Methodik eine Unterstützung des Projektgestalters bei der Auswahl von Bewältigungsstrategien ermöglicht werden. Für eine operative Anwendung in Projekten ist unter Bewältigungsstrategien insbesondere die Anwendung von Methoden zu verstehen.

Basis der Anwendung im Rahmen der Methodik ist eine Methodensammlung, aus der Methoden situativ ausgewählt werden können (Bild 5.25). Die Erstellung der Methodensammlung (vgl. Anhang L) erfolgte anhand einer Auswertung von Literaturquellen im Hinblick auf verfügbare Methoden [MAD94, DAN96, EV96a, BUR97].

Schadenstyp ↔ Bewältigungsstrategie

Schadenstyp	Analyse/Konzept		Umsetzung	
Unterauslastung	Simulation	SV	Pilotumsetzung	SB
	Sensitivitätsanalysen	SV	Umsetzungdauer verl.	SB
	Prognosemethoden	SV	BDE	SB
	Aufgabenanalysen	SV	Monitoring/Controlling	SB
	Kennzahlen	SV		
	SvZ-Methoden	SV		
unzureichende Kapazität/ Mengenflexibilität	Simulation	SV	Pilotumsetzung	SB
	Sensitivitätsanalysen	SV	Umsetzungdauer verl.	SB
	Prognosemethoden	SV	BDE	SB
	Aufgabenanalysen	SV	Monitoring/Controlling	SB
	Engpaßanalysen OPT	SV	KVP/KAIZEN	SB
	Kennzahlen	SV	Werkstattzirkel	SB
	SvZ-Methoden	SV		

SVZ: Systeme vorherbestimmter Zeiten
BDE: Betriebsdatenerfassung
OPT: Optimized Production Technology
verl.: verlängern
SV: Schadensvorsorge
SB: Schadensbegrenzung

Bild 5.25: Situative Auswahl von Methoden zur Risikobewältigung

Eine Auswahlunterstützung des Projektgestalters soll dabei auf zwei Wegen erfolgen. Zum einen kann mit Hilfe der in Kapitel 5.5.2 vorgestellten Risikobewertung festgestellt werden, ob eine Maßnahmen-Schadens-Kombination oberhalb der festgelegten Eingriffsgrenzen liegt und damit überhaupt behandlungsbedürftig ist. Zum anderen soll der Projektgestalter bei der situativen Methodenauswahl unterstützt werden. Um eine projektneutrale Strukturierung der Methodensammlung zu gewährleisten, wurden die Methoden hierzu nicht spezifischen Maßnahmen-Schadens-Kombinationen, sondern den in Kapitel 5.5.1 vorgestellten Schadenstypen zugeordnet.

Grundsätzliche Ansatzpunkte zur Risikobewältigung sind [HER96]: die Schadensvorsorge (SV), die Schadensbegrenzung (SB) und die Schadensüberwälzung (SÜ). Um den Charakter der jeweiligen Methodenanwendung zu kennzeichnen, sind die Methoden mit entsprechenden Kurzzeichen (SV, SB oder SÜ) versehen. Erwartungsgemäß überwiegen die Ansatzpunkte zur Schadenbegrenzung und zur Schadenvorsorge, weil die Möglichkeiten einer Schadensüberwälzung auf Dritte bei überwiegend unternehmensintern orientierten Umstrukturierungsprojekten begrenzt sind. Zur weiteren Unterstützung des Projektgestalters sind die aufgeführten Methoden nach ihrer Anwendung in den Projektphasen "Analyse/Konzeption" und "Umsetzung" eingeordnet.

5.6 Würdigung der Untersuchung

Die in den vorangegangenen Kapiteln abgeleiteten Aussagen und methodischen Ergebnisse basieren im wesentlichen auf der in den Kapiteln 5.1 bis 5.4 vorgestellten, empirischen Auswertung von Umstrukturierungsprojekten. Zum Abschluß des Kapitels 5 soll diese Projektanalyse kritisch reflektiert werden.

Bei der Erfolgsbewertung der untersuchten Projekte fallen die gegenüber den vorher definierten Grenzen hohen durchschnittlichen Grade der Zielerreichung und Umsetzungsgrade von Maßnahmen auf. Hierbei ist eine positive Verzerrung des Projekterfolges durch die Projektverantwortlichen nicht auszuschließen (Problem des "Self-Rating", vgl. [LEC97]). Eine weitere Erklärung kann daraus resultieren, daß die Befragten im Fragebogen sehr deutlich darauf hingewiesen wurden, nur explizit erfolgreiche Projekte zu wählen (vgl. Kapitel 5.1). Aufgrund des großen Abstandes von Zielerreichung und Umsetzungsgraden zu den gesetzten Mindestgrenzen kommt es so zumindest nicht zu interpretationsbedürftigen Grenzfällen in bezug auf die Zuordnung von Projekten zu den Klassen "erfolgreich" und "nicht erfolgreich". Darüber hinaus waren einige der untersuchten Projekte in bezug auf das Gesamtvorgehen und den Einsatz von Methoden des Risikomanagement deutlich "überfrachtet". Dieses Problem wurde durch den Ausschluß von Projekten aus der Datenbasis vermindert.

Die durchgeführte Projektanalyse ist als explorative Studie angelegt. Wesentliches Merkmal dieses Vorgehens ist die - insbesondere im Vergleich zu betriebswirtschaftlichen Studien - begrenzte Anzahl zugrundeliegender Projekte (< 30 Projekte). Wahl und Umfang der Datenbasis haben dabei erwartungsgemäß große Auswirkungen auf die Qualität der Aussagen auch in dieser Studie. Ein genereller Vorteil der überschaubaren Anzahl ausgewerteter Projekte ist, daß es bei Unsicherheiten über die Interpretation von Ergebnissen möglich war, durch unterstützende Interviews Projekthintergründe zu erfragen.

Das Forschungsdesign in bezug auf die situative Instanziierung der Gesamtvorgehensmodelle hat sich als insgesamt zielführend erwiesen. Dies gilt insbesondere für die vorher postulierten sieben Situationsmerkmale, von denen sich drei als signifikant entscheidungsrelevant herausstellten. Ein (korrigiertes) Bestimmtheitsmaß von knapp 70% bei der Erklärung der Umfangsvarianz in den Vorgehensmodellen ist als ein guter Wert für eine kleinzahlige Studie anzusehen [BAC96].

Kritisch anzumerken ist, daß die Ableitung von Vorgehensmodellen für die 6 Projekttypen wegen der kleinzahligen Projektbasis auf Basis von wenigen (2 bis 4) Projekten pro Projekttyp erfolgen mußte. Hier bietet sich an, im Rahmen fortsetzender Forschungsarbeiten weitere Projekte auf Basis der identifizierten Projektmerkmale zu typisieren und die entsprechenden Vorgehensmodelle zu untersuchen, um die Sicherheit der Aussagen in diesem Bereich zu erhöhen.

Die Diskriminanzanalysen zum Vorgehensschritt "Risikomanagement" weisen insgesamt ebenfalls signifikante Ergebnisse auf, wenngleich die Werte für Wilk's λ als Maß für die Trennqualität in den Diskriminanzanalysen allenfalls als ausreichend bezeichnet werden können. Die gegenüber der Untersuchung der Gesamtvorgehensmodelle hohe Zahl an vorab definierten, möglichen Einflußgrößen (11 Merkmale) zeigt hier den noch eher "detektierenden" Charakter des Forschungsdesign.

Ein Problempunkt bei den Analysen im Themenumfeld Risikomanagement ist, daß der Einsatz von Methoden des Risikomanagement nicht zum Standardrepertoire in Umstrukturierungsprojekten gehört. Dies indizieren die im Vergleich zu den anderen Fragekomplexen hohe Anzahl an fehlenden Einträgen ("missing values") bei Fragen zu diesem Thema und die entsprechenden Kommentare der Befragten in den Fragebögen. Eine methodische Konsequenz der "missing values" ist, daß die Ergebnisse der multivariaten Analysen zu diesem Thema vergleichsweise wenig robust auf die Hinzunahme oder das Herausnehmen von Untersuchungsfällen reagiert. Um zu verläßlichen Aussagen zum Thema Risikomanagement in Umstrukturierungsprojekten zu kommen, wurden die durchgeführten multivariaten Analysen daher durch univariate Analysen (z.B. zu den Risikoarten) flankiert, so daß insgesamt plausible Aussagen abgeleitet werden konnten. Auf diese Weise konnten insbesondere die Schwerpunkte für eine Adaption von Methoden des Risikomanagement auf Umstrukturierungsprojekte identifiziert werden.

6 EDV-Prototyp eines Projektnavigators für Umstrukturierungsprojekte PRONAV

Die erarbeitete Methodik soll dem Projektgestalter eine Unterstützung bei der Planung und Durchführung von Umstrukturierungsprojekten bieten. Die Abläufe in Umstrukturierungsprojekten unterliegen dabei z.T. einem großen Zeitdruck und einer hohen Dynamik, woraus eine erhebliche Belastung für die Projektgestalter resultieren kann. In dieser Situation ist es wichtig, daß eine Methodenanwendung möglichst einfach und ohne nennenswerte Zusatzaufwände vollzogen werden kann, um die Akzeptanz für eine methodische Unterstützung bei den Projektgestaltern zu erlangen. Untersuchungen über den Methodeneinsatz in Projekten bestätigen den Erfolgsfaktor der einfachen Anwendung [CHA93, SIH98].

Vor diesem Hintergrund wird im folgenden der Prototyp eines Projektnavigators PRONAV entwickelt, mit dem die Handhabbarkeit der erarbeiteten Methodik bei der Anwendung erleichtert werden soll.

6.1 Konzept des Projektnavigators PRONAV

Der Navigators umfaßt die in Bild 6.1 aufgeführten Funktionen.

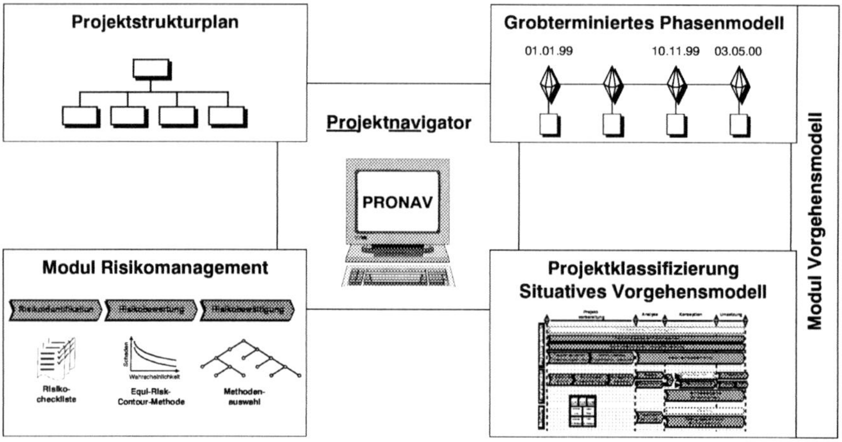

Bild 6.1: Funktionalität des Projektnavigators PRONAV

Die Funktionalität des Navigators besteht in erster Linie in der dialogbasierten Benutzerunterstützung für die Planungsentscheidungen in Umstrukturierungsprojekten, nicht so sehr in der Unterstützung bei komplexen Rechenoperationen. Mit dem Begriff "Navigator" soll dabei die Möglichkeit zur Unterstützung der Projektsteuerung angedeutet werden. Darüber hinaus ist es möglich, den Navigator als Schulungshilfsmittel für Projektleiter und Teammitglieder im Sinne eines "Computer Based Training" (CBT-Tool, vgl. [SRE98, VSE93]) einzusetzen.

Die Funktionalität des Navigators umfaßt - der erarbeiteten Methodik entsprechend – die Module Vorgehensmodell und Risikomanagement. Um in größeren Projekten eine Planung auch von Teilprojekten durchzuführen, ist eine Möglichkeit zur Verknüpfung von Teilprojekten zu einem Gesamtprojekt vorgesehen. Neben der situativen Instanziierung des projektneutralen Vorgehensmodells im Sinne der Auswahl der Vorgehensschritte werden für eine projektspezifische Planung Termine für die Meilensteine des Phasenmodells berücksichtigt, das mit dem Vorgehensmodell verknüpft ist.

Die Benutzerführung in PRONAV erfolgt mit Hilfe einer dialogbasierten Anwendung unter Windows 95 (Bild 6.2).

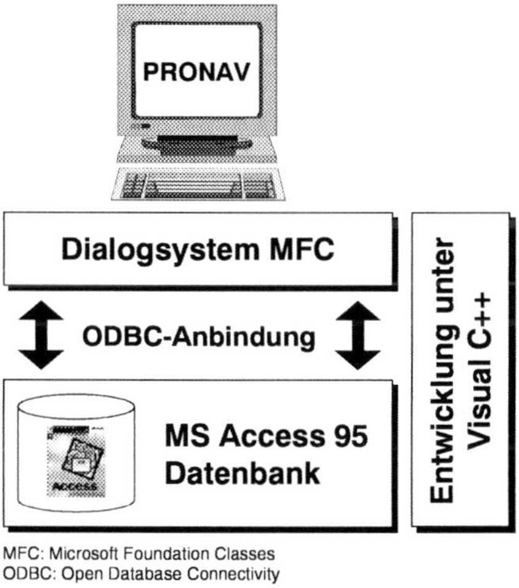

Bild 6.2: EDV-Konzept des Navigators

Das Dialogsystem ist an eine ACCESS-Datenbank angebunden, in der die projektspezifischen Daten abgelegt und verwaltet werden. Die Programmierung des Systems erfolgte in Visual C++ 5.0.

6.2 Modul Vorgehensmodell

Das Modul Vorgehensmodell in PRONAV umfaßt die in Bild 6.3 aufgeführten Unterstützungsfunktionen für den Projektgestalter.

Für den Fall, daß der Projektgestalter noch keine konkrete Vorstellung über den zeitlichen Verlauf des zu planenden Projektes hat, ermöglicht PRONAV eine teilautomatisierte Projektterminierung. Dies umfaßt – auf Wunsch – einen Vorschlag für die anzusetzende Projektlaufzeit und die Aufteilung der Projektphasen.

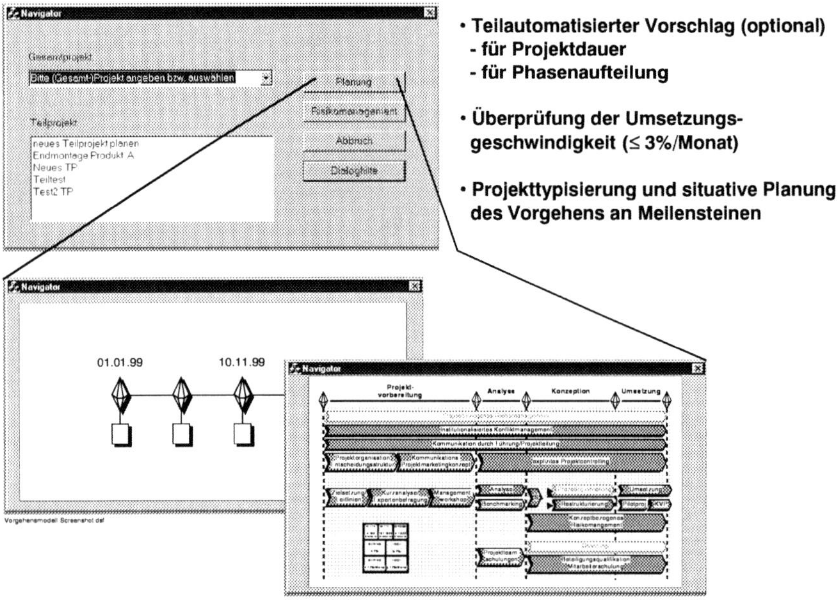

Bild 6.3: Funktionalität des Moduls Vorgehensmodell

Die Prognose der Projektdauer basiert dabei auf einer Regressionsanalyse der zur Verfügung stehenden Projekte (vgl. Kapitel 5.1), mit der ein korrelativer Zusammenhang zwischen der Projektdauer und dem geplanten Grad der Veränderung im Objektbereich (Merkmal "Anteil Arbeitsplätze Wegfall/ räumliche Änderung/ Aufbauorganisation" AP_WEG, vgl. Kapitel 4.3) nachgewiesen werden konnte (vgl. Anhang M). Hierbei ist allerdings anzumerken, daß dieser Weg der Planung erfordert, bereits zu Beginn des Projektes eine Abschätzung der Veränderungen von Arbeitsplätzen zu treffen. Darüber hinaus konnte mit Hilfe der Regressionsanalyse zwar ein signifikanter Zusammenhang zwischen dem Merkmal AP_WEG und der Dauer der untersuchten Projekte aufgezeigt werden, allerdings ist der Erklärungsanteil für die Varianz der Projektdauern durch diese Variable mit unter 30% eher unbefriedigend. Dies führt dazu, daß die Empfehlung über die Projektdauer, die der Navigator ermöglicht, nur wenig um den Mittelwert der Dauern aller untersuchten Projekte schwankt. Es empfiehlt sich also, die teilautomatisierte Planung nur für den Fall großer Unsicherheit über die Projektterminierung zu nutzen, um überhaupt einen Anhaltspunkt für die Projektdauer zu erhalten. Der Projektgestalter wird in dem entsprechenden Abfragedialog auf diesen Zusammenhang hingewiesen.

Nach der Festlegung der Projektlaufzeit erfolgt eine grobe Aufteilung der Projektphasen. Durch PRONAV wird hierbei die zeitliche Aufteilung zwischen den Projektphasen Projektvorbereitung/ Analyse/ Konzeption und Umsetzung unterstützt, die – ebenso wie die Prognose der Projektdauer – auf den vorliegenden Projektdaten beruht. Da zu Projektbeginn der Projekttyp nicht vollständig bekannt ist, wird hierbei für eine erste Planung der Mittelwert der Phasenaufteilungen (1/3 Zeitanteil für Projektvorbereitung/ Analyse/ Konzeption und 2/3 Zeitanteil für die Umsetzung) aller Projekte in der Datenbasis berücksichtigt.

Zur Planung des situativen Projektvorgehens werden durch PRONAV mit Hilfe eines Abfragedialoges die entscheidungsrelevanten Merkmale "Größe des Objektbereiches", "Radikalität der Kostenziele" und "Umsetzungsgeschwindigkeit bei den Kosteneinsparungen" erfaßt, wobei die letzte Größe rechnerisch aus der Zieleinsparung und der Projektterminierung abgeleitet wird. Mit Hilfe dieser Größen wird das zu planende Vorgehensmodell - der erarbeiteten Methodik entsprechend - klassifiziert und einem Vorgehensmodell zugeordnet (vgl. Kapitel 5.3). Die Ausgabe des projektspezifischen Vorgehensmodells kann dabei auf den Bildschirm oder auf einen Drucker erfolgen.

Um die Planung des Vorgehens zu ergänzen, ermöglicht PRONAV eine Plausibilitätsprüfung der geplanten Umsetzungsgeschwindigkeit bei den Kosteneinsparungen, sobald diese Größe im Projektverlauf fixiert wird. Die maximalen Umsetzungsgeschwindigkeiten, die in den Projekten in der Datenbasis nachgewiesen werden konnten, liegen bei ca. 3% Einsparung/Monat. Lediglich ein Projekt (vgl. Anhang E) erreicht einen höheren Wert. Als Grenzwert für eine realistische Umsetzungsgeschwindigkeit wird daher eine Wert von 3% Einsparung/Monat in PRONAV berücksichtigt. Sobald dieser Grenzwert in der Planung eines Projektes erreicht wird, wird dem Projektgestalter mit Hilfe von PRONAV empfohlen, die Zeitplanung für das zu planende Projekt zu korrigieren, um zu einer realistischen Terminierung zu kommen.

Entsprechend dem in Kapitel 4 argumentierten Situationsverständnis erfolgt die Planung des Vorgehens sukzessive an den Meilensteinen des Projektes. Dem Navigator liegt dabei das in Bild 6.4 gezeigte Meilensteinkonzept zugrunde.

An einem Meilenstein wird anhand der entscheidungsrelevanten Merkmale der Projektsituation - im Sinne von Steuergrößen - das Vorgehen in der nächsten Projektphase geplant. Dabei wird in PRONAV berücksichtigt, daß Informationen zu diesen Steuergrößen – dem Erkenntnisfortschritt im Projekt entsprechend – erst sukzessive vorliegen. Eine Unterscheidung der Vorgehensmodelle kann dabei erfolgen, wenn bei Projektstart und Ende der Projektvorbereitung die Größe des Objektbereiches bekannt ist. Ab dem Meilenstein "Ende der Analysephase" ist es dann zur Planung der Absicherungsstrategien und des Grundansatzes der Systemgestaltung (Umstrukturierung oder Prozeßoptimierung) erforderlich, auch die Zieleinsparung und die geplante Umsetzungsgeschwindigkeit zu kennen. Diese Festlegung von "must-have"-Steuergrößen an den Meilensteinen wurde mit den Ergebnissen der empirischen Projektanalysen abgeglichen. Hierbei wurde festgestellt, daß die Bedeutung der Variablen zur Erklärung der Unterschiede in den Vorgehensmodellen über den Projektverlauf diesem Meilensteinkonzept entsprechend wechselt (vgl. Kapitel 5.2): Während die Größe des Objektbereiches zunächst ausschlaggebend für das Maß an Projekt- und Konzeptabsicherung ist, gewinnt die Radikalität der Kostenziele in den späteren Projektphasen an Bedeutung für die Absicherungsstrategien.

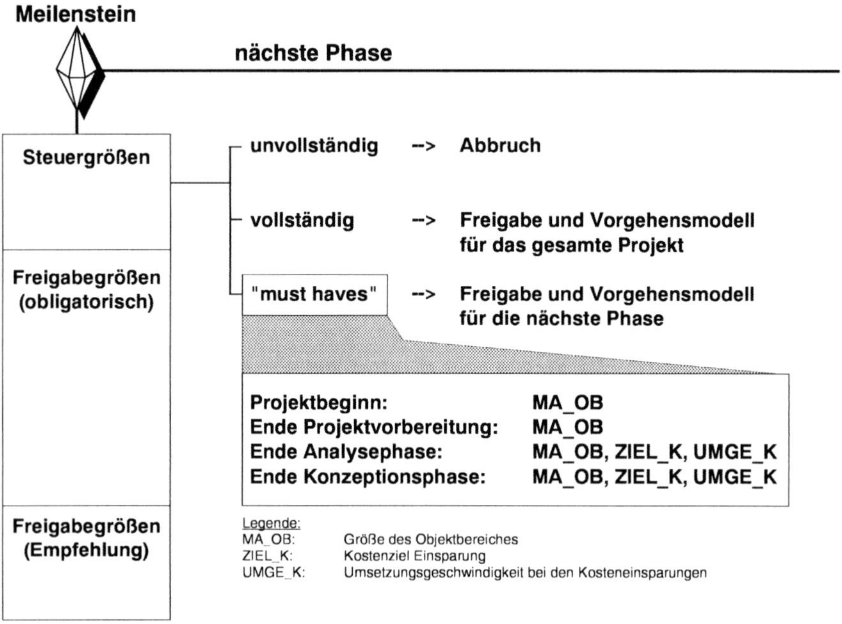

Bild 6.4: Meilensteinkonzept in PRONAV

Zur weiteren Unterstützung des Projektgestalters sind - ergänzend zu den Steuergrößen - in PRONAV Empfehlungen darüber abgelegt, welche Projektergebnisse an den Meilensteinen vorliegen sollten, um die jeweils nächste Projektphase freizugeben (vgl. Anhang N). Dabei wird zwischen obligatorischen und empfohlenen Freigabegrößen unterschieden.

6.3 Modul Risikomanagement

Im PRONAV-Modul Risikomanagement ist eine Unterstützung des Projektgestalters für den Vorgehensschritt der Konzeptabsicherung vorgesehen. Abhängig von dem jeweiligen, projektspezifischen Vorgehensmodell wird dem Projektgestalter empfohlen, diesen Vorgehensschritt mit PRONAV-Unterstützung durchzuführen. Für den Fall, daß in dem projektspezifischen Vorgehensmodell aufgrund der Projektparameter der Vorgehensschritt Risikomanagement nicht vorgesehen ist, hat der Projektgestalter die Option, diesen Schritt dennoch durchzuführen. Um eine möglichst konkrete Unterstützung zu ermöglichen, wird empfohlen, das Modul Risikomanagement in kleinen Projekten auf der Ebene des Gesamtprojektes, in mittleren und großen Projekten auf Teilprojektebene anzuwenden.

Das Modul Risikomanagement unterstützt – der erarbeiten Methodik entsprechend - alle Phasen des Risikomanagement (Bild 6.5).

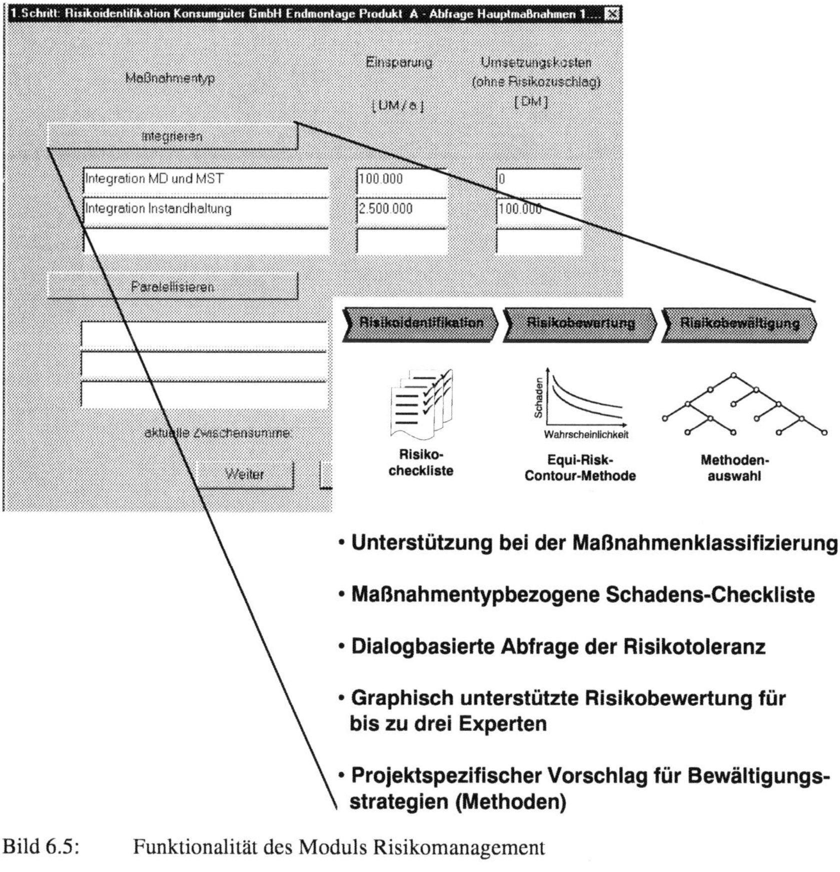

Bild 6.5: Funktionalität des Moduls Risikomanagement

Die Risikoidentifikation wird zunächst durch eine Maßnahmenklassifizierung unterstützt. Der Projektgestalter erhält hierzu durch PRONAV eine Liste von relevanten Maßnahmentypen, nach denen die Maßnahmen im Gesamtprojekt oder in den Teilprojekten klassifiziert werden können. Die Liste möglicher Maßnahmentypen hängt dabei von dem Projekttyp ab, der im Rahmen des Moduls "Vorgehensmodell" bestimmt wurde. Die Risikoidentifikation wird dann durch eine Checkliste von Schadenstypen unterstützt, die in Abhängigkeit von dem jeweiligen Maßnahmentyp aufgeführt wird (vgl. Kapitel 5.5.1).

Die Projektexperten können auf dieser Basis eine Abschätzung von Schadenshöhen und Eintrittswahrscheinlichkeiten für die Maßnahmen vornehmen. PRONAV unterstützt diesen Schritt durch eine Dokumentation der Abschätzung von bis zu 3 Experten. Um die Annahmen ebenfalls festzuhalten, die den Abschätzungen zugrunde liegen, ist eine Notizfunktion vorgesehen.

Die Risikobewertung und die Identifikation von Eingriffsgrenzen erfolgt mit Hilfe einer Equi-Risk-Contour-Auswertung (ERC) in Bezug auf einmalige Schäden und laufende Schäden (vgl. Kapitel 5.5.2). PRONAV unterstützt dabei die Aufnahme der Expertenabschätzungen und die graphische Aufbereitung der ERC-Diagramme. Die ERC-Ausgabe kann dabei auf den Bildschirm oder auf einen Drucker erfolgen. Voraussetzung für die Eingriffsentscheidungen ist die Kenntnis der Schadentoleranz für ein Projekt oder Teilprojekt, die mit Hilfe von PRONAV im Dialog abgefragt wird.

Abhängig von der Entscheidung im Rahmen der Risikobewertung darüber, ob ein Eingriff zur Risikobewältigung für eine Maßnahme erforderlich ist, können mit Hilfe von PRONAV Bewältigungsstrategien ausgewählt werden. Hierzu ist in PRONAV die Liste möglicher Methoden des Risikomanagement abgelegt (vgl. Kapitel 5.5.3). Abhängig von dem Schadenstyp, der mit der zu untersuchenden Maßnahme verbunden ist, und der Projektphase (Analyse/ Konzeption oder Umsetzung) wird dem Projektgestalter mit Hilfe von PRONAV eine situativ konfigurierte Methodenliste vorgeschlagen.

Die Anwendung des Projektnavigators wird im folgenden Kapitel 7 anhand des Beispiels einer komplexen Umstrukturierung des Werkes eines Konsumgüterherstellers demonstriert.

7 Fallbeispiel

In dem betrachteten Projekt wurde das Werk eines Konsumgüterherstellers – im folgenden Konsumgüter GmbH genannt – umstrukturiert (Bild 7.1). In dem untersuchten Werk werden die Produkte A und B als zwei wesentliche Produktreihen des Unternehmens in variantenreicher Serienproduktion gefertigt und montiert. Die produzierten Stückzahlen umfassen ca. 3.000 Einheiten/Tag für die Produktreihe A und ca. 1.200 Einheiten/Tag für die Produktreihe B.

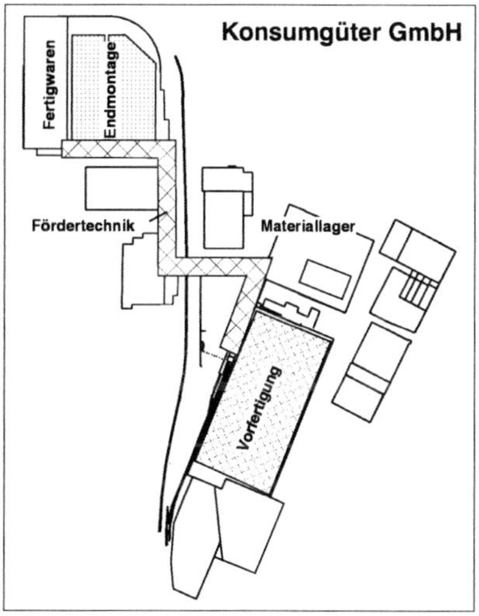

Randbedingungen und Ziele

- **Konsumgüter/ Produktreihen A und B**
- **Fertigung, Montage und produktionsnahe indirekte Bereiche (3.100 Mitarbeiter)**
- **historisch gewachsene Strukturen**
- **neue Produktgeneration**
- **Preisdruck am Markt**

- **Restrukturierung des Werkes**
- **Ablaufoptimierung**
- **Kostenreduzierung**

Bild 7.1: Fallbeispiel: Konsumgüter GmbH

Eine wesentliche Randbedingung für das Projekt bestand in der Strategie des Unternehmens, die hohe Produktqualität durch eine Produktion an dem bisherigen, deutschen Standort sicherzustellen. Ziel des Projektes war es daher, die Wettbewerbsfähigkeit des betrachteten Werkes zu sichern und weiter auszubauen.

Der Anstoß zu dem Umstrukturierungsprojekt resultierte aus zwei Richtungen. Zum einen plant das Unternehmen die Einführung einer neuen Produktgeneration sowohl für die Produktreihe A als auch für die Produktreihe B. Die neuen Produkte unterscheiden sich dabei im strukturellen Aufbau grundlegend von den Vorgängermodellen, so daß die Vorbereitung des Serienanlaufes der neuen Produktgeneration eine Überarbeitung des Werklayout insbesondere im Bereich der Vorfertigung und der Fördertechnik erforderte.

Zum anderen sind die Märkte, auf denen die Produkte A und B verkauft werden, von einem dynamischen Preiskampf betroffen. Das Marketing des Unternehmens erwartet einen langfristigen Verfall der am Markt erzielbaren Preise um mehr als 10%. Aus dieser Abschätzung resultierte ein Einsparungsziel von mehr als 10% über alle in der Bilanzhülle des Projektes beeinflußbaren Kosten.

Das betrachtete Werk war zu Projektbeginn sowohl in bezug auf die räumlichen Gegebenheiten als auch in bezug auf Ablauf- und Aufbauorganisation von historisch gewachsenen Strukturen geprägt. Die Geschäftsführung als Auftraggeber des Projektes erwartete daher, daß Einsparungen nicht allein durch die neue Produktgeneration und durch veränderte Produktionsabläufe erzielt werden können, sondern zu einem wesentlichen Teil aus Veränderungen von Abläufen und aufbauorganisatorischen Strukturen der produktionsnahen, indirekten Bereiche im Werk resultieren müssen. Gegenstand des Projektes war daher die Fertigung und die Montage der Produkte A und B, die produktionsnahen indirekten Bereiche des Werkes (Arbeitsvorbereitung, Werkzeugbau, Betriebsmittelinstandhaltung, Anlagenbau, Fördertechnik und die Materialdisposition für Kaufteile im Einkauf) sowie die Dienste zur Instandhaltung der Gebäude und Flächen des Werkes. Unter Berücksichtigung dieser Bereiche umfaßte die Bilanzhülle des Projektes ca. 3.100 Mitarbeiter.

7.1 Vorgehen im Projekt

Auf Basis der zu Beginn des Projektes vorliegenden Informationen zu den Kostenzielen und der Größe des Objektbereiches wurden die Phasen "Projektvorbereitung" und "Analyse" geplant. Mit Hilfe der im Projektnavigator abgelegten Projekttypologie wurde das Projekt als "große Umstrukturierung" klassifiziert und das entsprechende Projektvorgehen strukturiert. Wesentliche Elemente des Vorgehens waren dabei eine 6-wöchige Kurzanalyse, die dazu diente, einen schnellen Überblick über die involvierten Bereiche zu erlangen. Die Phase der Projektvorbereitung wurde – dem vorgeschlagenen Vorgehensmodell entsprechend - mit einem 2-tägigen Management-Workshop beendet, an dem die Geschäftsführung und alle relevanten Hauptabteilungsleiter teilnahmen. Im Rahmen des Workshop wurden Arbeitsteams für die Analysephase und ein Steuerkreis aus Mitgliedern der Geschäftsführung als Entscheidungsgremium für das Projekt eingerichtet.

Ein wesentlicher Eingriffspunkt in die Projektgestaltung des betrachteten Projektes, der mit Hilfe des Projektnavigators unterstützt wurde, war das Ende der Analysephase (Bild 7.2). Zu diesem Zeitpunkt lagen folgende Informationen vor:

Die zu Beginn des Projektes definierte Bilanzhülle des Projektes konnte durch die Analysephase bestätigt werden. Insbesondere war es nicht erforderlich, diese Bilanzhülle auszudehnen, um weitere Einsparungspotentiale zu erschließen. Parallel zur Analysephase wurden die Abschätzungen zu den erforderlichen Kosteneinsparungen, die sich aus der Marktentwicklung ergeben, weiterverfolgt. Hieraus resultierte eine Erhärtung des bisher formulierten Kostenzieles. Aufgrund des erwarteten, zeitlichen Verlaufes der Preisentwicklung wurde es bis zu diesem Projektzeitpunkt als notwendig erachtet, die Einsparungen bereits mittelfristig wirksam werden zu lassen.

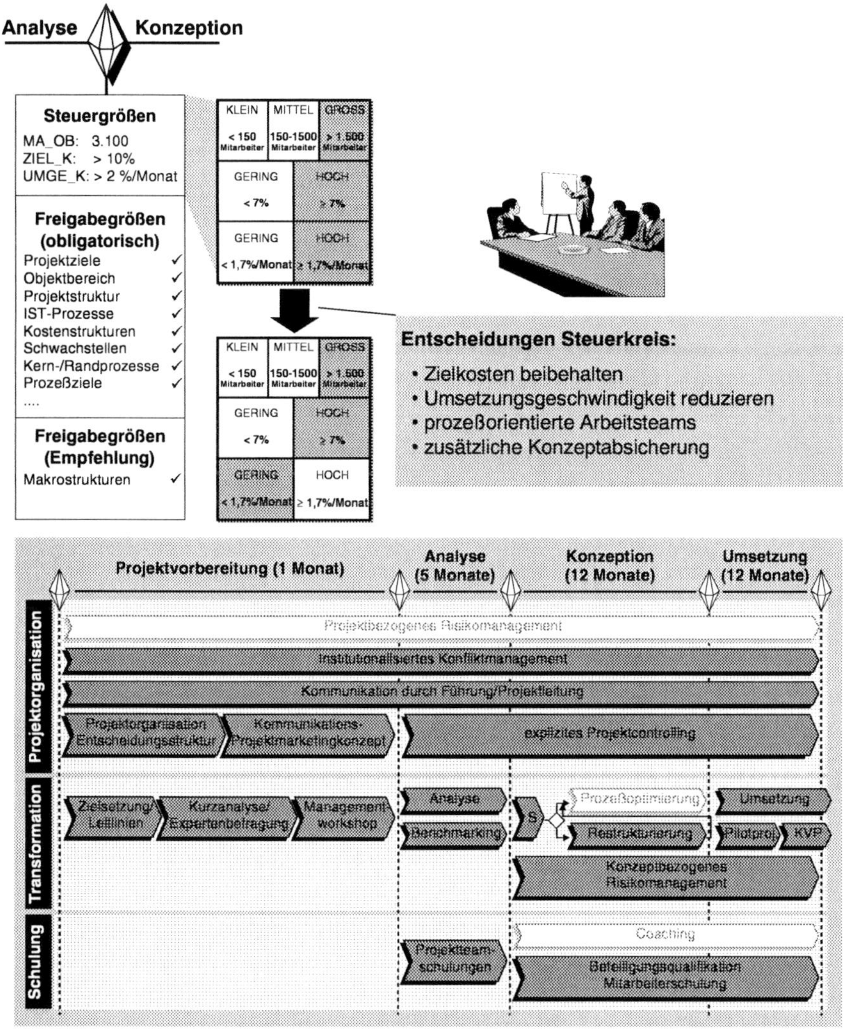

Bild 7.2: Projektgestaltung am Ende der Analysephase

Eine Überprüfung dieser Steuergrößen mit Hilfe des Projektnavigators ergab jedoch, daß die Vorgabe des Kostenzieles in Verbindung mit der Zeitvorgabe zu einer als "hoch" klassifizierten Umsetzungsgeschwindigkeit von mehr als 2% Einsparung/Monat führen würde. Diese Projektplanung wurde im Steuerkreis als im Unternehmen nicht umsetzungsfähig eingeschätzt. Im Steuerkreis wurden daraufhin folgende Entscheidungen zur Projektgestaltung getroffen:

Die bisher formulierten Kostenziele wurden beibehalten. Allerdings wurde die geplante Umsetzungsgeschwindigkeit bei den Kosteneinsparungen zugunsten einer besseren Umsetzbarkeit auf "gering" (ca. 1,5%/Monat) reduziert und der Zeitplan für die Umsetzungsphase angepaßt. Der Methodik entsprechend wurde im weiteren Projektverlauf nach dem Vorgehensmodell "große Umstrukturierung, gedämpft" (GUG) verfahren.

Der Freigabegröße "Makrostruktur" im Meilensteinkonzept des Projektnavigators entsprechend wurde dem Unternehmen beim Wechsel von der Analyse- zur Konzeptphase empfohlen, die Arbeitsteams und deren Besetzung, die für die Analysephase an den bisher an den Unternehmensfunktionen orientiert war, auf eine zukünftige, an den Kernprozessen orientierte Struktur umzustellen. Hierzu wurden 14 Prozeßteams gebildet, in denen die Mitarbeiter - dem Vorgehensmodell GUG entsprechend - durch die Beteiligung an der Prozeßgestaltung auf ihre zukünftigen Aufgaben vorbereitet wurden. Auf diese Weise wurden über 50 Mitarbeiter dauerhaft in die Projektarbeit eingebunden.

Bei der Ausgestaltung des Projektvorgehens legte die Unternehmensführung darüber hinaus besonderen Wert auf die Vorgehensschritte zur Konzeptabsicherung. Zur Durchführung von Schritten des konzeptbezogenen Risikomanagement und der Erprobung von Konzepten in Pilotprojekten wurde dem Projektteam eine Verlängerung der Konzeptionsphase gewährt. Als Pilotbereich wurde die Endmontage des Produktes A ausgewählt.

7.2 Konzeptabsicherung am Beispiel der Endmontage des Produktes A

Der Bereich der Endmontage für das Produkt A umfaßte im Ist-Zustand ca. 600 Mitarbeiter, die in 2 Schichten die Geräte vom Typ A montieren. In einer Top-down-Betrachtung für die einzelnen Bereiche wurde eine Zieleinsparung für die Endmontage des Produktes A von 17% der Gesamtkosten gegenüber dem Ist-Zustand vorgegeben. Als langfristig tolerierbare Abweichung gegenüber diesem Ziel wurde 1% Zielabweichung in den laufenden Kosten, als nicht mehr tolerierbar eine Abweichung von mehr als 2% eingeschätzt. Abweichungen in den Einmalkosten für die Umsetzung wurden als unkritisch erachtet, so lange es keine Budgetüberschreitungen von mehr als 10% gegenüber den Plankosten gibt. Als unannehmbar wurden Zusatzkosten von mehr als 50% der ursprünglichen Plansumme angesehen.

Im Rahmen der Konzeptionsphase wurden durch das Prozeßteam für die Endmontage des Produktes A vier Hauptmaßnahmen identifiziert. Einen wesentlichen Anteil an den geforderten Einsparungen konnte dabei bereits durch den Umzug der Endmontage in eine neue Halle realisiert werden, da dieser Umzug mit einer völligen Neugestaltung der Arbeitsplätze verbunden war. Die neue Halle war erforderlich, um Platz für den Aufbau der Vorfertigung der neuen Produktgeneration zu schaffen. Der Umzug der Endmontage wurde dabei aus Zeitgründen bereits parallel zum Projektverlauf vollzogen.

Aufgrund des engen zeitlichen Terminplans für den Umzug konnte die Eintaktung der Montagearbeitsplätze jedoch noch nicht vollständig optimiert werden. Das Prozeßteam erwartete daher weitere Einsparungsmöglichkeiten durch eine Reduzierung von Eintaktungsverlusten beispielsweise durch die Nachoptimierung der Arbeitsplätze mit Hilfe von EDV-gestützten Planungswerkzeugen zur Arbeitsplatzgestaltung.

Weitere Maßnahmen beziehen sich auf die prozeßorientierte Integration von produktionsnahen indirekten Tätigkeiten in die Endmontage. Dies umfaßt zum einen ein Konzept zur Integration der Montagesteuerung mit der Materialdisposition, die bisher zentral im Einkauf des Unternehmens angesiedelt war. Ein weiteres Maßnahmenpaket sieht vor, für die Arbeitsumfänge der kurzfristigen Störungsbehebung, Wartung und kleineren Reparaturen Mitarbeiter der bisher zentral organisierten Instandhaltung räumlich und organisatorisch in die Endmontage zu integrieren.

Anhand des Projektnavigators wurden diese Maßnahmen im Team typisiert und mit Hilfe der maßnahmentypbezogenen Risikocheckliste auf mögliche Problempunkte hin untersucht (Bild 7.3).

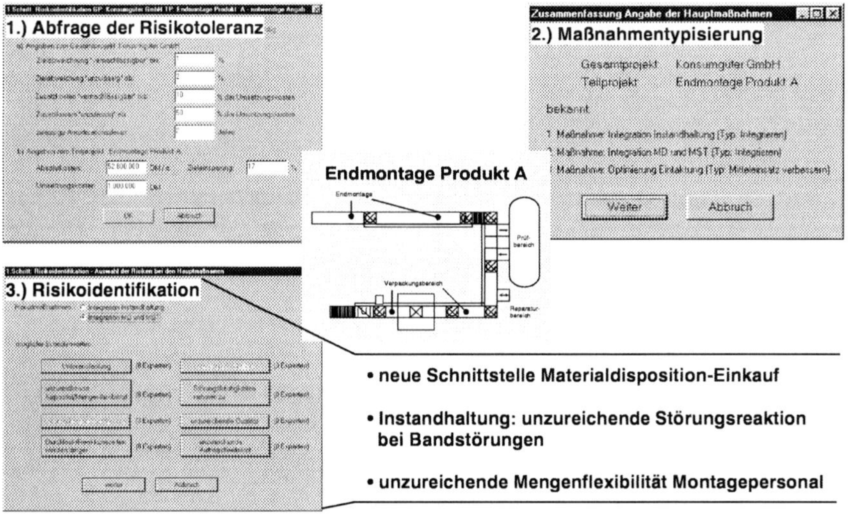

Bild 7.3: Konzeptabsicherung am Beispiel der Endmontage des Produktes A (Risikoidentifikation)

Von dieser Betrachtung wurden mögliche Problempunkte ausgenommen, die sich aus dem projektbegleitenden Umzug in die neue Halle ergaben, weil diese auch ohne Methodenunterstützung erkannt werden konnten. In bezug auf die anderen Maßnahmen wurden folgende, mögliche Problemschwerpunkte identifiziert:

Das Prozeßteam erwartete, daß die Integration der Materialdisposition in die Endmontage zu einer neuen Schnittstelle zwischen den Materialdisponenten und den Einkäufern führt, zumal diese Aufgaben von den Einkäufern für bestimmte Artikelklassen bisher in Personalunion durchgeführt wurden. Diese Schnittstelle ist zwar für die operative Auftragsabwicklung in der Montagesteuerung unkritisch, wurde aber als problematisch in bezug auf die Einlauf- und Auslaufsteuerung von neuen oder konstruktiv veränderten Bauteilen angesehen.

Um aus der Optimierung der Eintaktung eine ausgabewirksame Einsparung ableiten zu können, müssen die Personalplanzahlen für die Montagebänder reduziert werden. Hierbei wurde als mögliche negative Konsequenz eine verminderte, kurzfristige Mengenflexibilität der Endmontage abgeleitet. In bezug auf die Dezentralisierung der Instandhaltung wurden zwei Problempunkte angeführt: Zum einen wurde diskutiert, wie die Qualifikation der dezentralen Instandhalter aufgebaut und erhalten werden kann. Zum anderen wurden mögliche Schwierigkeiten bei der Aufgabenteilung zwischen dezentralen und zentralen Instandhaltung im Falle größerer technischer Störungen gesehen. Beide Problempunkte können nach Einschätzung des Teams in eine verminderte Störungsreaktionsfähigkeit münden.

Die oben genannte Problempunkte wurden im Team bewertet und mit Hilfe des Projektnavigators in Form einer ERC-Darstellung (vgl. Kapitel 5.5.2 und 6.3) aufbereitet. Das Team erwartete, daß langfristig ein Mitarbeiter im Einkauf erforderlich sein würde, um die Einlauf- und Auslaufsteuerung von Teilen zwischen der Konstruktion, der Qualitätssicherung, dem Einkauf und den dezentralen Materialdisponenten zu koordinieren. Diese Einschätzung wurde insbesondere von Vertretern des Einkaufs im Team vorgebracht. Um diesen Mitarbeiter auf seine Aufgaben vorzubereiten, sind – ebenso wie für die Mitarbeiter der bisherigen Montagesteuerung - Schulung (Einmalkosten) erforderlich.

Die monetären Konsequenzen von Stückzahlverlusten durch eine verminderte Mengenflexibilität der Endmontage, die sich durch eine Eintaktungsoptimierung ergeben können, wurden im Team als durchweg hoch eingeschätzt. So wurde kalkuliert, daß ein durchschnittlicher Stückzahlverlust von 0,1% gegenüber der Planmenge unter der Bedingung der Vollauslastung einen Verlust des Werkumsatzes von knapp 700.000 DM/a nach sich ziehen würde. Die Wahrscheinlichkeit einer derartig fehlerhaften Personaleinsatzplanung wurde allerdings aufgrund der guten Möglichkeiten einer EDV-gestützten Kapazitätsplanung als sehr gering eingestuft. Außerdem wurde darauf hingewiesen, daß eine solche Fehlentwicklungen durch den Einsatz von mehr Personal flexibel zu korrigieren sei.

Ganz anders wurden dagegen die möglichen Konsequenzen einer Dezentralisierung der Instandhaltung beurteilt. Die Einschätzungen über die möglichen Folgen einer verminderten Fähigkeit zur Störungsreaktion, sowie die Abschätzung darüber, wie wahrscheinlich eine solcher Schaden ist, wurden durch die beteiligten Experten z.T. kontrovers diskutiert.

Dabei vertraten die Mitarbeiter aus der bisher zentralen Instandhaltung die Auffassung, daß sowohl die Schadenshöhe (ca. 1,5 Mio. DM/a gemessen an den Stückzahlverlusten aufgrund von Bandstillständen) als auch die Eintrittswahrscheinlichkeit durchweg als hoch einzustufen sind. Begründet wurden diese Einschätzungen damit, daß die Qualifikation der zentralen Instandhalter höher sei und diese somit schneller eine Störungsbehebung erzielen können als dezentrale Instandhalter. Darüber hinaus wurde angeführt, daß die dezentralen Instandhalter auch bei größeren Störungen die zentralen Instandhalter erst zur Hilfe rufen würden, nachdem sie selbst versucht hätten, den Schaden zu beheben. Daraus resultieren insgesamt Reaktionszeitverluste. Die Mitarbeiter aus dem Produktionsbereich schätzten Schadenshöhen und Eintrittswahrscheinlichkeiten durchweg niedriger ein. Sie begründeten dies mit den verbesserten Kenntnissen der dezentralen Instandhalter über ihre spezifischen Anlagen und mit den kürzeren administrativen und räumlichen Wegen. Die ERC-Auswertung, die mit Hilfe des Projektnavigators auf Basis der Teamabschätzungen erstellt wurde, ergab insgesamt folgende Risikobewertung (Bild 7.4):

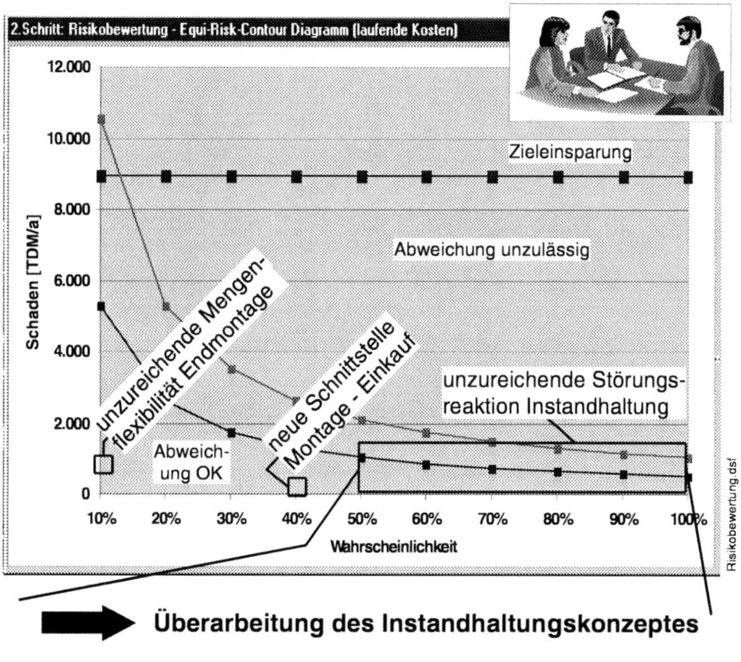

Bild 7.4: Risikobewertung am Beispiel der Endmontage des Produktes A

Die aus den Maßnahmen möglicherweise resultierenden Einmalkosten zur Problembehebung sind in bezug auf die monetären Konsequenzen durchweg als unkritisch einzustufen. Durch die Untersuchung konnte jedoch zusätzlicher Schulungsbedarf identifiziert werden, der in die Aufwand-Nutzen-Bilanz der Maßnahmen einbezogen wurde.

Aus der Bewertung der Maßnahmen in bezug auf die Risiken einer dauerhaften Zielabweichung (laufende Kosten) konnte dagegen das Dezentralisierungskonzept für die Instandhaltung als ein Schwerpunkt für die Risikobewältigung im weiteren Projektverlauf abgeleitet werden. Ausschlaggebend für diese Schwerpunktbildung ist dabei die Tatsache, daß die Zielabweichungen, die sich aus möglichen Schwachstellen des bisherigen Dezentralisierungskonzeptes ergeben können, aufgrund der großen Kostenauswirkungen oberhalb der vorab definierten Eingriffsgrenzen liegen. Darüber hinaus indizierten die großen Unterschiede in den Experteneinschätzungen den Bedarf für eine weitergehende Konzeptabsicherung.

Für den Maßnahmenkomplex "Dezentrale Instandhaltung" wurden daraufhin mit Hilfe des Projektnavigators methodische Ansatzpunkte für eine weitere Konzeptabsicherung identifiziert (Bild 7.5).

Die schadenstypbezogene Methodenliste des Projektnavigators sieht dabei für Schäden des Typs "Störungshäufigkeiten nehmen zu" bzw. "Durchlauf-/Reaktionszeiten werden länger" u.a. Prozeß- bzw. Störfallablaufanalysen vor. Im Team wurde auf Basis dieses Vorschlages entschieden, die Schnittstelle zwischen zentraler und dezentraler Instandhaltung mit Hilfe von Störfallablaufanalysen zu untersuchen. Dabei wurden Datenauswertungen – insbesondere über Durchlaufzeiten und übliche Rückschleifen - aus vergangenen Störfällen im Sinne eines Szenarios auf die neu zu bildenden Prozeßketten übertragen, um so Störfälle in den neuen Strukturen zu simulieren.

Das bisherige Dezentralisierungskonzept für die Instandhaltung sah vor, die dezentralen, produktionsintegrierten Instandhalter räumlich und aufbauorganisatorisch der Produktion zuzuordnen, während die zentrale Instandhaltung im Sinne einer "Eingreiftruppe" für größere Schäden als Instandhaltungspool wie bisher in der Hauptabteilung Werktechnik verbleibt. Der Vorteil dieser Lösung wurde dabei insbesondere darin gesehen, Auslastungsschwankungen des Personals im zentralen Instandhaltungspool mit Aufgaben des Anlagenbaus auszugleichen, der ebenfalls in der Werktechnik angesiedelt ist.

Diese Lösung (Konzept 1) wurde jedoch durch das Prozeßteam aufgrund der Prozeßkettenbetrachtung als kritisch in bezug auf die Störungsreaktionszeiten beurteilt. Problemschwerpunkte sind dabei die Informationsflüsse an der Schnittstelle zwischen Produktion und Werktechnik (viele beteiligte Stellen, Häufigkeit und Durchlaufzeit von Rückfragen) sowie die verzögerte Bereitstellung von Ersatzteilen aus dem zentralen Materiallager der Instandhaltung. Auf Basis dieser Betrachtung wurde das Dezentralisierungskonzept für die Instandhaltung so überarbeitet (Konzept 2), daß auch der zentrale Instandhaltungspool der Produktion unterstellt wird, um die Informationswege im Störfall zu verkürzen. Mit diesem Konzept verbunden ist eine Dezentralisierung der Ersatzteilbewirtschaftung, um die Ersatzteilverfügbarkeit zu erhöhen. Diese Lösung ermöglichte es außerdem, Auslastungsschwankungen des Personals innerhalb der Produktion durch einen Personalabgleich zwischen Produktions- und Instandhaltungsaufgaben herbeizuführen. Um einen vergleichbaren Abgleich für das Personal im Anlagenbau zu realisieren, wurde der Anlagenbau mit dem Werkzeugbau in einem eigenständigen Bereich zusammengefaßt.

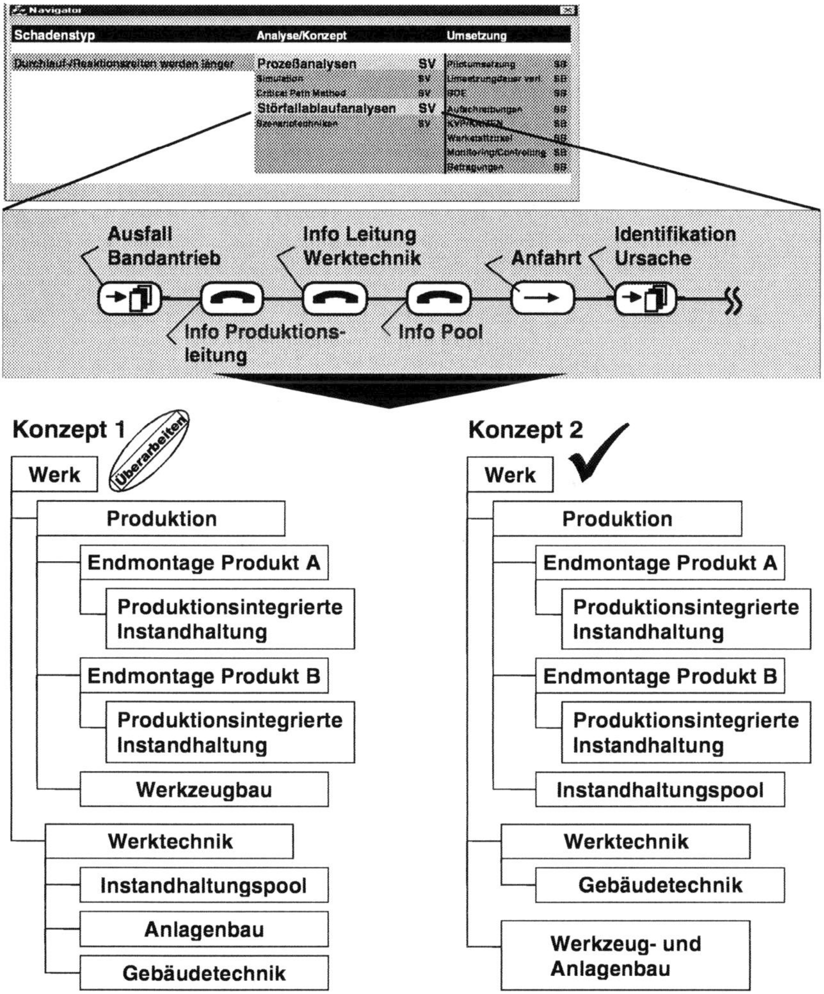

Bild 7.5: Risikobewältigung am Beispiel der Endmontage des Produktes A

Die vorgestellten Konzepte wurden im Rahmen des Umsetzungsphase des Projektes umgesetzt, so daß das Unternehmen die erwarteten Einsparungen in diesem Bereich erschließen konnte. Projektgröße und Einsparungsziele – aber auch die Veränderungskultur im Unternehmen – stellten hohe Anforderungen an die Projekt- und Konzeptabsicherung. Diesen Anforderungen konnte mit Hilfe der erarbeiteten Methodik zur umsetzungsorientierten Gestaltung von Umstrukturierungsprojekten entsprochen werden. Die Methodik und der darauf basierende Projektnavigator unterstützten den Projektgestalter dabei, die richtigen Absicherungsschwerpunkte sowohl bei der Gestaltung des Projektablaufes als auch bei der Ableitung des Produktionskonzeptes zu setzen.

8 Zusammenfassung

Produzierende Unternehmen in Deutschland blicken auf eine Welle von Umstrukturierungs- und Reorganisationsvorhaben zurück. Häufig wird jedoch kein positives Fazit gezogen. Nur knapp ein Fünftel aller Umstrukturierungsprojekte werden als erfolgreich bewertet. Die Projekte scheitern dabei insbesondere in der Umsetzungsphase. Die Ursachen für das Scheitern liegen allerdings nicht in der Umsetzungsphase selbst, sondern in den frühen Phasen der Projekte, d.h. in der Projektvorbereitung, der Analyse- und Konzeptphase. Aus dieser Erkenntnis resultiert eine Vielzahl von Vorschlägen und Konzepten für ein umsetzungsorientiertes Veränderungsmanagement. Gemeinsames Merkmal dieser Ansätze ist die Vorgehensstrategie, die Schritte zur Umgestaltung der Produktion um Elemente der Projekt- und Konzeptabsicherung zu ergänzen.

Die in der vorliegenden Arbeit entwickelte Methodik für eine umsetzungsorientierte Gestaltung von Umstrukturierungsprojekten in der Produktion setzt an dieser Stelle auf. Der Handlungsbedarf für die Arbeit wurde dabei aus zwei Erkenntnissen abgeleitet:

Zum einen sind die Vorgehensmodelle für Umstrukturierungsprojekte, in denen die oben beschriebene Strategie der Integration von Projekt- und Konzeptabsicherung realisiert werden, komplex und für den Projektgestalter schwer handhabbar. Insbesondere fehlt es an Hinweisen zur situativen Eingrenzung der Handlungsoptionen der Projektgestalter in bezug auf die Vorgehensschritte und den damit verbunden Methodeneinsatz. Hieraus ergibt sich der Handlungsbedarf für eine methodisch unterstützte situative Projektgestaltung.

Zum anderen werden in der heutigen Projektpraxis die Möglichkeiten einer umsetzungsförderlichen Konzeptabsicherung nicht umfassend genutzt. Es fehlt insbesondere eine Adaption von Methoden des Risikomanagement an die Randbedingungen in Umstrukturierungsprojekten in der Produktion. Besondere Defizite sind im Bereich der Unterstützung der Risikoidentifikation und bei der Auswahl von situativ adäquaten Methoden zur Risikobewältigung festzustellen.

Vor diesem Hintergrund wurde in der vorliegenden Arbeit die wissenschaftliche Grundidee einer Übertragung von situativen Ansätzen aus der Organisationsforschung auf die Gestaltung von Umstrukturierungsprojekten verfolgt. Ein wichtiges methodisches Element situativer Ansätze ist es, Gestaltungsempfehlungen aus empirischen Analysen abzuleiten. Basis für die hier entwickelte Methodik zur Projektgestaltung bildet die Analyse von 24 erfolgreichen Umstrukturierungsprojekten in produzierenden Unternehmen. Um eine einheitliche Grundlage für die Untersuchung und die daraus abgeleiteten Empfehlungen für eine Projektgestaltung zu erhalten, wurde im Rahmen der Arbeit zunächst ein projektneutrales Vorgehensmodell entworfen. Basierend auf dem MOTION-Rahmenmodell wurden dabei die Schritte zur Systemgestaltung, zur Projektabsicherung und Konzeptabsicherung konkretisiert und in das Vorgehensmodell integriert.

Mit Hilfe der Projektauswertung konnte gezeigt werden, daß die Vielzahl möglicher Einflußgrößen auf einige wesentliche Steuergrößen für das Gesamtvorgehen in Umstrukturierungsprojekten eingegrenzt werden kann: Die Variablen "Größe des Objektbereiches" und "Radikalität der Kostenziele" beeinflussen dabei signifikant das in den Projekten gewählte Maß an Projekt- und Konzeptabsicherung. Die Kombination der Variablen "Radikalität der Kostenziele" und "Umsetzungsgeschwindigkeit bei den Kosteneinsparungen" bestimmt darüber hinaus den gewählten Ansatz zur Systemgestaltung (Restrukturierung oder Prozeßoptimierung).

Die möglichen Kombinationen der so identifizierten Steuergrößen wurden in ein Beschreibungsmodell für Projektsituationen integriert. Mit Hilfe von Cluster- und Diskriminanzanalysen konnten dabei charakteristische Grenzwerte dieser Steuergrößen für eine Zuordnung von Projekten zu Projekttypen identifiziert werden. Auf diese Weise wurden 6 Projekttypen und die zugehörigen – auf dem projektneutralen Vorgehensmodell basierenden - situativ instanziierten Vorgehensmodelle abgeleitet, die für eine situative Projektgestaltung genutzt werden können.

Ergänzend zur Untersuchung über die Gesamtvorgehensmodelle in Umstrukturierungsprojekten wurden die Projekte in bezug auf die Praxis der Konzeptabsicherung mit Hilfe von Methoden des Risikomanagement untersucht, um Hinweise auf Schwerpunkte für eine Methodenadaption zu erhalten. Dabei wurden folgende Erkenntnisse gewonnen: Beim Einsatz von Methoden des Risikomanagement in Umstrukturierungsprojekten stehen die technisch-wirtschaftlichen Risiken eines neuen Produktionskonzeptes im Vordergrund. Der Methodeneinsatz sollte dabei auf Konzeptrisiken für den späteren Betrieb eines neuen Produktionskonzeptes fokussieren, nicht jedoch auf Verlaufsrisiken, die sich während der Umsetzung ergeben können. Wichtige Einflußgrößen einer Entscheidung über den Methodeneinsatz sind: die "Größe der Objektbereiches", die "Radikalität der Kostenziele", der "potentielle Schaden" und die "Beeinflussung der Produktqualität" durch das erarbeitete Produktionskonzept. Die Bedeutung des Merkmals "potentieller Schaden" und ergänzende Kommentare der befragten Experten indizierten dabei einen Bedarf zur Operationalisierung der Konzeptabsicherung in Umstrukturierungsprojekten.

Zur Unterstützung der Risikoidentifikation wurde zunächst eine an die Erfordernisse von Umstrukturierungsprojekten angepaßte, projektneutrale Risikocheckliste entwickelt. Diese ermöglicht es dem Projektgestalter, abhängig von dem jeweiligen Projekttyp und dem Typ der Umstrukturierungsmaßnahmen vorinstanziierte Schadenstypen zu identifizieren, die als strukturierte "Ideengeber" für eine Schadensdiskussion im Rahmen des Projektteams genutzt werden können.

Zur teamorientierten Bewertung der so identifizierten Risiken wird in Rahmen der Methodik die Methode der "Linien gleichwertigen Risikos" (Equi-Risk-Contour-Methode, ERC) angewendet. Analog dem Konzept der situativen Eingrenzung von Handlungsoptionen für das Gesamtvorgehen in Umstrukturierungsprojekten wird mit Hilfe der Methodik eine Unterstützung des Projektgestalters bei der Auswahl von Bewältigungsstrategien – im Sinne einer Methodenauswahl - ermöglicht. Um eine projektneutrale Strukturierung der Methodensammlung zu gewährleisten, wurden die Methoden hierzu nicht spezifischen Maßnahmen-Schadenskombinationen, sondern den definierten Schadenstypen zugeordnet.

Zur Anwendungsunterstützung des Projektgestalters wurde auf Basis der erarbeiteten Methodik der Prototyp eines EDV-gestützten Projektnavigators PRONAV realisiert. Mit Hilfe des Projektnavigator kann der Projektgestalter bei der Wahl des situativ adäquaten Maßes an Projekt- und Konzeptabsicherung sowie bei der Durchführung der Konzeptabsicherung mit Hilfe von Methoden des Risikomanagement unterstützt werden. PRONAV ermöglicht eine dialogbasierte, teilautomatisierte Planung für Projektdauer und Phasenaufteilung, eine Plausibilitätsprüfung für die geplante Umsetzungsgeschwindigkeit, eine Projekttypisierung und eine situative Planung des Projektvorgehens an den Projektmeilensteinen. Das Modul Risikomanagement des Projektnavigators unterstützt den Projektgestalter darüber hinaus bei der Maßnahmenklassifizierung und der darauf aufbauenden Risikoidentifikation mit Hilfe der im System abgelegten projektneutralen Checkliste. Abhängig von der Risikobewertung, die mit Hilfe einer graphischen Aufbereitung unterstützt wird, unterbreitet der Navigator einen Vorschlag für den Einsatz von Methoden zur Risikobewältigung. Im Sinne einer situativen Projektgestaltung hängt dieser Vorschlag von dem jeweiligen Schadenstyp und der Projektphase ab.

Die erarbeitete Methodik und der Projektnavigator PRONAV wurden in einem Fallbeispiel eines Umstrukturierungsprojektes bei einem Konsumgüterhersteller angewendet. Am Meilenstein "Ende der Analysephase" konnte dabei mit Hilfe des Navigators die Handlungsoption einer reduzierten Umsetzungsgeschwindigkeit unter Beibehaltung der Projektziele sowie der Bedarf für eine zusätzliche Konzeptabsicherung aufgezeigt werden. Bei der Anwendung des Moduls "Risikomanagement" im Teilprojekt "Endmontage" wurde vom Projektteam das Maßnahmenpaket "Dezentralisierung der Instandhaltung" als überprüfungsbedürftig eingestuft. Mit Hilfe der durch den Projektnavigator vorgeschlagenen Störfallablaufanalyse konnte das bisherige Dezentralisierungskonzept störungsrobuster ausgelegt und umgesetzt werden.

Wandlungsfähigkeit wird in Zukunft - noch mehr als heute – einer der erfolgsbestimmenden Eigenschaften produzierender Unternehmen in einem turbulenten Umfeld sein. Die entwickelte Methodik zur umsetzungsorientierten Gestaltung von Umstruktuierungsprojekten leistet einen Beitrag, die hierzu erforderlichen Umstrukturierungen abgesichert umzusetzen.

9 Literatur

[AGG81] Aggteleky, B.: Fabrikplanung : Werksentwicklung und Betriebsrationalisierung. Neuausgabe in 3 Bänden, Hanser-Verlag, München 1981

[AHN97] Ahn, H.: Entscheidungsunterstützung bei der Umsetzung des Simultaneous Engineering, Dissertation RWTH Aachen, Deutscher Universitäts-Verlag, Wiesbaden 1997

[ALE96] Alexander, C.: The Handbook of Risk Management and Analysis. John Wiley, Chichester England, 1996

[BAC96] Backhaus, K. et.al.: Multivariate Analysemethoden – Eine anwendungsorientierte Einführung. 8. Auflage, Springer Verlag, Berlin 1996

[BAL90] Balck, H.: Neuorientierung im Projektmanagement. Köln 1990

[BAY95] Bayer, H.: Coaching-Kompetenz: Persönlichkeit und Führungspsychologie. Ernst Reinhardt Verlag, München 1995

[BIT91] Bitzer, A.: Beteiligungsqualifizierung zur Gestaltung von technischen und organisatorischen Innovationen. VDI-Verlag, Düsseldorf 1991

[BIZ90] Bitzer, B.: Innovationshemmnisse in Unternehmen. Deutscher Universitäts-Verlag, Wiesbaden 1990

[BOC96] Bochtler, W.: Modellbasierte Methodik für eine integrierte Konstruktion und Arbeitsplanung. Dissertation RWTH Aachen, Shaker-Verlag, Aachen 1996

[BRA84] Braun, H.: Risikomanagement – Eine spezifische Controllingaufgabe. Stmv-Verlag, Darmstadt 1984

[BRO95] Brosius, G.; Brosius, F.: SPSS – Base System und Professional Statistics. 1. Auflage, International Thomson Publishing, Bonn/Albany 1995

[BRÜ81] Brüwiller, B.: Risk Management – Eine Aufgabe der Unternehmensführung. Haupt Verlag, Bern/Stuttgart 1981

[BUL96a] Bullinger, H.-J., Warnecke, H.-J.: Neue Organisationsformen im Unternehmen – ein Handbuch für das moderne Management, Springer Verlag, Berlin 1996

[BUR97] Burghardt, M. (Hrsg. Siemens AG): Leitfaden für die Planung, Überwachung und Steuerung von Entwicklungsprojekten. 4. Auflage, Publicis-MCD-Verlag, Erlangen 1997

[CAR95] Carr, D.K.; Johansson, H.J.: Best Practices in Reengineering. McGraw-Hill, New York 1995

[CHA93] Charnes, A.; Cooper, W.; Lewin, A.Y.; Seiford, L.M.: Data Envelopment Analysis – Theory, Methodology and Applications. Kluwer Academic Publisher, Boston 1993

[CHA98] Chapman, R.J.: The effectiveness of working group risk identification and assessment techniques. International Journal of Project Management, Volume 16, No. 6, 1998, S. 333 – 343

[CHI72] Child, J.: Organizational Structure, Environment and Performance: The Role of Strategic Choice. In: Sociology, Vol. 6, 1972, S. 1-22

[DAE92] Daenzer, W.F.; Huber, F. (Hrsg.): Systems Engineering – Methodik und Praxis. 8. Auflage, Verlag Industrielle Organisation, Zürich 1992

[DAN96] Dangelmaier, W. (Hrsg.): Vision Logistik – Logistik wandelbarer Produktionsnetze zur Auflösung ökonomisch-ökologischer Zielkonflikte. Forschungszentrum Karlsruhe, Wissenschaftliche Berichte, FZKA-PFT 181, Karlsruhe 1996

[DAV93] Davidow, W.H., Malone, S.M.: Das Virtuelle Unternehmen – Der Kunde als Co-Produzent, Campus-Verlag, Frankfurt/Main 1993

[DAW98] Dawson, R.J.; Dawson, C.W.: Practical Proposal für managing uncertainty and risk in project planning. International Journal of Project Management, Volume 16, No. 5, 1998, S. 299 – 310

[DEM96] Demmer, C. et. al.: Erfolgreiche Reegineering-Praxis in Deutschland. Metropolitan Verlag, Düsseldorf 1996

[DOP97] Doppler, K.; Lauterburg, C.: Change-Management: den Unternehmenswandel gestalten. 6. Auflage, Campus-Verlag, Frankfurt/Main 1997

[DTV76] N.N.: dtv-Lexikon, Band 12, dtv-Verlag, München 1976

[DYC97] Dyckhoff, H.; Ahn, H.: Organisatorische Effektivität und Effizienz. In: Wirtschaftswissenschaftliches Studium 26, (1997), S. 2 - 6

[DYL97] Dyllus, M.: Modell zur Beschreibung von Projektsituationen in Umstrukturierungsvorhaben. Unveröffentlichte Diplomarbeit, WZL der RWTH Aachen, 1997

[ELE98] Ellegast, K.: Neugestaltung der Unternehmensstrukturen bei der Phoenix AG. In: Wettbewerbsfaktor Unternehmensorganisation. Tagungsband zum 6. Stuttgarter Innovationsforum (VDI/ADB und IPA), 14./15. Oktober 1998

[ELL98] Eller, R.; Deutsch, H.-P.: Derivate und Interne Modelle – Modernes Risikomanagement. Schäffer-Poeschel Verlag, Stuttgart 1998

[ENG90] Engel, A.: Beyond CIM: Bionic Manufacturing Systems in Japan. In: IEEE Expert (1990) August, S. 78-81

[EV95a] Eversheim, W.: Prozeßorientierte Unternehmensorganisation: Konzepte und Methoden zur Gestaltung "schlanker" Organisationen. Springer Verlag, Berlin 1995

[EV96a] Autorenkollektiv: Veränderungen erfolgreich umsetzen – ein Kernprozeß zur Zukunftssicherung! In: Eversheim, W./ AWK (Hrsg.): Wettbewerbsfaktor Produktionstechnik – Aachener Perspektiven, VDI-Verlag, Düsseldorf 1996

[EV96b] Eversheim, W.: Ausprägungen der Produktionsplanung und –steuerung. In: Eversheim, W.; Schuh, G. (Hrsg.): Betriebshütte – Produktion und Management. 7., völlig neu bearbeitete Auflage, Kapitel 14.3, Springer Verlag, Berlin 1996

[EV96c] Eversheim, W.; Schuh, G. (Hrsg.): Betriebshütte – Produktion und Management. 7., völlig neu bearbeitete Auflage, Springer Verlag, Berlin 1996

[EV97a] Eversheim, W.; Munz, M.; Kubin, G.; Pelzer, W.; Schweitzer, G.: Ganzheitliche Unternehmensreorganisation. Ein Weg erfolgreicher Standortsicherung. VDI-Z, 7-8/97, S. 18-25

[EV97b] Eversheim, W., Krah, O.: MOTION – ein europäischer Veränderungsansatz. In: VDI-Z, 139 (1997), Nr. 5, S. 8-10

[EV97c] Everheim, W.: Prozeßoptimierung. In: MOTION: Erfolgreich verändern! Von der Strategie zur Umsetzung. Unterlagen zum Management Seminar Aachen 1997

[EV98a] Eversheim, W., Krah, O.: MOTION – Model for Transforming, Identifiying and Optimizing Core Processes. In: "Production Engineering – Research and Development in Germany", WGP- Wissenschaftliche Gesellschaft für Produktionstechnik, Volume V, Issue I, 1998, S. 77-82

[FOP98] Fopp, L.: Vier Vorgehensalternativen zum erfolgreichen Business Change. IO-Management Nr. 10, 1998, S. 42-46

[FR93] Franke, A.: Risikobewußtes Projekt-Controlling, Verlag TÜV Rheinland, Köln 1993

[FRFÜ90] Franke, A.; Fürnohr, M.: Risikomanagement von Projekten. Verlag TÜV Rheinland, Köln 1990

[GAU98] Gausemeier, J.; Fink, A.; Schlake, O.: Grenzen überwinden – Zukünfte gestalten: 2. Paderborner Konferenz für Szenario-Management. 1. Auflage, HNI-Verlagsschriftreihe, Paderborn 1998

[GIE98] Gießler, T.: Typische Entscheidungssituationen bei der Gestaltung integrierter Produktentstehungsvorhaben – Ergebnisse einer explorativen Untersuchung. In: Dyckhoff, H.; Ahn, H. (Hrsg.): Produktentstehung, Controlling und Umweltschutz, S. 143 – 166, Physica-Verlag, Heidelberg 1998

[GLE97] Gleich, R.: Performance Measurement. In: DBW 57 (1997) Nr. 1, S. 114-117

[GOL96] Goldman, St. L.; Nagel, R. N.; Preiss, K.; Warnecke, G.: Agil im Wettbewerb – Die Strategie der virtuellen Organisation zum Nutzen des Kunden; Springer Verlag, Berlin 1996

[GRO82] Grochla, E.: Grundlagen der organisatorischen Gestaltung. Poeschel-Verlag, Stuttgart 1982

[HAM98] Hammer, M.; Champy, J.: Business Reengineering: die Radikalkur für das Unternehmen. Ungekürzte Taschenbuchausgabe, Heyne-Verlag München 1998

[HÄN96] Hänggi, R.: Risikomanagement und Simultaneous Engineering. Dissertation Hochschule St. Gallen, Druckerei Zehnder, Wil (Schweiz) 1996

[HEE92] Heeg, F.-J.: Projektmanagement – Grundlagen der Planung und Steuerung von betrieblichen Problemlöseprozessen. REFA-Fachbuchreihe Betriebsorganisation, Hanser-Verlag, München 1992

[HEI93] Heinbokel, J.; Schleidt, R.: Change Management. vde-verlag, Berlin/ Offenbach 1993

[HER96] Herrmann, D.C.: Strategisches Risikomanagement kleiner und mittlerer Unternehmen. Dissertation Universität Leipzig, Verlag Köster, Berlin 1996

[HES95] Hess, T.; Brecht, L.: State of the Art des Business Process Redesign. Gabler-Verlag, Wiesbaden 1995

[HIR95] Hirzel, M.: Risikomanagement gegen Projektkrisen. IO-Management Nr. 11, 1995, S. 79-81

[HÖP94] Höpf, M.: Holonic Manufacturing Systems: The basic concept and a report of the IMD Test Case 5. In: Sharing CIM Solutions: Proceeding of the Tenth CIM-Europe Annual Conference, 05.-07.10. 94 in Kopenhagen. Knudsen, J. K. H.; MacConaill, P. A.; Bastos, J. (Hrsg.) Amsterdam, Oxford, Washington: IOS Press, 1994, S. 84-93

[ILOI97] N.N: Studie des Instituts für Lernende Organisationen und Innovation, München. In: Die Windmacher. Capital 9/97, S. 62-71

[IMA97] Imai, M: Gemba Kaizen : permanente Qualitätsverbesserung, Zeitersparnis und Kostensenkung am Arbeitsplatz. Langen Müller Wirtschaftsverlag, München 1997

[INT98] Hauk, B. (Hrsg.): Wie Unternehmen erfolgreich reorganisieren. Studie des Instituts für Medienentwicklung und Kommunikation in Zusammenarbeit mit der intra-Unternehmensberatung, Verlagsgruppe Frankfurter Allgemeine Zeitung GmbH, Frankfurt/Main 1998

[ISO 10303 – 11] ISO 10303 – 11: Industrielle Automatisierungssysteme und Integration – Produktdatendarstellung und –austausch. Teil 11: Beschreibungsmethoden: Handbuch der Modellierungssprache EXPRESS, 1994

[KAP97] Kaplan, R.S.; Norton, D.P.: Balanced Scorecard – Strategien erfolgreich umsetzen. Schäffer-Poeschel-Verlag, Stuttgart 1997

[KES97] Keßler, H.; Winkelhofer, G.A.: Projektmanagement – Leitfaden zur Steuerung und Führung von Projekten. Springer-Verlag, Berlin 1997

[KIE92] Kieser, A.; Kubicek, H.: Organisation. 3. Auflage, de Gruyter-Lehrbuch, 1992

[KIR79] Kirsch, W.; Esser, W.-M.; Gabele, E.: Das Management des geplanten Wandels von Organisationen. Poeschel-Verlag, Stuttgart 1979

[KLB71] Klaus, G.; Buhr, M.: Philosophisches Wörterbuch (8. Auflage), Berlin 1971

[KLE98] Klein, J.H., Cork, R.B.: An approach to technical risk assessment. International Journal of Project Management, Volume 16, No. 6, 1998, S. 345 – 351

[KRA97] Kratzheller, J.B.: Risiko und Risk Management aus organisationswissenschaftlicher Perspektive. Dissertation, Universität Freiburg 1996, Deutscher Universitäts-Verlag, Wiesbaden 1997

[KRE93] Krewer, A.: Betriebliche Partizipation im Spannungsfeld von Selbstverwirklichung und Selbstausbeutung. 1. Auflage, Verlag der Augustinus Buchhandlung, Aachen 1993

[KUH98] Kunerth, W.: Instrumente einer Erfolgsorganisation. In: Wettbewerbsfaktor Unternehmensorganisation. Tagungsband zum 6. Stuttgarter Innovationsforum (VDI/ADB und IPA), 14./15. Oktober 1998

[KÜH98a] Kühl, St.; Kullmann, G.: Der Krieg zwischen dezentralen Einheiten im Unternehmen. IO-Management Nr. 6, 1998, S. 42-47

[KÜH98b] Kühl, St.: Wenn die Affen den Zoo regieren – die Tücken der flachen Hierarchien. Campus Verlag, Frankfurt/Main 1998

[KVP95] Steinbeck, H. (Hrsg.): CIP – Kaizen – KVP: Die kontinuierliche Verbesserung von Produkt und Prozeß. Verlag moderne industrie, 2. Aufl., 1995

[KVP98a] Howaldt, J.; Kopp, R.: Kontinuierlicher Verbesserungsprozeß - KVP als Motor lernender Organisation. (Hrsg. V. Winther, M.), Wirtschaftsverlag Bachem, 1998

[KVP98b] Wahren, H.K.: Erfolgsfaktor KVP – Mitarbeiter in Prozesse kontinuierlicher Verbesserung integrieren. Verlag Beck, C. H., 1998

[LALO67] Lawrence, P.R.; Lorsch, J.W.: Organization and Environment. Cambridge Mass. 1967, Homewood Ill. 1969

[LEC97] Lechler, T.: Erfolgsfaktoren des Projektmanagement. Dissertation Universität Karlsruhe, Lang-Verlag, Frankfurt/Main 1997

[LEI95] Leibundgut, E.: Disaster Planning: Ausweichlösungen vorbereiten. IO-Management Nr. 11, 1995, S. 82-87

[LFB95] Laufenberg, L.: Methodik zur integrierten Projektgestaltung für die situative Umsetzung des Simultaneous Engineering. Dissertation RWTH Aachen, Shaker-Verlag, Aachen 1995

[MAD94] Madauss, B.J.: Handbuch Projektmanagement. 5. Auflage, Schäffer-Poeschel-Verlag, Stuttgart 1994

[MAI93] Maier, D.: Einführungsstrategien für die Fertigungssegmentierung: eine empirische Untersuchung. Dissertation TU München, Frankfurt/Main 1993

[MAS93] Mastenbroek, W.F.G.: Conflict Management and Organizational Development. Expanded Edition, John Wiley & Sons, Chichester (England) 1993

[MAT95] Mathews, J.: Organizational foundations of intelligent manufacturing systems – the holonic viewpoint. In: Computer Integrated Manufacturing Systems 8 (4) (1995) pp. 237-243

[ME95] Arbeitgeberverband Gesamtmetall (Hrsg.): Den Wandel gemeinsam gestalten – die Wettbewerbsfähigkeit sichern. Druckerei Hachenburg, Hachenburg/Köln 1995

[MER95] Mertens, P.; Faisst, W.: Virtuelle Unternehmen - eine Strukturvariante für das nächste Jahrtausend. In: Wirtschaft, Gesellschaft und Staat im Umbruch / K. A. Schachtschneider (Hrsg.), Berlin: Duncker und Humbold, 1995, S. 150-166

[MET97] Metz, A.: Entscheidungshilfe für die Auswahl von Pilotbereichen zur Einführung von Gruppenarbeit in der Produktion. Dissertation RWTH Aachen, Verlag der Augustinus-Buchhandlung, Aachen 1997

[MIL98a] Millberg, J.: Agilität – die neue Herausforderung. In: Automobil-Produktion, Juni 1998, Seite 40ff

[MLJ90] Müller, J.: Arbeitsmethoden der Technikwissenschaften: Systematik, Heuristik, Kreativität. Springer Verlag, Berlin 1990

[MOR96] Morgan, J.P.: RiskMetrics – Technical Document. Morgan Guaranty Trust Company, New York 1996

[MÜL97] Müller-Stewens, G. (Hrsg.): Virtualisierung von Organisationen. Schäffer-Poeschel-Verlag, Stuttgart 1997

[NEU89] Neubürger, K.H.: Chancen- und Risikobeurteilung im strategischen Management: die informatorische Lücke. Poeschel Verlag, Stuttgart 1989

[NOA94] Noaker, P. M.: The Search for Agile Manufacturing. In: Manufacturing Engineering (1994) Nr. 11, S. 40-43

[PAP93] Pape, J.: Die Effizienz risikopolitischer Entscheidungen am Beispiel eines Unternehmensplanspiels, Dissertation Universität Göttingen, 1993

[PER96] Perlitz, M. u.a. (Hrsg): Reengineering zwischen Anspruch und Wirklichkeit – ein Managementansatz auf dem Prüfstand. Gabler-Verlag, Wiesbaden 1996

[PF93] Pfeifer, T.: Qualitätsmanagement – Strategien, Methoden, Techniken. Hanser-Verlag, München 1993

[PIC95] Picot, A.; Böhme, M.: Zum Stand der prozeßorientierten Unternehmensgestaltung in Deutschland. In: Nippa, M.; Picot, A.: Prozeßmanagement und Reengineering – Die Praxis im deutschsprachigen Raum. Campus-Verlag, Frankfurt/Main 1995

[PIC98] Picot, A.; Reichwald, R.; Wigand, R.: Die grenzenlose Unternehmung. 3. Auflage, Gabler Verlag, Wiesbaden 1998

[PRE97] Preiss, K.: Welcome to Agility. In: Agility & Global Comepetition, Vol. 1, No. 1 (1997), John Wiley & Sons, New York 1997, S. 1-2

[PUG76] Pugh, D.S.; Hickson, D.J.: Organizational Structure in its Context – The Aston Progamme I, Saxon House, Westmead England, 1976

[REI97] Reichwald, R.; Weichselbaumer, J.: Erfolgs-Controlling von Reorganisationen. Controlling 05/06, 1997, S. 156 – 169

[REM96] Remenyi, D.; Healfield, A.: Business process re-engineering: some aspects of how to evaluate and manage risk exposure. International Journal of Project Management, Volume 14, No. 6, 1996, S. 349 – 357

[RIN94] Rinza, P.: Projektmanagement – Planung, Überwachung und Steuerung von technischen und nichttechnischen Vorhaben. 3. Auflage, VDI-Verlag, Düsseldorf 1994

[RUH97] Ruhnau, J.: Entscheidungshilfe zur Auswahl von Vorgehensweisen für die Einführung von Gruppenarbeit in Abhängigkeit von der Unternehmenssituation. Dissertation RWTH Aachen, Verlag der Augustinus-Buchhandlung, Aachen 1997

[SAY95] Saynisch, M.: Business Reengineering – Radikale Veränderungsprozesse mit Projektmanagement 2. Ordnung. In: Lange, D. (Hrsg.): Management von Projekten. Schäffer-Poeschel Verlag, Stuttgart 1995

[SCA97] Schalcher, H.-R.: Business Process Reengineering oder Total Quality Management? IO-Management Nr. 11, 1997, S. 18-23

[SCH98] Scherer. E.: Von der endlosen Fahrt auf dem Reorganisationskarusell. IO-Management Nr. 7/8, 1998, S. 31-35

[SE95] Seiler, H.: Rechtsfragen technischer Risiken – Aufsätze zum Thema Risikorecht. vdf-Hochschulverlag ETH Zürich, 1995

[SEI94] Seidel, D.; u. a.: IMS – Holonic Manufacturing Systems: System Components of Autonomous Modules and their Distributed Control, 11.03.94 in Hannover: IFW Universität Hannover, 1994

[SEL93] Sell, R.; Fuchs-Frohnhofen, P.: Gestaltung von Arbeit und Technik durch Beteiligungsqualifizierung: Ein erprobtes Modell für die betriebliche Praxis und wissenschaftliche Weiterbildung. Westdeutscher Verlag, Opladen 1993

[SER94] Servatius, H.G.: Reengineering-Programme umsetzen – von erstarrten Strukturen zu fließenden Prozessen. Schäffer-Poeschel Verlag, Stuttgart 1994

[SHU98a] Schuh, G.; Benett, St.; Müller, M.; Tockenbürger, L.: Europäisches Change Management – von der Strategie bis zur Umsetzung prozeßorientierter Organisationen. IO-Management Nr. 3, 1998, S. 22-29

[SHU98b] Schuh, G.; Müller, M.; Tockenbürger, L.: Controlling von Change-Management-Projekten. IO-Management Nr. 7/8, 1998, S. 26-30

[SHU98c] Schuh, G.: MOTION Change Management: Von der Strategie zur Umsetzung. Shaker-Verlag, Aachen 1998

[SHU-WIE97] Schuh, G., Wiendahl, H.-P. (Hrsg.): Komplexität und Agilität. Springer Verlag, Berlin 1997

[SIA96] Sia, S.K.; Neo, B.S.: The impacts of business re-engineering on organizational controls. International Journal of Project Management, Volume 14, No. 6, 1996, S. 341 – 348

[SIH98] Sihn, W.: Wettbewerbsvorteile sichern: Methoden und Werkzeuge im Innovationsprozeß. In: Wettbewerbsfaktor Unternehmensorganisation. Tagungsband zum 6. Stuttgarter Innovationsforum (VDI/ADB und IPA), 14./15. Oktober 1998

[SMO95] Scott-Morgan, P.: Die heimlichen Spielregeln: die Macht der ungeschriebenen Gesetze im Unternehmen. 3. Auflage, Campus-Verlag, Frankfurt/Main 1995

[SNE93] Schnell, R.; Hill, P.; Esser, E.: Methoden der empirischen Sozialforschung. Oldenburg Verlag, Oldenburg 1993

[SNO97] Schnorrenberg, U.; Goebels, G.: Risikomanagement in Projekten – Methoden und ihre praktische Anwendung. Vieweg Verlag, Braunschweig 1997

[SÖG78] Schreyögg, G.: Umwelt, Technologie und Organisationsstruktur: Eine Analyse des kontingenztheoretischen Ansatzes. Bern/Stuttgart 1978

[SPE92] Spendolini, M.J.: The Benchmarking Book. AMACOM, New York 1992

[SRE98] Schreiber, A.: CBT-Anwendungen professionell entwickeln. Springer Verlag, Berlin 1998

[ST94] Staehle, W. H.: Management: eine verhaltenswissenschaftliche Perspektive. 7. Auflage, Vahlen-Verlag, München 1994

[STA73] Stachowiak, H.: Allgemeine Modelltheorie. Springer-Verlag, Wien 1973

[STE95] Stewart, W.S.; Fortune, J.: Application of system thinking to the identification, avoidance and prevention of risk. International Journal of Project Management, Volume 13, No. 5, 1995, S. 279 – 286

[STÜ96] Stürzl, W.: Business Reengineering in der Praxis. Junfermann Verlag, Paderborn 1996

[SWA90] Schwarz, G.: Konfliktmanagement: 6 Grundmodelle der Konfliktlösung, Gabler Verlag, Wiesbaden 1990

[TAN97] Tanaya, P.I.; Detand, J.; Kruth. J.: Holonic machine controller: A study and implementation of holonic behaviour to current NC controller. In: Computers in Industry 33 (2-3) (1997) pp. 323-333.

[TAV98] Tavares, L.V. et .al.: On the optimal management of project risk. European Journal of Operational Research 107 (1998), S. 451 – 469

[TIM95] N.N:: Graphik Time/System; Industrieanzeiger Nr. 42, 1995, S.7

[TÖD98] Tödtmann, C.: Wer nicht handelt...haftet. Wirtschaftswoche Nr. 35 / 20.08.1998, S. 98-100

[TÖN94] Tönshoff, H. K.; Winkler, M.: Holonische Fertigungssysteme arbeiten autonom. In: VDI-Nachrichten vom 04.11.94, S. 24-25

[TRI95] Triebel, Ch.: Die organisatorische Gestaltung vertikaler Kooperationen für F&E-Projekte: ein situativer Ansatz zur Realisierung von Wettbewerbsvorteilen. Dissertation Universität Bochum, Universitätsverlag Brockmeyer, Bochum 1995

[VAH97] Vahs, D.: Unternehmenswandel und Widerstand – Nur der richtiger Umgang mit Veränderungswiderständen führt zum Erfolg. IO-Management Nr. 12, 1997, S. 18-24

[VDIN98a] N.N.: Fusionswelle erfaßt Autohersteller und Zulieferer. In: VDI-Nachrichten, Nr. 26, 26.06.1998, S. 8

[VDIN98b] Sobull, D.: Dem täglichen Kleinkrieg ein Ende setzen. In: VDI-Nachrichten, Nr. 27, 03.07.1998, S. 21

[VSE93] v. Seidel, C. (Hrsg.): Computer Based Training: Erfahrungen mit interaktivem Computerlernen. Hogrefe & Huber, Göttingen 1993

[WAR93] Warnecke, H.-J.: Revolution der Unternehmenskultur: Das Fraktale Unternehmen. 2. Auflage, Springer Verlag, Berlin 1993

[WAR95a] Warnecke, H.-J. (Hrsg.): Aufbruch zum fraktalen Unternehmen : Praxisbeispiele für neues Denken und Handeln. Springer-Verlag, Berlin 1995

[WER98] Wernli, F. C.; Fallegger, H.-P.: Strategische Nutzung des Risikomanagement. IO-Management Nr. 7/8, 1998, S. 60-64

[WES97a] Westkämper, E.: Wandlungsfähige Unternehmensstrukturen – Manufacturing on Demand. In: Kundenorientierte Planung der Produktion – Methoden und Instrumente effektiver Grobplanung. Unterlagen zum Stuttgarter PPS-Seminar, S. 9 – 19, Stuttgart 1997

[WES98a] Die Wandlungsfähigkeit der Fabrik. In: Tagungsband Deutsche Fachkonferenz für Fabrikplanung (Fabrik 2000); Verlag Moderne Industrie; Frankfurt/Main 1998

[WES98b] Westkämper, E. (Forumsleitung): Wettbewerbsfaktor Unternehmensorganisation. Tagungsband zum 6. Stuttgarter Innovationsforum (VDI/ADB und IPA), 14./15. Oktober 1998

[WIE97a] Wiendahl, H.-P.; Scheffcyk, H.: Gestaltung wandlungsfähiger Fabrikstrukturen: Strategien, Planungsmethoden, Beispiele. In: Gesellschaft für Fertigungstechnik (Hrsg.): Stuttgarter Impulse Innovation durch Technik und Organisation FTK '97; Springer Verlag, Berlin 1997

[WIE98a] Wiendahl, H.-P.; Scheffcyk, H.: Wandlungsfähige Fabrikstrukturen. In: Werkstattstechnik; 88 (1998); H. 4, S. 171ff

[WIL94] Wildemann, H.: Die modulare Fabrik – Kundennahe Produktion durch Fertigungssegmentierung. TCW-Verlag, München 1994

[WLL96] Williams, T.M.: The two-dimensionality of project risk. International Journal of Project Management, Volume 14, No. 3, 1996, S. 185 – 186

[WOM90] Womack, J.P.; Jones, D.T.: The Machine That Changed The World. Rawson Associates, New York 1990

[WOM96] Womack, J.P.; Jones, D.T.: Lean Thinking: Banish Waste and Create Wealth In Your Corporation. Simon and Schuster, New York 1996

[WOO65] Woodward, J.: Industrial Organizations – Theory and Practice, London 1965

10 Anhang

Anhang A: Erläuterungen zu den Risikoarten

Technische Risiken entstehen durch Fehler bei der Produktentwicklung, durch den Einsatz fehlerhafter Materialien oder durch Fehler während der Fertigung und der Montage. Technische Risiken resultieren hauptsächlich aus der Komplexität des zu bearbeitenden Produktes sowie aus der Neuartigkeit von Fertigungstechniken. Im Zusammenhang mit Umstrukturierungsprojekten könnten sich technische Risiken beispielsweise aus einer unzureichenden Prozeßstabilität einer umgebauten Anlage ergeben. Ein weiteres Beispiel für technische Risiken in Umstrukturierungsprojekten sind unzureichende oder unabgestimmte Kapazitäten in Folge eines veränderten Ressourceneinsatzes.

Wirtschaftliche Risiken: Unter wirtschaftlichen Risiken können die Risiken subsummiert werden, die mit dem Verhältnis von Aufwand und Nutzen für Projekte zusammenhängen. Im Zusammenhang mit Umstrukturierungsprojekten könnten dies unerwartet hohe Umsetzungsaufwände durch unvorhergesehene Probleme bei der Umstrukturierung sein. Ein typisches Beispiel hierfür sind unerwartete Bodensanierungen als Vorbereitung für das Aufstellen von fundamentierten Betriebsmitteln. Weiterhin können wirtschaftliche Risiken dadurch entstehen, daß sich die erwarteten Einsparungseffekte eines Umstrukturierungsprojektes nicht einstellen, weil z.B. das erarbeitete Produktionskonzept zwar zu Einsparungen in der Bilanzhülle des Projektes geführt hat, aber Mehraufwände an anderer Stelle zur Folge hat.

Terminliche Risiken: Sie resultieren in erster Linie aus Fehlern in der Terminplanung bzw. -schätzung. In bezug auf terminliche Risiken bei Umstrukturierungsprojekten ist zwischen der Umsetzungsphase des Projektes und dem späteren Betrieb des veränderten Produktionskonzeptes zu unterscheiden. In der Umsetzungsphase können terminliche Risiken zu Verzögerungen des Wiederanlaufes der Produktion führen und so wirtschaftliche Risiken nach sich ziehen. Eine Ursache könnten Verzögerungen bei Umbauarbeiten sein, die im Falle räumlicher Veränderungen der Produktion auftreten können. Terminliche Risiken für den späteren Betrieb eines veränderten Produktionskonzeptes resultieren beispielsweise aus einer unvorhergesehenen Verlängerung von Durchlaufzeiten, die eine Folge von konzeptbedingt reduzierten Kapazitäten im Produktionsprozeß sein könnten.

Soziokulturelle Risiken: Im Zusammenhang mit Umstrukturierungsprojekten können unter diese Risikoart alle Aspekte zusammengefaßt werden, die mit den weichen Faktoren einer Umstrukturierung zusammenhängen. Verunsicherung und Ängste sind häufig Begleiterscheinungen von Umstrukturierungsprojekten. Soziokulturelle Risiken treten aber nicht nur während eines Projektes auf. Umstrukturierungsprojekten können, wie Berichte aus Unternehmen zeigen, auch bis weit nach Projektabschluß ein nachhaltiges Mißtrauen bei den Mitarbeitern bewirken [ILOI97, SCH98].

Politische Risiken: Zu den allgemeinen politischen Risiken, die z.B. vor allem bei länderübergreifenden Investitionsprojekten auftreten können, zählen z.B. Importrestriktionen, steuerliche Benachteiligungen oder die Gefahr der Enteignung sowie die Möglichkeit der Zerstörung durch bewaffnete Auseinandersetzungen. Ein Zusammenhang zu Umstrukturierungsprojekten ist dabei für den Fall denkbar, daß in einem Projekt die Kostenziele nur durch den Wegfall von Arbeitsplätzen realisiert werden können. Je nach Größe des Projektes und Umfang dieser Rationalisierungsmaßnahmen sind lokal- bzw. regionalpolitische Auswirkungen denkbar.

Juristische Risiken umfassen die durch Verträge, Gesetze, Verordnungen etc. entstehenden Risiken. In Umstrukturierungsprojekten können sich juristische Risiken ergeben, wenn z.B. infolge des Umstrukturierungsprojektes Prozesse verändert werden, die vertraglich - etwa in Form einer Qualifizierung - mit dem Auftraggeber festgelegt sind. Ein Beispiel für eine solche Situation sind Umstrukturierungsprojekte in der Produktion von Luft- und Raumfahrtkomponenten oder für militärische Produkte [GAU98].

Anhang B: Erläuterungen zu den Methoden des Risikomanagement

Mit Hilfe der **ABC-Analyse** werden Risiken in drei unterschiedliche Schwerpunkte aufgeteilt. Für ihren Einsatz im Rahmen des Risikomanagements bedeutet dies, daß eine Gruppierung der Risiken nach ihrer Betrachtungs- bzw. „Behandlungs"-Würdigkeit erfolgt. Im einfachsten Fall werden die Risiken absteigend nach der Höhe ihrer möglichen Schäden sortiert. Durch eine „Grenzziehung" basierend auf den kumulierten prozentualen Anteilen an den Gesamtschäden wird die Einteilung in drei Gruppen (wichtig, weniger wichtig, unwichtig) vorgenommen. Eine weitere Möglichkeit ist eine Sortierung nach Risikokennzahlen und/oder nach Eintrittswahrscheinlichkeiten.

Die **Ausfalleffektanalyse** ist ohne rechnerischen Aufwand durchführbar und ermöglicht eine qualitative Abschätzung des Risikos. Sie gestattet, potentielle sicherheitstechnische Schwachstellen bei komplexen technischen Anlagen aller Art aufzufinden. Jedoch werden hierbei nur die Ausfälle einzelner Komponenten und nicht Ausfallkombinationen mehrerer Komponenten untersucht.

Bei der Ausfalleffektanalyse geht man davon aus, daß sicherheitstechnische Probleme auftreten können, wenn es zu Abweichungen von Prozeßgrößen (Menge, Druck, Temperatur usw.) kommt. Ziel ist es deshalb, alle denkbaren Prozeßabweichungen vom Normalbetrieb zusammenzutragen und zu analysieren.

Die **Besichtigungsanalyse** erstreckt sich auf diejenigen Tatbestände, welche durch einfache Inaugenscheinnahme erfaßt werden können. Diese als unabdingbar bezeichnete Methode der

Aufdeckung von Risiken läßt sich durch Inspektion des realen Geschehens verwirklichen. Die dabei entdeckten Risiken werden ausgewertet und in Kategorien eingeteilt.

Das **Brainstorming** kann für die Identifikation von Risiken sowie zur allgemeinen (intuitiven) Lösungsfindung unterschiedlichster Aufgaben eingesetzt werden.

Beim *klassischen Brainstorming* nehmen alle Teilnehmer an einer gemeinsamen von einem Moderator geführten Sitzung teil. In dieser tragen die Teilnehmer spontan und unstrukturiert ihre Ideen zu einem konkreten Thema vor, wobei die Beiträge anderer Teilnehmer als Anregung verstanden werden sollen. Sie sollen aufgegriffen und weiterentwickelt werden. Den Teilnehmern ist es untersagt, zum Zeitpunkt der Ideensammlung über die Beiträge zu diskutieren. Erst nachdem diese abgeschlossen ist, tauschen sich die Teilnehmer über die zusammengetragenen Ideen aus. Dabei werden die Ideen hinsichtlich ihrer Verwendbarkeit in Kategorien eingeteilt.

Die Methode *„Diskussion 66"* ist für eine Teilnehmerzahl von mehr als 20 Personen geeignet. Aus dieser werden Kleingruppen zu je *sechs* Personen gebildet. In *sechs* Minuten tragen die Teilnehmer der Kleingruppen ihre Ideen zusammen. Anschließend kommen die Teilnehmer aller Gruppen zusammen und ein Vertreter aus jeder Gruppe erläutert die gefundenen Ideen.

Im Unterschied zum Brainstorming fixieren die Teilnehmer beim **Brainwriting** ihre Ideen schriftlich. Dies wird als Vorteil angesehen, da schriftlich eingebrachte Ideen in der Regel besser überlegt sind. Nachteilig wirkt sich jedoch die möglicherweise fehlende „Spontanität" bei der Ideensuche aus. Durch das längere Überlegen zu einer entsprechenden Formulierung werden die Argumente kritisch betrachtet und somit (vielleicht zu früh) im Vorfeld verworfen. Nach einer vorgegebenen Dauer (meist ca. 20 Minuten) wird die Sitzung beendet. Die gefundenen Ideen werden ausgewertet und – vergleichbar dem Brainstorming – gruppiert.

Die *Methode 635* ist eine spezielle Ausprägung des Brainwriting. In einer Sitzung werden dabei *sechs* Teilnehmer gebeten, *drei* Risiken auf einem Formular zu notieren. Das Formular wird dann dem nächsten Teilnehmer zugeleitet, der seinerseits drei Risiken auf der Basis der bereits eingetragenen ergänzt. Dabei ist das „Weiterdenken" dieser Risiken erwünscht, jedoch nicht unbedingt zwingend. Insgesamt wird das Formular *fünfmal* weitergegeben. Nach der Sitzung werden alle Risiken auf doppelte Nennungen überprüft und abschließend in Kategorien eingeteilt.

Die **Delphi-Methode** ist eine anonyme, schriftliche Befragung von Experten. Im Rahmen der Risikobewertung wird das Prognose-Delphi eingesetzt. Prognostiziert werden die Eintrittswahrscheinlichkeiten von Risiken, mögliche Schadenshöhen und Schadenswahrscheinlichkeiten. Die Experten werden in mehreren Runden getrennt befragt. Die Antworten werden jeweils vom Befragungsleiter zusammengefaßt und den Experten zu Beginn der nächsten Runde zur Kenntnis gegeben. Durch diese Rückkopplung ergibt sich in den meisten Fällen eine Annäherung der Schätzungen. Möglich ist aber auch eine Polarisierung zu entgegengesetzten Standpunkten.

Das Ergebnis der Delphi-Methode stellt – wie bei allen Bewertungsmethoden – die Grundlage für die spätere Klassifizierung der Risiken dar.

Mit Hilfe des **Entscheidungsbaumverfahrens** können einerseits alternative Entscheidungen und die daraus resultierenden Konsequenzen (Ereignisse) verdeutlicht werden. Andererseits stellt das Verfahren die Verbindungen dar, die zwischen den Alternativen bestehen. Es ergibt sich eine baumartige Struktur. Für jede Entscheidungsalternative werden Kosten- und Nutzwert und für jedes darauf folgende Ereignis die Wahrscheinlichkeit des Eintritts festgelegt. Aus diesen Angaben wird für jeden Entscheidungsweg des Baumes dessen Erwartungswert berechnet.

Das Ergebnis ist eine Auflistung der Entscheidungsalternativen abhängig von ihrer quantitativen Bewertung. Diese Auflistung liefert eine Grundlage zur endgültigen Entscheidung. Im Umfeld des Risikomanagement können mittels des Entscheidungsbaumverfahrens z.B. die Alternativen der Risikobehandlung untersucht werden. Darauf aufbauend kann ein Vorschlag für den „besten" Umgang mit den identifizierten Risiken geliefert werden. Denkbar ist auch die Untersuchung von Risiken auf ihre möglichen Auswirkungen für das Projekt.

Entscheidungstabellen basieren, wie der Name schon zeigt, auf Tabellen. Sie sind somit den „betriebswirtschaftlichen Darstellungsformen" (sehr häufig finden sich in der betrieblichen Praxis zweidimensionale Tabellen) angepaßt und deshalb sehr verständlich und einfach anzuwenden.

Sie können zur allgemeinen Problem- und/oder Entscheidungsstrukturierung aufgestellt werden. Bei ihnen werden, abhängig von bestimmten Voraussetzungen, ausgewählte Handlungen unterbreitet. Grundlage dafür bilden „Wenn-Dann"-Beziehungen ("Wenn die Voraussetzungen a und b erfüllt sind, dann erfolgt Handlung c").

Die Klassifizierung mittels der **Equi-Risk-Contour-Methode** (ERC-Methode) basiert auf sogenannten Kostenkennzahlen, über die einzelne Risiken jeweils einer der vier unterschiedlichen Klassen (vernachlässigbares, geringes, hohes oder besonderes Risiko) zugeordnet werden. Bei Übertragung der Risiken und der für jede Schadensklasse gebildeten Grenze in ein Diagramm kann auf einen Blick die Zuordnung der Risiken zu den Risiko-Stufen erfaßt werden. So können die Risiken, die auf Grund der Zuordnung als hohes Risiko erkannt wurden, sehr schnell aus der Menge der dargestellten Risiken herausgefiltert werden.

Neben der Einteilung in die Klassen wird zusätzlich angegeben, ob ein – von mehreren Experten geschätztes – Risiko abweichend oder übereinstimmend bewertet worden ist.

Fehlerbaumanalyse: Anhand eines Baumes werden logische Verknüpfungen zwischen möglichen Ereignissen dargestellt. Durch „Und-“ bzw. „Oder-Verknüpfungen“ lassen sich die Kombinationen solcher Ereignisse darstellen, die zu unerwünschten Systemzuständen führen. Als Ausgangspunkt ist der unerwünschte Systemzustand zu definieren. Anschließend ist zu prüfen, welche Kombination versagender Elemente des Systems den unerwünschten Systemzustand verursacht. Der Fehlerbaum enthält neben den Fehlerquellen auch die Wahrscheinlichkeiten für das Auftreten der verschiedenen Ereignisse.

Die Idee der **Flußbildanalyse** besteht darin, die Risikoidentifikation anhand des Produktionsablaufs für eine oder mehrere Produktgruppen durchzuführen. Der Produktionsflußplan ist eine schematische Darstellung des Produktionsablaufs unter Einbeziehung aller betrieblichen Funktionsbereiche. Das Produkt durchläuft alle notwendigen Funktionsbereiche, wobei das Risiko jeweils an der Schnittstelle zwischen Produktfluß und dem entsprechenden Funktionsbereich zu finden ist. Ein Produktionsflußplan kann eine Basis der Risikoidentifikation in der Produktion bilden.

Zur Untersuchung der Ursachen von Ausfällen und ihrer Folgen werden Verhaltensanalysen der Elemente hinsichtlich Funktion und Leistung des Objektes vorgenommen, Ausfallarten- und Auswirkungsanalysen oder auch Fehlermöglichkeits- und Einflußanalysen (**FMEA**) genannt.

Die ältere FMEA (Failure Mode and Effects Analysis) wurde zwecks Quantifizierung der Einflüsse bzw. Ausfallauswirkungen zur **FMECA** (Failure Mode, Effects and Criticality Analysis) weiterentwickelt.

Im Bereich des Risikomanagements wurde die FMEA zur **RMEA** (Risikomöglichkeits- und Einflußanalyse) erweitert. Gegenstand der Untersuchung sind dabei nicht Elemente eines Objektes. Stattdessen werden Risiken hinsichtlich Art, Ursache, Auswirkung (z.B. Schadenshöhe) und möglicher Maßnahmen zur Risikobehandlung betrachtet. Dies macht deutlich, daß die RMEA nicht nur der Risikoidentifikation dient. Sie erstreckt sich vielmehr über alle Phasen des Risikomanagements.

Kennzeichen der **Formblattverfahren** ist ihr induktiver Charakter, d.h. die Analyse der Systemzusammenhänge wird zugunsten der Analyse des Verhaltens einzelner Systemkomponenten vernachlässigt.

Die Ausfallgefahrenanalyse z.B. setzt sich aus einem deduktiven und einem induktiven Teil zusammen. Der deduktive Teil hat das Ziel, eine möglichst umfassende Definition aller denkbaren Systemausfälle zu geben. Die Erfassung der Ausfalldaten erfolgt mit Hilfe von Formularen und bildet das Resultat des deduktiven Teils. Innerhalb des anschließenden induktiven Teils wird analysiert, welcher Ausfall von Komponenten zum Ausfall des Gesamtsystems führt. Die weiteren Untersuchungen im Rahmen der Ausfallgefahrenanalyse beschäftigen sich mit der Ermittlung der Hauptkomponenten. Anschließend ist durch Pfade zu kennzeichnen, welche Teilkomponenten bei ihrem Ausfall zu einer Beeinträchtigung bzw. zum Ausfall der Hauptkomponenten beitragen.

Graphische Verfahren: Im Prinzip lassen sich einzelne Erkenntnisse fast aller Verfahren der Risikoerkennung graphisch aufbereiten. Deshalb läßt sich die Grenze zwischen graphischen und anderen Verfahren nicht exakt definieren.

Die *Störfallablaufanalyse* basiert auf denselben Voraussetzungen wie die Fehlerbaumanalyse. Der Unterschied der beiden Verfahren ist in der Zielrichtung der Analyse zu suchen. Während in der Fehlerbaumanalyse ausgehend vom unerwünschten Systemzustand die verursachenden Ereignisse ermittelt werden, geht die Störfallablaufanalyse den umgekehrten Weg. Ausgehend von den denkbaren Komponentenausfällen werden anhand logischer Verknüpfungen die Konsequenzen für das Gesamtsystem ermittelt. Die möglichen Komponentenausfälle werden mit Hilfe einer Baumstruktur dargestellt. Als Ergebnis der Analyse läßt sich eine detaillierte Aussage über die Beeinträchtigung des Systems aufgrund möglicher Ausfälle der genannten Komponenten treffen.

Der Ausgangspunkt der *Ereignisbaumanalyse* ist ein Ereignis, das sogenannte Primärereignis, dessen Folgen näher zu untersuchen sind. Dazu bedient man sich einer hierarchischen Ordnung von Sekundärereignissen und Systemzuständen. Innerhalb der gewählten Baumstruktur sind die Wahrscheinlichkeiten für das Eintreten des Primärereignisses und aller Sekundärereignisse darzustellen und durch die Berechnung der Wahrscheinlichkeit für den Endzustand des Systems abzuschließen.

Die *Gefährdungsbaumanalyse* hat das Ziel, alle Primärereignisse, die einen unerwünschten Systemzustand verursachen können, in Gefährdungsklassen einzuteilen. Die Baumstruktur entsteht infolge der Darstellung verwandter Primärereignisse innerhalb desselben Astes. Die Analyse der Ereignisfolgen einschließlich der entsprechenden Wahrscheinlichkeiten gelangt in diesem Verfahren nicht zur Anwendung. Stattdessen bildet eine systematische, vollständige und nach Entstehungsursachen strukturierte Darstellung aller Primärereignisse den Mittelpunkt des Verfahrens.

Monte-Carlo-Simulation: Ein Risiko kann nicht immer für sich alleine betrachtet werden, wie es beispielsweise bei der Delphi-Methode geschieht. Häufig setzt sich ein (Gesamt-)Risiko aus verschiedenen Einflußgrößen (Teilrisiken) zusammen. Auch Teilrisiken können ggf. von Einflußgrößen abhängen, die ermittelt und ggf. berücksichtigt werden sollten.

Bei der Monte-Carlo-Simulation werden auf der Basis von Expertenschätzungen zu den Teilrisiken in einer Vielzahl von sogenannten Simulationsläufen die benötigten Daten erzeugt. In jedem Simulationslauf wird für alle Teilrisiken je ein Wert erzeugt. Die Daten werden in eine mathematische Funktion eingesetzt und der Schaden des Gesamtrisikos für diesen Simulationslauf berechnet. Die gesammelten Ergebnisse aller Simulationsläufe werden ausgewertet, visualisiert und zur Gewinnung von Aussagen über den möglichen Schaden des Gesamtrisikos und dessen Wahrscheinlichkeiten herangezogen.

Die **Nutzwertanalyse** ist eine Methode zur Alternativenbewertung und dient damit der systematischen Entscheidungsvorbereitung. Sie analysiert die Entscheidungssituation in bezug auf Nutzen und Aufwand der (Risikobehandlungs-)Alternativen. Besonders geeignet ist die Nutzwertanalyse bei nicht in Geldeinheiten bewertbaren Auswahlkriterien, da Nutzen und Aufwand sowohl die monetären Größen wie Gewinn oder Kosten als auch die nichtmonetären Größen berücksichtigt.

Das Ergebnis der Nutzwertanalyse ist ein Nutzwert. Die Nutzwerte der Alternativen werden miteinander verglichen. Grundsätzlich gilt, je höher der Nutzwert einer Alternative, desto besser (geeignet) ist die Alternative.

Die **Probabilistic-Event-Analyse** (PEA) ist für (relativ) grobe Einschätzungen des finanziellen und terminlichen Schadens der Risiken eines Projektes einsetzbar. Detaillierte Angaben kann eine PEA nicht liefern, da die Risiken pauschal und nicht z.B. getrennt nach Risiken mit hoher Wahrscheinlichkeit bzw. hohen Kosten oder großer Verzögerung berücksichtigt werden. Mit einer PEA werden Projekt-Kennzahlen für Kosten und Terminverschiebungen auf Basis der Projektelemente ermittelt. Auf Basis der Projekt-Kostenkennzahl lassen sich z.B. kalkulatorische Rücklagen zur Risikovorsorge ermitteln. Die Projekt-Terminkennzahl gibt Auskunft über mögliche zeitliche Verschiebungen des Projektendes und bietet so die Möglichkeit, rechtzeitig Gegenmaßnahmen zu planen. Voraussetzung für die Durchführung einer PEA ist ein Projektstrukturplan (PSP) oder ein Netzplan für das Projekt.

Die **Program Evaluation and Review Technique** (PERT) ist eine bekannte Netzplantechnik, bei der Unsicherheiten bezüglich der Dauer von Vorgängen berücksichtigt werden können. Auf der Basis von geschätzten Vorgangsdauern wird ein Netzplan unter Berücksichtigung möglicher Verzögerungen durch (nicht explizit berücksichtigte) Risiken erstellt.

PERT unterscheidet sich von den übrigen behandelten Methoden dadurch, daß sie keiner der auf einzelnen Risiken bezogenen Risikophasen direkt zuzuordnen ist. Vielmehr bewertet PERT Risikosituationen ganzheitlich. Die Bewertung (Einschätzung) erfolgt somit nicht für konkrete Einzel-Risiken, sondern für das gesamte Projekt. PERT bietet die Möglichkeit, die Auswirkungen von möglichen Terminverschiebungen aufgrund von Risiken bis hin zur Projekt-Dauer zu verfolgen. Dies läßt Rückschlüsse darüber zu, welche Vorgänge besonders dem

Einfluß von Risiken unterliegen und welche weniger. Die Anwendung von PERT verlangt die Erfassung eines Netzplans unter Angabe der Vorgänge und Schätzungen ihrer Dauer.

Risikochecklisten sind als Ergänzung zu Identifikationsmethoden wie des Brainstormings oder Methode 635 anzusehen. Eine Anwendung von Risikochecklisten ist z.B. dann sinnvoll, wenn die Ergebnisse der Risikoidentifikation anderen Projektmitgliedern zur Verfügung gestellt werden sollen. Diese können dann für ihren Arbeitsbereich „lokal" auftretende Risiken identifizieren.

In Checklisten können eine Vielzahl von Merkmalen und Ausprägungen zu einem abgegrenzten Themengebiet gesammelt und (strukturiert) dargestellt werden. Sie enthalten eine Zusammenstellung von Risiken der unterschiedlichen Risikoarten. Die aufgeführten Risiken basieren z.B. auf den Ergebnissen des Brainstormings und/oder Brainwritings. Die Risikochecklisten können z.B. aufgrund konkreter (weiterer) Erkenntnisse laufend korrigiert und ergänzt werden.

Das **Risikoportfolio** stellt die Risiken sehr einfach in vier unterschiedlichen Gruppen dar. Die Klassifizierung erfolgt hierbei in Abhängigkeit der Dimension Schadenshöhe und Eintrittswahrscheinlichkeit. Dazu werden in einem Diagramm die Wahrscheinlichkeiten und die Höhe der Risiken aufgetragen. Um das Portfolio zu bilden, wird das Diagramm unterteilt. Die dafür benötigten Werte werden z.B. vom Management oder im Rahmen eines Brainstormings festgelegt.

Die **Sensitivitätsanalyse** ist eine Methode zur Bestimmung der Sensibilität (Empfindlichkeit) bzw. Stabilität von Konzepten in bezug auf eine Änderung der Ausgangsdaten (Parameter). Je subjektiver die Daten sind, desto wichtiger ist die Durchführung einer Sensitivitätsanalyse. Möglich ist das Einsetzen von optimistischen, wahrscheinlichsten und pessimistischen Daten. Die Sensitivitätsanalyse spielt z.B. bei der Bewertung von Varianten/Alternativen eine wichtige Rolle.

Sicherheitsanalysen dienen der Berechnung der Wahrscheinlichkeit, daß Objekte innerhalb vorgegebener Grenzen während einer vorgegebenen Zeitspanne keine Gefährdungen verursachen oder eintreten lassen. Sicherheitsanalysen werden für die Bewertung der Sicherheit geplanter/bestehender Systeme sowie für die Beurteilung von Ursachen und Abläufen bei Aus-, Un- und Störfällen verwendet.

Die **Wirkungsanalyse** erlaubt eine Klassifizierung der Risiken aufgrund der gegenseitigen Abhängigkeiten. Sie basiert auf einem Wirkungsnetz und einer Wirkungsmatrix.

Bei einem Wirkungsnetz werden Wirkungen, d.h. Abhängigkeiten und Einflüsse, die beispielsweise zwischen Elementen, Objekten oder Risiken bestehen, in einer Art Netz graphisch dargestellt. Werden die Abhängigkeiten bewertet, so können Kennzahlen zur Risikoabhängigkeit gebildet werden. Um die Stärke der Abhängigkeiten besser zu differenzieren, werden diese bewertet. Sollen nun die strukturellen Abhängigkeiten (aus dem Netz) jeweils bewertet werden, so sind die Risiken einer Wirkungsmatrix zusammenzufassen.

Anhang C: Kriterien für die Merkmalsauswahl

Metrisches Skalenniveau: Die Durchführung vieler statistischer Methoden (z.B. Regressionsanalyse) setzt ein metrisches Skalenniveau der Variablen voraus. Eine metrische Skala bietet darüber hinaus den Vorteil, auf ein niedrigeres Skalenniveau transformiert werden zu können, während Variablen niedriger Skalen nicht "hochskaliert" werden können. Ein metrisches Skalenniveau bietet also insgesamt die größerer Flexibilität bei der Auswertung.

Reproduzierbarkeit über viele Fälle: Die Merkmale zur Beschreibung von Projektsituationen müssen so allgemeingültig sein, daß sie für Umstrukturierungsprojekte jeder Art und unabhängig vom Unternehmenstyp sinnvoll zu erheben sind.

Einfache Ermittlung: Für die Datenerhebung ist es wichtig, daß die Merkmale aus den Projektdaten ohne viel Aufwand abzuleiten sind. Dies bedeutet, daß möglichst Merkmale zu benutzen sind, die dem Projektbearbeiter ohnehin bekannt sind. Darüber hinaus ist zu beachten, daß die Merkmale so weit wie möglich direkt - d.h. ohne eine rechnerische Verknüpfung mit anderen Merkmalen - zu ermitteln sind. Auf diese Weise soll der Aufbau von Fehlerketten vermieden werden, die aus Mißverständnissen über die Fragestellung oder Unsicherheiten der Ausgangsdaten entstehen.

Nutzbarkeit für Projektgestaltung: Neben den oben genannten Anforderungen, die sich aus den Analysemethoden ergeben, ist zu beachten, daß die erhobenen Merkmale ebenso als Steuergröße für eine Projektgestaltung genutzt werden sollen. Dies impliziert, daß die Ausprägungen der ausgewählten Merkmale zumindest vor der jeweils nächsten Projektphase für den Projektgestalter abschätzbar sein müssen.

Anhang D: Fragebogen

I.) Informationsteil

I.a.) Ziel der Untersuchung

Ziel der Untersuchung ist es, das Management von **erfolgreich abgeschlossenen Umstrukturierungsprojekten in der Produktion und in den produktionsnahen Unternehmensbereichen** zu untersuchen.

Der Schwerpunkt liegt dabei auf einer Analyse von Faktoren, die die **Entscheidungen zum Vorgehen** in den Projekten beeinflussen.

I.b.) Zielgruppe

Mitarbeiter von Unternehmen oder Berater, die als Projektleiter oder Projektbearbeiter in Umstrukturierungsprojekten tätig waren.

I.c.) Begriffe/Eingrenzungen

Wählen Sie bitte ein Projekt/(Projekte) für Ihre Antworten aus, das/(die) die folgenden Bedingungen erfüllt/(erfüllen):

"...abgeschlossene Umstrukturierungsprojekte"

- Projekte, deren **Umsetzungsphase abgeschlossen** ist oder deren Umsetzungsphase so weit fortgeschritten ist, daß eine seriöse Abschätzung über den voraussichtlichen Umsetzungsgrad von Maßnahmen möglich ist.

"Umstrukturierungen....."

- Umstrukturierung, Restrukturierung, Produktionssegmentierung, Projekte zur Modularen oder Fraktalen Fabrik, Fabrikplanungsprojekte, Einführung von Lean Production, TQM-Projekte, Business Process Reengineering/ Business Engineering, Prozeßoptimierung, KVP-Projekte, KAIZEN-Projekte, Reorganisation der Auftragsabwicklung, Prozeß-Redesign, prozeßorientierte Organisation etc.

- keine Produktentwicklungs-, Software-, oder Innovationsprojekte, keine Reorganisation der Produktentstehung (z.B. S.E.-Projekte).

"... in der Produktion und in den produktionsnahen Unternehmensbereichen.":

- Es **muß** in der Bilanzhülle des Projektes enthalten sein:
  Fertigung und/oder Montage

- Es **kann** in der Bilanzhülle des Projektes enthalten sein:
  Arbeitsplanung, Produktionssteuerung, Materialdisposition, Lagerbereiche, QS, Innerbetriebliche Logistik, Produktions-Instandhaltung, Betriebsmittel- und Werkzeugbau, sonstige produktionsnahe Unternehmensbereiche.

- Zugelassen sind Projekte in produzierenden Unternehmen des Maschinen- und Anlagenbaus, der Elektroindustrie, der Automobilindustrie und deren Zulieferer. Es gibt keine Einschränkung hinsichtlich der Art der Auftragsabwicklung (Einzel- und Kleinserien-, Serien- oder Massenproduktion) oder der Unternehmensgröße.

II.) Fragenteil

Gliederung des Fragenteils ....

II.a.) Allgemeine Angaben zum Unternehmen

Anmerkung: Angaben in diesem Fragenkomplex beziehen sich auf den Zeitpunkt des Projektbeginns. Unter Unternehmen wird die Organisation verstanden, aus der der Auftraggeber für das Projekt kommt. Ist der Auftraggeber des Projektes der Geschäftsführer der Tochtergesellschaft "Tochter AG" in einem Konzern "Mutter AG", so ist das relevante Unternehmen die "Tochter AG". Die Anzahl der Organisationseinheiten des Unternehmens bezieht sich auf die erste Ebene unter der Geschäftsführung oder dem Vorstand (z.B. Produktion, Vertrieb).

Name des Unternehmens: ____________________
Branche: ____________________
Umsatz des Unternehmens [Mio. DM/a]: ____________________
Anzahl Mitarbeiter des Unternehmens: ____________________
Anzahl der Organisationseinheiten
im Unternehmen: ____________________

II.b.) Angaben zum Projekt

Anmerkung: Alle Angaben bezogen auf ein Projekt.

1.) Funktion des Antwortenden im Projekt *(bitte ankreuzen)*:

☐ Projektleiter oder Teilprojektleiter oder

☐ Projektteammitglied

und

☐ Mitarbeiter des Unternehmens oder

☐ externer Berater

2.) Bezeichnung des Projektes: ______________________

____

3.) Charakterisierung des Projektes: ______________________

(Anmerkung: z.B. Restrukturierung, TQM-Projekt)

4.) Ziel des Projektes war es,

(Anmerkung: Mehrfachnennung möglich, bitte ankreuzen)

☐ die Kosten zu senken (bzw. die Produktivität zu erhöhen)

☐ die Durchlaufzeiten (Auftragsabwicklung, time-to-market, Liegezeiten, Lieferzeiten etc.) zu senken

☐ die Produktqualität zu verbessern

☐ allgemein die (interne/externe) Kundenzufriedenheit zu steigern

Anmerkung zu Frage 5.) bis 10.): Unter Bilanzhülle des Projektes wird die im Projektauftrag festgelegte Eingrenzung des Objektbereiches des Projektes verstanden. In der Regel sind dies die Organisationseinheiten (Werke, Abteilungen o.ä.), die von dem Projekt betroffen sind.

5.) bei Kostenzielen *(vgl. Frage 4.)*:

Wie groß war das durchschnittliche Kosteneinsparungsziel *(bitte ankreuzen)*?

☐ bis 5%

☐ zwischen 6% und 10%

☐ zwischen 11% und 20%

☐ zwischen 21% und 30%

☐ mehr als 30%

Kosteneinsparung bezogen auf die in der Projektbilanzhülle beeinflußbaren Kosten (analog für Produktivitätssteigerung).

6.) bei Zeitzielen *(vgl. Frage 4.)*:

Wie groß war das durchschnittliche <u>Ziel</u> zur Verkürzung von Durchlaufzeiten *(bitte ankreuzen)*?

- ☐ bis zu 10%
- ☐ zwischen 11% und 20%
- ☐ zwischen 21% und 30%
- ☐ zwischen 31% und 40%
- ☐ zwischen 41% und 50%
- ☐ mehr als 50%

Durchlaufzeitreduzierung bezogen auf die in der Projektbilanzhülle beeinflußbaren Zeitanteile.

7.) Anzahl Mitarbeiter in der Bilanzhülle des Projektes: ____________

8.) durch das Projekt beeinflußbare Kosten
in der Bilanzhülle des Projektes [Mio. DM/a]: ____________
davon Materialkosten [Mio. DM/a]: ____________

9.) Anzahl Standorte in der Bilanzhülle des Projektes: ____________
(Anmerkung: Standort = lokaler Standort im Sinne eines technisch-geographischen Werkgeländes. Beispiel: Werk A in Duisburg, Werk B in Aachen → 2 Standorte).

10.) Anzahl der Organisationseinheiten
in der Bilanzhülle des Projektes: ____________
(Anmerkung: Anzahl der Organisationseinheiten der <u>obersten</u> Ebene in der Bilanzhülle. Beispiel: Bilanzhülle ist die Produktion mit den Bereichen Fertigung, Montage und Arbeitsvorbereitung → 3 Organisationseinheiten)

11.) Bitte charakterisieren Sie die Produktion in der Bilanzhülle des Projektes, indem Sie die zutreffenden Beschreibungen in der nachfolgenden Tabelle (siehe nächste Seite) ankreuzen:

Art der betroffenen Bereiche	Lager-haltung	Fertigung	Montage	Qualitäts-sicherung	Instand-haltung	Werkzeug-bau	Einkauf/ Material-beschaf-fung	Arbeits-planung	Arbeits-steuerung	andere admini-stative Bereiche
Auftragsauslöseart (im Gestaltungs-bereich)	Produktion auf Bestellung mit Einzelaufträgen	Produktion auf Bestellung mit Rahmenverträgen	Kundenanonyme Vorproduktion/ auftragsbezogene Endproduktion	Produktion auf Lager						
Erzeugnisspektrum	Erzeugnisse nach Kundenspezifikation	typisierte Erzeugnisse mit kundenspezifischen Varianten	Standarderzeugnisse mit Varianten	Standarderzeungisse ohne Varianten						
Erzeugnisstruktur	mehrteilige Erzeugnisse mit komplexer Struktur	mehrteilige Erzeugnisse mit einfacher Struktur	geringteilige Erzeugnisse							
Ermittlung des Erzeugnis-/ Komponenten-bedarfs	bedarfsorientiert auf Erzeugnisebene	teilw. erwartungs-/ teilw. bedarfsorientiert auf Komponentenebene	erwartungsorientiert auf Komponentenebene	erwartungsorientiert auf Erzeugnisebene	verbrauchsorientiert auf Erzeugnisebene					
Auslösung des Sekundärbedarfs	auftragsorientiert	teilw. auftragsorientiert / teilw. periodenorientiert	periodenorientiert							
Beschaffungsart	weitgehender Fremdbezug	Fremdbezug in größerem Umfang	Fremdbezug unbedeutend							
Bevorratung	keine Bevorratung von Bedarfspositionen	Bevorratung von Bedarfspositionen auf unteren Strukturebenen	Bevorratung von Bedarfspositionen auf oberen Strukturebenen	Bevorratung von Erzeugnissen						
Fertigungsart	Einmalfertigung	Einzel- und Kleinserienmontage	Serienfertigung	Massenfertigung						
Ablaufart in der Fertigung	Werkstattfertigung	Inselfertigung	Reihenfertigung	Fließfertigung						
Ablaufart in der Montage	Baustellenmontage	Gruppenmontage	Reihenmontage	Fließmontage						
Fertigungsstruktur	Fertigung mit großer Tiefe	Fertigung mit mittlerer Tiefe	Fertigung mit geringer Tiefe							
Kundenänderungs-einflüsse während der Fertigung	Änderungseinflüsse in größerem Umfang	Änderungseinflüsse gelegentlich	Änderungseinflüsse unbedeutend							

Bild A-D1: Typologie zur Charakterisierung des Objektbereiches

II.c.) Vorgehen im Projekt

Für die Befragung wird davon ausgegangen, daß Umstrukturierungsprojekte sich grob in die folgenden Phasen gliedern lassen:

- Projektvorbereitung

- Analyse

- Systemgestaltung/Konzeption

- Umsetzung.

1.) Geben Sie an, wie viele Mitarbeiter direkt und dauerhaft in Teams und Arbeitsgruppen in etwa beteiligt waren:
in der Analyse und Konzeptionsphase: ________________
in der Umsetzungsphase: ________________

2.) Geben Sie an, wie viele Mitarbeiter im Rahmen von Befragungen/ Interviews/ Umsetzungsarbeiten zusätzlich zu den unter Frage 1 genannten Mitarbeitern eingebunden waren:
in der Analyse und Konzeptionsphase: ________________
in der Umsetzungsphase: ________________

3.) addierte Dauer der Phasen Projektvorbereitung, Analyse, Konzeption:
geplant bei Projektbeginn [Monate]: ________________
tatsächlich [Monate]: ________________

4.) falls durchgeführt: Dauer der Pilotumsetzung
geplant [Monate]: ________________
tatsächlich [Monate]: ________________
zeitliche Überlappung mit der Konzeptionsphase des Gesamtprojektes [Monate]: ________________

5.) Dauer der Umsetzungsphase (<u>ohne</u> Pilotumsetzung)
geplant bei Umsetzungsbeginn [Monate]: ________________
tatsächlich (Monate]: ________________

6.) Geben Sie durch Ankreuzen an, welche der im folgenden aufgeführten Vorgehensschritte in der **Phase der Projektvorbereitung** durchgeführt wurden:

☐ Zielsetzung/Leitlinien ableiten
(Anmerkung: Ableiten der Kosten- und Konzeptzeitziele, ggf. Erarbeitung von Leitbildern für das Projekt, Projektzeitziele, Projektpflichtenheft)

☐ Kurzanalyse/Expertenbefragung durchführen
(Anmerkung: eine der umfassenden Analyse vorgelagerte Analyse durch Befragung von ausgewählten Mitarbeitern mit hohem Know-how, ggf. konzentrierte Kurzvorstellung der Abteilungen durch die Abteilungsleiter)

☐ Managementworkshop durchführen
(Anmerkung: Durchführung eines Workshops mit dem Top-Management (Auftraggeber + Ebene 1 im Objektbereich), Klausurtagung, Festlegung der Ziele, Hauptansatzpunkte, Wahl der Bilanzhülle des Projektes)

☐ Projektorganisation/Entscheidungsstruktur festlegen
(Anmerkung: Projektstrukturplan, Teams und Arbeitsgruppen, Projektleiter, Entscheidungs- und Steuergremien, Projektablaufplan)

☐ Kommunikations-/Projektmarketingkonzept festlegen
(Anmerkung: explizites und freigegebenes Konzept, das über die Kommunikation in den Arbeitsgruppen hinausgeht, Mitarbeiterinformation durch Versammlungen, schwarzes Brett, Projektzeitung, Mitarbeiterforen, Infomärkte etc.)

7.) Geben Sie durch Ankreuzen an, welche der im folgenden aufgeführten Vorgehensschritte in den **Phasen der Analyse und der Systemgestaltung/ Konzeption** durchgeführt wurden:

☐ projektbezogenes Risikomanagement
(Anmerkung: z.B. Durchführung einer "Kraftfeldanalyse" (Welche Kräfte wirken auf ein Projekt, methodische Detektion von "heimlichen Spielregeln"), Erstellen einer Projekttopographie ("welche anderen interdependenten Projekte gibt es?"))

☐ <u>institutionalisiertes</u> Konfliktmanagement
(Anmerkung: explizites Konfliktmanagement durch eine definiertes Gremium, z.B. durch einen Steuerkreis)

☐ Kommunikation durch Führung und/oder durch Projektleitung
(Anmerkung: z.B. durch Mitarbeitergespräche)

☐ explizites Projektcontrolling
(Anmerkung: <u>projektbegleitende</u> Überwachung der Zielerreichung, Überwachung der Einhaltung von "Zielkorridoren", Maßnahmenbewertung und -controlling, integriertes Controllingsystem (Projekt/alte und neue Prozesse), Erfolgskontrolle im BAB/Produktkalkulation)

☐ Analyse
(Anmerkung: Prozeß- und Organisationsmodellierung, Analyse Kostenstrukturen, Schwachstellen sammeln, Potentiale bestimmen)

☐ Benchmarking
(Anmerkung: Nutzung von Benchmarking-Daten, Wettbewerbsvergleiche, Orientierung an "Best Practice" (qualitativ und quantitativ))

☐ Durchführung von Projektteamschulungen
(Anmerkung: Schulung von Mitarbeitern für die Beteiligung, Schulung für Projektaufgaben, Moderationstechniken, Kreativitätstechniken, Problemlöseprozesse, Bewertungsmethoden (z.B. Nutzwertanalyse))

☐ Beteiligungsqualifikation/Mitarbeiterschulungen
(Anmerkung: Schulung der Mitarbeiter durch Beteiligung, Schulung für neue Arbeitsaufgaben, Schulung für "Job-Rotation/ -Enrichment/ -Enlargement", Fachkurse etc.)

☐ Coaching
(Anmerkung: Einsetzen eines internen oder externen Prozeßbegleiters, Change Agent-Konzept)

8.) Geben Sie durch Ankreuzen an, welche der folgenden, das konzeptbezogene Risikomanagement unterstützende Methoden in den **Phasen der Analyse und der Systemgestaltung/ Konzeption** angewendet wurden:

Zur Risikoidentifikation:
☐ Risikocheckliste
☐ Fehlerbaumanalyse
☐ Störfallablaufanalyse
☐ Ereignisbaumanalyse
☐ Gefährdungsbaumanalyse
☐ Ausfalleffektanalyse

Zur Risikobewertung:
☐ Risikoportfolio
☐ Equi-Risik-Contour-Methode
☐ Wirkungsanalyse

Zur Risikobehandlung:
☐ Entscheidungsbaumverfahren
☐ Entscheidungstabelle

Allgemeine Methoden:

☐ FMEA/ Risiko-MEA

☐ Sensitivitätsanalyse

☐ Sicherheitsanalyse

(Anmerkung: Konzeptbezogenes Risikomanagement meint die Risikoidentifikation/ -bewertung und -behandlung in Bezug auf das erarbeitete Produktionskonzept)

9.) Geben Sie durch Ankreuzen an, welche der im folgenden aufgeführten Vorgehensschritte in der **Phase der Umsetzung** durchgeführt wurden:

☐ institutionalisiertes Konfliktmanagement

(Anmerkung: explizites Konfliktmanagement durch eine definiertes Gremium, z.B. durch einen Steuerkreis)

☐ Kommunikation durch Führung und/oder durch Projektleitung

(Anmerkung: z.B. durch Mitarbeitergespräche)

☐ explizites Projektcontrolling

(Anmerkung: projektbegleitende Überwachung der Zielerreichung, Überwachung der Einhaltung von „Zielkorridoren", Maßnahmenbewertung und –controlling, integriertes Controllingsystem (Projekt/alte und neue Prozesse), Erfolgskontrolle im BAB/Produktkalkulation)

☐ Durchführung von Projektteamschulungen

(Anmerkung: Schulung von Mitarbeitern für die Beteiligung, Schulung für Projektaufgaben, Moderationstechniken, Kreativitätstechniken, Problemlöseprozesse, Bewertungsmethoden (z.B. Nutzwertanalyse))

☐ Beteiligungsqualifikation/Mitarbeiterschulungen

(Anmerkung: Schulung der Mitarbeiter durch Beteiligung, Schulung für neue Arbeitsaufgaben, Schulung für „Job-Rotation/ -Enrichment/ -Enlargement", Fachkurse etc.)

☐ Coaching

(Anmerkung: Einsetzen eines internen oder externen Prozeßbegleiters, Change Agent-Konzept)

☐ Durchführung eines oder mehrerer Pilotprojekte

(Anmerkung: Konzeptumsetzung in einem kleinen, aber für die anderen Bereiche repräsentativen Bereich, Ziel: Konzepterprobung und ggf. –korrektur, positives Beispiel für die Machbarkeit geben)

☐ Initiierung eines KVP-Prozesses nach der Umsetzung
(Anmerkung: Übergang zu Prozeßoptimierung in neuen Strukturen)

10.) Geben Sie durch Ankreuzen an, welche der folgenden, das konzeptbezogene Risikomanagement unterstützende Methoden in der **Phase der Umsetzung** angewendet wurden:

Zur Risikoidentifikation:

☐ Risikocheckliste
☐ Fehlerbaumanalyse
☐ Störfallablaufanalyse
☐ Ereignisbaumanalyse
☐ Gefährdungsbaumanalyse
☐ Ausfalleffektanalyse

Zur Risikobewertung:

☐ Risikoportfolio
☐ Equi-Risik-Contour-Methode
☐ Wirkungsanalyse

Zur Risikobehandlung:

☐ Entscheidungsbaumverfahren
☐ Entscheidungstabelle

Allgemeine Methoden:

☐ FMEA/ Risiko-MEA
☐ Sensitivitätsanalyse
☐ Sicherheitsanalyse

11.) Wie lange würde/hat sich die Umsetzung des Produktionskonzeptes aufgrund der Durchführung eines konzeptbezogenen Risikomanagement schätzungsweise verzögern/verzögert? [Tage]: ______________

12.) Wie hoch wären/Waren schätzungsweise die zusätzlichen Kosten für die Durchführung eines konzeptbezogenen Risikomanagement? [TDM]:

____

II.d.) Fragen zum erarbeiteten Produktionskonzept

Anmerkung: Die Fragen zu diesem Themenkomplex beziehen sich auf das Ende der Konzeptionsphase des Projektes. Das erarbeitete Produktionskonzept liegt vor und steht zur Umsetzung an.

1.) Geben Sie durch Ankreuzen an, welche der aufgeführten Aussagen auf das erarbeitete Produktionskonzept zutrifft.
Es sind Maßnahmen....
☐ zur Reduzierung der Eigenleistungstiefe gegenüber der Ist-Situation
☐ zur Veränderung der Ablauforganisation
☐ zur Veränderungen der Aufbauorganisation
☐ zur Veränderung der technischen Ausstattung der Organisationseinheiten (z.B. Produktionstechnik, Arbeitsplatzausstattungen, EDV-Hilfsmittel)
☐ zur grundlegenden räumlichen Veränderungen der Organisationseinheiten (z.B. Layoutänderungen der Produktion, räumliche Integration von Planung und Betrieb) vorgesehen.

2.) Insgesamt kann das erarbeitete Konzept eher als *(bitte ankreuzen)*
☐ Restrukturierungskonzept (top-down abgeleitet)
oder
☐ Prozeßoptimierung (bottom-up abgeleitet, KVP-Konzept, KAIZEN-Konzept) charakterisiert werden.

3.) Das umzusetzende Produktionskonzept ist eher ein *(bitte ankreuzen)*
☐ zeitlich befristetes Übergangskonzept
oder
☐ langfristiges Endkonzept.

4.) Anzahl der Organisationseinheiten in der Bilanzhülle des Projektes, die aufgrund des Produktionskonzeptes von Veränderungen betroffen sind: ____________

5.) Anzahl der Arbeitsstellen in der Bilanzhülle des Projektes, die bei einer vollständigen Umsetzung des erarbeiteten Konzeptes von Veränderungen betroffen wären:
gesamt: ____________
davon:
durch Wegfall der Arbeitsstelle: ____________
durch veränderte aufbauorganisatorische Zuordnung: ____________
durch veränderte räumliche Zuordnung: ____________
durch veränderte Abläufe/Arbeitsinhalte: ____________
durch veränderte technische Ausstattung: ____________

6.) zu erwartende Veränderung der beeinflußbaren Herstellkosten in der Bilanzhülle des Projektes [%]: ____________

7.) erwartete Kosten für die Umsetzung des Produktionskonzeptes [TDM]: ____________
(Anmerkung: Kosten für Um-/Neubauten, Änderung/Kauf von Maschinen, Produktionsausfall etc.)

8.) geschätzte Kosten, um bei Fehlschlagen des Produktionskonzeptes den ursprünglichen Zustand wiederzuerlangen [TDM]: ____________

9.) geschätzte Kosten, um bei Fehlschlagen des Produktionskonzeptes zu einem alternativen Produktionskonzept zu „wechseln" [TDM]: ____________
(Anmerkung: Kosten, um Änderungen (teilweise) rückgängig zu machen, für zusätzliche Um-/Neubauten, Änderung/Kauf von Maschinen, Produktionsausfall etc.)

10.) bei Scheitern des Produktionskonzeptes wäre der zu erwartende Schaden (die Zielabweichung) *(bitte ankreuzen):*
☐ sehr hoch (Konkurs)
☐ hoch
☐ mittel
☐ gering
☐ kein Schaden

11.) Anzahl der Tage Produktionsstillstand, die während der Konzeptumsetzung zu erwarten sind [Tage]: ____________

12.) Anteil der im umzustrukturierenden Bereich vorhandenen Kapazitäten, deren Produktionsaufgaben während der Umsetzung von (quasi-)redundanten Bereichen übernommen werden können [%]: ____________
(Anmerkung: (quasi-)redundante Bereiche sind z.B. mehrfach vorhandene Montagelinien)

13.) der umzustrukturierende Bereich dient *(bitte ankreuzen)*
☐ nur der Erfüllung von Kernprozessen
☐ eher der Erfüllung von Kernprozessen
☐ der Erfüllung von Kern- und Randprozessen
☐ eher der Erfüllung von Randprozessen
☐ nur der Erfüllung von Randprozessen.

14.) Anteil der durch das Produktionskonzept betroffenen Prozesse mit Schnittstellen zu anderen Organisationseinheiten an den Gesamtprozessen in der Bilanzhülle [%]: ____________
(Anmerkung: Organisationseinheiten sind Abteilungen, Gruppen o.ä.)

15.) Anteil der durch das Produktionskonzept betroffenen Prozesse mit Schnittstellen zu Kunden und Lieferanten an den Gesamtprozessen in der Bilanzhülle[%]: ____________

16.) „Durch das Produktionskonzept werden (produktbezogene) Qualitätsaspekte stark beeinflußt.“ Diese Aussage trifft *(bitte ankreuzen)*
(Anmerkung: Starke Beeinflussung z.B. durch Reduktion von Prüftätigkeiten)
☐ überhaupt nicht
☐ kaum
☐ teilweise
☐ überwiegend
☐ genau zu.

17.) Werden im betrachteten Bereich zur selben Zeit interdependente Projekte durchgeführt? *(bitte ankreuzen)*
☐ ja
☐ nein
(Anmerkung: z.B. parallele Durchführung einer Umstrukturierung und einer SAP-Einführung)

18.) Zeitspanne seit Abschluß der letzten strukturellen Änderung im betrachteten Bereich [Monate]: ____________

19.) Anteil der Projektteammitglieder, die bereits mindestens einmal an der Erarbeitung eines Produktionskonzeptes beteiligt waren [%]: ____________

20.) Anteil der Projektteammitglieder, die bereits Erfahrungen mit Methoden des Risikomanagement haben [%]: ____________

21.) Geben Sie durch Ankreuzen an:
für den Verlauf der Umsetzung des Produktionskonzeptes bestehen
☐ wirtschaftliche,
☐ technische,
☐ terminliche,
☐ soziokulturelle,

- ☐ politische,
- ☐ juristische oder
- ☐ keine Risiken.

22.) für den <u>späteren Betrieb</u> bestehen

- ☐ wirtschaftliche,
- ☐ technische,
- ☐ terminliche,
- ☐ soziokulturelle,
- ☐ politische,
- ☐ juristische oder
- ☐ keine Risiken.

II.e.) Erfolgsbewertung des Projektes

Anmerkung: Die Fragen zur Erfolgsbewertung des Projektes beziehen sich auf den Zeitpunkt nach Abschluß der Umsetzungsphase. Möglich ist auch eine Bewertung während der Umsetzungsphase, wenn diese bereits weiter fortgeschritten ist. Das erarbeitete Produktionskonzept ist (weitgehend) im Betrieb.

1.) Die Umsetzungsphase des Projektes *(bitte ankreuzen)*

- ☐ ist abgeschlossen <u>oder</u>
- ☐ läuft noch.

(Anmerkung: Aussage zum Zeitpunkt der Befragung)

2.) "Insgesamt gesehen, unter Berücksichtigung aller Aspekte, beurteile ich das Projekt als erfolgreich." Diese Aussage trifft *(bitte ankreuzen)*

- ☐ überhaupt nicht
- ☐ kaum
- ☐ teilweise
- ☐ überwiegend
- ☐ genau

zu.

3.) "Der Auftraggeber war mit dem Projekt<u>verlauf</u> zufrieden".
Diese Aussage trifft *(bitte ankreuzen)*

- ☐ überhaupt nicht
- ☐ kaum
- ☐ teilweise
- ☐ überwiegend

☐ genau

zu.

4.) "Der Auftraggeber war mit dem Projektergebnis zufrieden".

Diese Aussage trifft *(bitte ankreuzen)*

☐ überhaupt nicht zu

☐ kaum zu

☐ teilweise zu

☐ überwiegend zu

☐ genau zu.

5.) Die zu Projektbeginn festgelegten Kostenziele konnten im Durchschnitt zu _________ % erreicht werden.

(Anmerkung: Beispiel: Wenn das Einsparungsziel lautete, 20 Mio. DM/a Kosten in der Bilanzhülle des Projektes einzusparen, und es sind 15 Mio. DM/a Einsparung erzielt worden, so sind die Kostenziele zu 75% erreicht worden.)

6.) Die zu Projektbeginn festgelegten Zeitziele konnten im Durchschnitt zu _________ % erreicht werden.

(Anmerkung: Beispiel: Wenn das Zeitziel lautete, die in der Bilanzhülle des Projektes beeinflußbaren Auftragsdurchlaufzeiten um 60% zu reduzieren, und es ist eine Durchlaufzeitverkürzung um 30% erreicht worden, so sind die Zeitziele zu 50% erreicht worden. Achtung: Mit Zeitziel ist hier nicht die Einhaltung von Projektterminen gemeint.)

7.) Die im Produktionskonzept vorgesehenen Maßnahmen wurden insgesamt zu _______% umgesetzt.

8.) Die Umsetzungsgrade der folgenden Maßnahmenpakete betragen:

Reduzierung der Eigenleistungstiefe

gegenüber der Ist-Situation: _________________%

Veränderung der Ablauforganisation: _________________%

Veränderungen der Aufbauorganisation: _________________%

Veränderung der technischen Ausstattung: _________________%

räumliche Veränderungen: _________________%

KVP eingeführt: _________________%

(Anmerkung: Beispiel: Wenn für 15 Abteilungen in der Bilanzhülle des Projektes aufbauorganisatorische Veränderungen vorgesehen sind, und diese sind in 10 Abteilungen umgesetzt worden, so ist der Umsetzungsgrad für aufbauorganisatorische Veränderungen ca. 66%).

9.) Die Projektaufwände haben sich

- ☐ bereits während der Analyse- und/oder Konzeptphase durch "early wins"
- ☐ während der Umsetzungsphase
- ☐ 1 bis 3 Jahre nach Abschluß der Umsetzung
- ☐ 3 bis 8 Jahre nach Abschluß der Umsetzung
- ☐ nicht

amortisiert.

(Anmerkung: Projektaufwände = Investitionen + ausgabewirksame Projektaufwände (z.B. Beraterhonorare, Aufwände für Projektzeitungen etc.), nicht ausgabewirksame Projektaufwände (z.B. Personalbindung)

Vielen Dank!

Anhang E: Auswertung der Fragebögen

	Zielerreichung		Umsetzungsgrad von Maßnahmen						
Projekt	Kostenziele (>= 50%)	Prozeßzeitziele (>= 70%)	Reduzierung Eigenleistungstiefe	Veränderung Aufbauorganisation	Veränderung Ablauforganisation	Veränderung der technischen Ausstattung	räumliche Veränderung	Amortisation	Ausschluß
MGT	0%		0%	0%	10%	100%	100%	ja	X
DA5	50%				100%	100%	100%	ja	
Reu		100%	100%			70%	50%	ja	
VM AA	100%	100%			100%	100%		ja	
MEU	75%	100%	50%	90%	90%		100%	ja	
DCC	100%			80%	60%	50%	80%	ja	
NEU					100%			ja	
RMS1	120%	80%	100%	90%	70%			ja	
THE			100%	100%			60%	ja	
DEM					0%	0%	0%		X
NUTZ	100%	100%		80%	60%	90%	100%	ja	
GEP1	120%	90%	100%	80%	80%	90%	100%	ja	
GEP2	90%	90%	100%		100%	100%	100%	ja	
HKPS	70%		100%	80%	80%	100%	50%	ja	
DMD	80%	100%			70%		100%	ja	
mDK	75%	80%	80%	100%	80%	60%	50%	ja	
BTG	95%	95%		90%	95%	50%	100%	ja	
GOT	80%	75%		60%	80%			ja	
SEN	100%	100%		80%	100%	100%	100%	ja	
RMS2	90%	100%		100%	100%	80%	100%	ja	
GPS1	150%	80%	80%	100%	90%	100%	80%	ja	
GPS2				100%	100%			ja	
AW1				90%	60%			ja	
DSIM		100%				100%	100%	ja	
TWZB	90%		0%	0%	0%	0%	0%	ja	X
mRWG/T	100%			100%	100%	100%	100%	ja	
M&B MMB	50%				50%	100%	50%	ja	

[grau hinterlegt] = Ausschlußkriterium

Datenbasis für weitere Untersuchung Nerf. = 24 Projekte

Bild A-E 1: Erfolgsbewertung der Projekte

Kennwert	Einheit	DA5	Reu	VM AA	MEU	DCC	NEU	RMS1	THE	NUTZ	GEP1	GEP2	HKPS	DMD	mDK	BTG	GOT	SEN	RMS2	GPS1	GPS2	AW1	DSIM	mRWG/T	M&B MMB	Durchsch.
Allgemeine Angaben zum Unternehmen																										
Maschinen- /Anlagen-/Werkzeug-/Waggonbau	0 oder 1	1		1		1	1				1			1		1				1	1	1	1		1	
Automobilindustrie/-zulieferer	0 oder 1									1		1	1				1									
Elektroindustrie	0 oder 1				1													1								
Sonstige Metallverarbeitung	0 oder 1		1					1	1						1				1					1		
Umsatz	[Mio DM/a]	1.000	24	110	3.700	1.000	300	145			650	3.809	3.800	100	700	180	400	250	45	1.000	40	100		695		902
Anzahl Mitarbeiter	[]	1.919	120	350	14.000	1.919	500	600	400	14.000	3.400	19.500	14.000	160	3.200	250	2.500	1.100	150	3.500	100	412	1.500	3.300		3.777
Anzahl Organisationseinheiten	[]	5	4	7	8	5		43			5		2	6	20		9	2	12	20	5	6		4		10
Angaben zum Projekt																										
Projektleiter/Teilprojektleiter	0 oder 1	0	0	0	0	1	0	1	1	1	1	1	0	1	1	1	1	1	1	1	1	0	1	0	0	63%
Projektteammitglied	0 oder 1	1	1	1	1	0	1	0	0	0	0	0	1	0	0	0	0	0	0	0	0	1	0	1	1	38%
Kostenziel	0 oder 1	1		1	1	1	1	1	1	1	1	1	1	1	1	1	1	1	1	1				1	1	
Zeitziel	0 oder 1		1	1			1	1		1	1	1		1		1	1	1	1	1			1			
Qualitätsziel	0 oder 1		1							1												1				
Kundenzufriedenheit	0 oder 1		1			1	1	1	1							1	1	1	1	1	1	1				
durchschnittliche Kosteneinsparungsziel	[%]	25%		10%	20%	30%		20%	10%	30%	30%	17%	35%	10%	30%	25%	10%	20%	6%	30%	0%	0%		24%	10%	19%
durchschnittliches Durchlaufzeiteinsparungsziel	[%]		35%	50%				10%		20%	30%	20%		50%		40%	30%	50%	10%	0%	0%	0%	50%			26%
Anzahl Mitarbeiter im Objektbereich	[]	500	30	150	550	48	50	600	150	250	1.500	500	550	100	3.000	180	2.500	350	150	3.500	100	95	150	210	40	636
beeinflußbare Kosten im Objektbereich	[Mio DM/a]	100,0	4,8	50,0	125,0	19,0		151,8		1,2	250,0		76,0	45,0	70,0		10,0	120,0	49,0	900,0	30,0			44,0		120,3
davon Materialkosten	[Mio DM/a]	50,0	1,8	31,0	50,0	3,0		97,4		0,3	60,0		16,7	40,0	8,0		5,0	50,0	9,0	400,0	15,0			0,0		49,2
Primärkosten	[Mio DM/a]	50,0	3,0	19,0	75,0	16,0	0,0	54,4	0,0	0,9	190,0	0,0	59,3	5,0	62,0	0,0	5,0	70,0	40,0	500,0	15,0	0,0	0,0	44,0	0,0	50,4
Anzahl Standorte im Objektbereich	[]	5	1	1	1	1	1	2	2	1	4	1	3	1	7	1	4	2	1	5	2	1	1	2	1	2
Anzahl Organisationseinheiten im Objektbereich	[]	4	1	7	10	3	6	43	4	3	6	8	12	3	35	8	6	3	12	20	5	7		1	1	9
Vorgehen im Projekt (allgemein)																										
Anzahl MA in Teams Analyse- und Konzeptphase	[]	20	6	4	15	5	20	5	7	4	15	5	8	6	15	35	40	8	3	70	10	6	6	6	6	14
Anzahl MA in Teams Umsetzungsphase	[]	30	10	10	40	10	20	2	7	3	60	45	30	2	0	40	80	20	1	120	20	6		15	6	25
Anzahl MA in Interviews Analyse- und Konzeptphase	[]	40	6	15	35	10	20	7	17	30	20	15	50	7	500	100	50	15	0	200	0	40	5	15	6	50
Anzahl MA in Interviews Umsetzungsphase	[]	0	0	0	60	30	20	3		10	120	30	80	7	50	180	50	30	0	200	0	31		0	6	41
Dauer Projektvorbereitung/Analyse/Konzeption (geplant)	[Monate]	12	6	4	6	7	6	2	10	3	4	3	8	4	18	4	5	6	2	6	2	2	6	12	6	6
Dauer Projektvorbereitung/Analyse/Konzeption (tatsächlich)	[Monate]	12	6	4	12	8	8	2	12	3	4	4	9	5	18	5	6	8	2	6	2	4	8	12	6	7
Dauer Pilotumsetzung (geplant)	[Monate]	12								6				1	24		2	6								9
Dauer Pilotumsetzung (tatsächlich)	[Monate]	12								10				3	36		3	9								12
zeitliche Überlappung Pilot/Konzept	[Monate]	6								0				0	15		3	0								4
Dauer Umsetzungsphase (geplant)	[Monate]	48	12	6	12	14	6	24	12	2	12	12	12	3	24	9	11	12	18	18	6	6	8	17	12	13
Dauer Umsetzungsphase (tatsächlich)	[Monate]	48	12	6	12	18	8	24	15	4	15	12	14	4	36	9	13	15	24	24	7	6		17	12	15
Dauer Umsetzung (geplant, Pilot+Umsetzung)	[Monate]	54	12	6	12	14	6	24	12	8	12	12	12	4	33	9	10	18	18	18	6	6	8	17	12	14
Projektdauer (geplant)	[Monate]	60	18	10	18	21	12	26	22	5	16	15	20	7	42	13	16	18	20	24	8	8	14	29	18	19
Projektdauer (tatsächlich)	[Monate]	60	18	10	24	26	16	26	27	7	19	16	23	9	54	14	19	23	26	30	9	10	8	29	18	22
Vorgehen im Projekt (Projektvorbereitung)																										
Zielsetzung/Leitlinien	O oder 1	1	1	1	1	1	0	0	0	1	0	1	1	1	1	1	1	1	1	1	1	1	0	1	1	79%
Kurzanalyse/Expertenbefragung	O oder 1	0	0	0	0	1	1	0	0	1	0	1	0	0	1	1	1	1	0	0	0	1	0	0	0	38%
Managementworkshop	O oder 1	0	0	0	1	0	0	1	0	1	1	1	1	1	1	1	0	1	1	1	1	1	0	0	0	58%
Projektorganisation/Entscheidungsstruktur	O oder 1	1	1	1	1	0	0	0	1	1	1	1	1	1	1	1	1	1	1	1	1	1	0	1	1	83%
Kommunikations-/Projektmarketingkonzept	O oder 1	1	0	0	0	0	0	0	0	0	0	1	0	0	1	1	0	1	0	1	1	0	0	0	0	29%
Vorgehen im Projekt (Analyse/Konzeption)																										
projektbezogenes Risikomanagement	O oder 1	0	0	0	0	0	0	0	0	0	0	1	0	0	0	1	0	0	0	1	1	0	0	0	0	17%
institutionalisiertes Konfliktmanagement	O oder 1	1	0	0	1	0	0	0	0	0	0	1	0	0	1	0	0	1	0	1	1	0	0	0	0	29%
Kommunikation durch Führung und/oder durch Projektleitung	O oder 1	1	1	1	0	0	1	0	1	1	1	1	0	1	0	1	1	1	1	1	1	1	0	1	1	75%
explizites Projektcontrolling	O oder 1	1	0	0	1	1	0	0	0	1	1	1	1	0	1	1	1	1	1	1	1	0	0	1	0	63%
Analyse	O oder 1	1	1	1	1	1	1	1	1	1	1	1	1	1	1	1	1	1	1	1	1	1	1	1	1	100%
Benchmarking	O oder 1	0	0	0	0	0	0	1	0	1	0	0	1	1	1	0	1	1	0	1	1	0	0	0	0	38%
Projektteamschulungen	O oder 1	0	0	0	0	0	0	0	0	0	0	1	0	0	1	0	1	1	0	1	1	1	0	0	0	29%
Beteiligungsqualifikation/Mitarbeiterschulung	O oder 1	0	0	0	0	0	0	0	0	0	0	0	0	1	0	1	1	1	0	1	1	0	0	0	0	25%
Coaching	O oder 1	0	0	0	0	0	0	0	0	0	0	0	0	0	0	1	0	1	0	1	1	0	0	0	0	17%
konzeptbezogenes Risikomanagement	O oder 1	1	0	0	1	1	0	1	0	1	1	1	1	0	1	1	1	0	1	1	1	0	1	1	0	67%
Vorgehen im Projekt (Umsetzung)																										
institutionalisiertes Konfliktmanagement	O oder 1	1	0	0	1	1	0	0	0	0	0	1	1	0	1	0	0	1	0	1	1	0	0	0	0	38%
Kommunikation durch Führung und/oder durch Projektleitung	O oder 1	1	1	1	0	1	1	0	0	1	1	1	0	1	1	1	0	1	0	1	1	1	0	1	1	71%
explizites Projektcontrolling	O oder 1	1	0	0	1	1	0	1	1	1	1	0	1	0	1	1	1	1	1	1	1	0	0	1	0	67%
Projektteamschulungen	O oder 1	0	0	0	0	0	0	0	0	0	1	0	1	0	1	0	1	1	0	1	1	0	0	0	0	29%
Beteiligungsqualifikation/Mitarbeiterschulung	O oder 1	1	0	0	0	0	1	0	0	1	1	1	1	0	0	1	1	1	0	1	1	1	0	0	1	54%
Coaching	O oder 1	0	0	0	0	1	0	1	0	1	1	1	1	0	0	1	0	1	1	1	1	0	0	0	0	46%
Pilotprojekt(e)	O oder 1	1	0	0	0	0	1	0	0	1	1	0	0	1	1	1	0	1	0	1	1	1	0	0	0	46%
Initiierung KVP	O oder 1	0	0	1	1	0	0	0	0	0	1	0	0	1	0	1	0	1	1	1	0	1	0	0	0	38%
konzeptbezogenes Risikomanagement	O oder 1	1	0	0	0	1	0	1	0	1	1	0	1	0	0	1	1	0	1	1	1	0	0	1	0	50%
Fragen zum Produktionskonzept																										
Reduzierung Eigenleistungstiefe	O oder 1				1			1	1		1	1				1				1						
Veränderung Aufbauorganisation	O oder 1	1			1	0		1		1	1				1	1	1	1	1	1	1	1		1		
Veränderung Ablauforganisation	O oder 1	1	1	1	1	1	1	1	1	1	1	1		1	1	1	1	1	1	1	1	1		1	1	
Veränderung technische Ausstattung	O oder 1		1	1		1	1			1	1	1	1		1	1	1	1		1			1	1	1	
räumliche Veränderung	O oder 1	1	1		1	1		1	1	1	1	1	1	1	1	1		1	1	1	1		1	1	1	
eher Restrukturierung	O oder 1	1	1		1	1		1	1		1		1	1	1	1	1		1	1	1			1	1	
eher Prozeßoptimierung	O oder 1			1			1			1		1						1		1	1	1	1			
zeitlich befristetes Übergangskonzept	O oder 1														1		1			1	1	1	1			
langfristiges Endkonzept	O oder 1	1	1	1	1	1	1	1	1	1	1	1	1	1		1		1	1	1	1			1	1	
Anzahl der Organisationseinheiten mit Veränderungen im OB	[]	4	1	1	7	3	6	6	4	1	10	4	12	1	35	8	5	3	5	20	5	6		1	1	6
Anzahl Arbeitstellen mit Veränderungen (gesamt)					250	40	40	250		18	1.300	500	550	3	2.000	120	700	350	30	3.500	100	31				

Bild A-E2.1: Auswertung der Fragebögen

Kennwert	Einheit	DA5	Reu	VM AA	MEU	DCC	NEU	RMS1	THE	NUTZ	GEP1	GEP2	HKPS	DMD	mDK	BTG	GOT	SEN	RMS2	GPS1	GPS2	AW1	DSIM	mRWG/T	M&B MMB	Durchsch.
Anzahl Arbeitstellen: veränderte Abläufe/Arbeitsinhalte	[]	125	10	40	30	48	40	5	10	16	900	150	400	1	500	114	560	350	15	1.750	40	31		150	10	230
Anzahl Arbeitstellen: veränderte technische Ausstattung	[]	0	10	30	0	25	10	0		16	600	50	100	1	500	24	560	30	0	0	0			150	10	101
Erfolgsbewertung																										
Umsetzung abgeschlossen	O oder 1	1	1	1	1		1	1	1	1	1	1				1	1		1	1	1		1	1	1	
Umsetzung läuft noch	O oder 1					1							1	1	1			1				1				
Subjektiv: überhaupt nicht erfolgreich	O oder 1																									
Subjektiv: kaum erfolgreich	O oder 1																									
Subjektiv: teilweise erfolgreich	O oder 1								1		1														1	
Subjektiv: überwiegend erfolgreich	O oder 1	1	1		1	1	1					1	1	1	1	1	1	1				1	1			
Subjektiv: erfolgreich	O oder 1			1				1		1									1	1	1			1		
Auftraggeber/Verlauf: überhaupt nicht zufrieden	O oder 1																									
Auftraggeber/Verlauf: kaum zufrieden	O oder 1																									
Auftraggeber/Verlauf: teilweise zufrieden	O oder 1																						1		1	
Auftraggeber/Verlauf: überwiegend zufrieden	O oder 1	1	1			1		1	1		1	1	1	1	1		1	1				1				
Auftraggeber/Verlauf: zufrieden	O oder 1			1	1		1			1						1			1	1	1			1		
Auftraggeber/Ergebnis: überhaupt nicht zufrieden	O oder 1																									
Auftraggeber/Ergebnis: kaum zufrieden	O oder 1																									
Auftraggeber/Ergebnis: teilweise zufrieden	O oder 1								1							1										
Auftraggeber/Ergebnis: überwiegend zufrieden	O oder 1		1		1	1				1	1		1	1	1		1	1	1			1	1		1	
Auftraggeber/Ergebnis: zufrieden	O oder 1	1		1			1	1				1								1	1			1		
Erreichung Kostenziele	[%]	50%		100%	75%	100%		120%		100%	120%	90%	70%	80%	75%	95%	80%	100%	90%	150%				100%	50%	91%
Erreichung Prozeßzeitziele	[%]		100%	100%	100%			80%		100%	90%	90%		100%	80%	95%	75%	100%	100%	80%			100%			93%
Umsetzungsgrad von Maßnahmen (allgemein)	[%]	50%	50%	100%	95%	60%	80%	80%	80%	95%	100%	100%	70%	80%	80%	95%	70%	100%	100%	90%	80%	75%	100%	100%	50%	83%
Umsetzungsgrad Reduzierung Eigenleistungstiefe	[%]				50%			100%	100%		100%		100%		80%					80%						87%
Umsetzungsgrad Veränderung Ablauforganisation	[%]	100%	100%	100%	90%	60%	100%	70%		60%	80%	100%	80%	70%	80%	95%	80%	100%	80%	90%	100%	60%		100%	50%	84%
Umsetzungsgrad Veränderung Aufbauorganisation	[%]	100%			90%	80%		90%	100%	80%	80%		80%		100%	90%	60%	80%	100%	100%	100%	90%		100%		89%
Umsetzungsgrad Veränderungs technische Ausstattung	[%]		70%	100%		50%		0%		90%	100%	100%	100%		60%	50%		100%	80%	100%			100%	100%	100%	81%
Umsetzungsgrad räumliche Veränderung	[%]	100%	50%		100%	80%		0%	60%	100%	100%	100%	50%	100%	50%	100%		100%	100%	80%			100%	100%	50%	80%
Umsetzungsgrad KVP eingeführt	[%]			100%				0%		100%	20%		20%			0%			70%	100%		30%				49%
Amortisation Projektaufwände: während der Umsetzung	O oder 1						1	1		1		1								1	1					
Amortisation Projektaufwände: 1 bis 3 Jahre	O oder 1	1		1	1	1					1		1	1	1	1	1		1	1		1			1	
Amortisation Projektaufwände: 3 bis 8 Jahre	O oder 1		1						1														1	1		
Amortisation Projektaufwände: nicht	O oder 1																									
Erfolgsurteil erf.=1 nicht erf.=0	O oder 1	1	1	1	1	1	1	1	1	1	1	1	1	1	1	1	1	1	1	1	1	1	1	1	1	100%
Auswertung																										
Anzahl Mitarbeiter im Objektbereich	[]	500	30	150	550	48	50	600	150	250	1.500	500	550	100	3.000	180	2.500	350	150	3.500	100	95	150	210	40	636
Anzahl Standorte im Objektbereich	[]	5	1	1	1	1	1	2	2	1	4	1	3	1	7	1	4	2	1	5	2	1	1	2	1	2,1
Größe des Objektbereiches		groß	klein	klein	groß	klein	klein	groß	klein	groß	groß	groß	groß	klein	groß	groß	groß	groß	klein	groß	klein	klein	klein	groß	klein	
durchschnittliche Kosteneinsparungsziel	[%]	25%	0%	10%	20%	30%	0%	20%	10%	30%	30%	17%	35%	10%	30%	25%	10%	20%	6%	30%	0%	0%	0%	24%	10%	
Zielradikalität Kosten		hoch	gering	gering	hoch	hoch	gering	hoch	gering	hoch	hoch	hoch	hoch	gering	hoch	hoch	gering	hoch	gering	hoch	gering	gering	gering	hoch	gering	
durchschnittliches Durchlaufzeiteinsparungsziel	[%]	0%	35%	50%	0%	0%	0%	10%	0%	20%	30%	20%	0%	50%	0%	40%	30%	50%	10%	0%	0%	0%	50%	0%	0%	
Zielradikalität Zeitziele		gering	hoch	hoch	gering	gering	gering	gering	gering	gering	hoch	gering	gering	hoch	gering	hoch	hoch	hoch	gering	gering	gering	gering	hoch	gering	gering	
Anteil Arbeitstellen mit Veränderungen: Wegfall/Raum/Aufba	[%]	100%	67%	0%	25%	73%	0%	10%	90%	7%	67%	75%	45%	3%	33%	0%	6%	0%	7%	100%	0%	21%	0%	100%	35%	36%
Anteil Arbeitstellen mit Veränderungen: Ablauf/Technik	[%]	25%	33%	27%	5%	100%	80%	1%	7%	6%	60%	30%	73%	1%	17%	63%	22%	100%	10%	50%	40%	33%	0%	71%	25%	37%
Konzeptradikalität		hoch	hoch	gering	hoch	hoch	hoch	gering	hoch	gering	hoch	hoch	hoch	gering	hoch	hoch	gering	hoch	gering	hoch	gering	hoch	gering	hoch	hoch	
Gesamtradikalität		hoch	hoch	hoch	hoch	hoch	hoch	hoch	hoch	hoch	hoch	hoch	hoch	hoch	hoch	hoch	hoch	hoch	gering	hoch	gering	hoch	hoch	hoch	hoch	
Umsetzungsgeschwindigkeit Kostenziele I	[%/Monat]	0,46%	kein	1,67%	1,67%	2,14%	kein	0,83%	0,83%	3,75%	2,50%	1,42%	2,92%	2,50%	0,91%	2,78%	1,00%	1,11%	0,33%	1,67%	kein	kein	kein	1,41%	0,83%	1,62%
Umsetzungsgeschwindigkeit Kostenziele II	[%/Monat]	0,46%	0,00%	1,67%	1,67%	2,14%	0,00%	0,83%	0,83%	3,75%	2,50%	1,42%	2,92%	2,50%	0,91%	2,78%	1,00%	1,11%	0,33%	1,67%	0,00%	0,00%	0,00%	1,41%	0,83%	
Umsetzungsgeschwindigkeit Kostenziele		gering	gering	hoch	hoch	hoch	gering	gering	gering	hoch	hoch	gering	hoch	hoch	gering	hoch	gering	gering	gering	hoch	gering	gering	gering	gering	gering	
Umsetzungsgeschwindigkeit Zeitziele I	[%/Monat]	kein	2,92%	8,33%	kein	kein	kein	0,42%	kein	2,50%	2,50%	1,67%	kein	12,50%	kein	4,44%	3,00%	2,78%	0,56%	kein	kein	kein	6,25%	kein	kein	3,99%
Umsetzungsgeschwindigkeit Zeitziele II	[%/Monat]	0,00%	2,92%	8,33%	0,00%	0,00%	0,00%	0,42%	0,00%	2,50%	2,50%	1,67%	0,00%	12,50%	0,00%	4,44%	3,00%	2,78%	0,56%	0,00%	0,00%	0,00%	6,25%	0,00%	0,00%	
Umsetzungsgeschwindigkeit Zeitziele		gering	gering	hoch	gering	gering	gering	gering	gering	gering	gering	gering	gering	hoch	gering	hoch	gering	gering	gering	gering	gering	gering	hoch	gering	gering	
Umsetzungsgeschwindigkeit		gering	gering	hoch	hoch	hoch	gering	gering	gering	hoch	hoch	gering	hoch	hoch	gering	hoch	gering	gering	gering	hoch	gering	gering	hoch	gering	gering	
Phase Projektvorbereitung																										
Vorgehen: Qualitative Komplexität (alle Schritte)	[]	3	2	2	3	2	1	1	1	4	2	5	3	3	5	5	3	5	3	4	4	4	0	2	2	
Vorgehen: Qualitative Komplexität (sit. var. Schritte)	[]	1	0	0	1	1	1	1	0	2	1	3	1	1	3	3	1	3	1	2	2	2	0	0	0	
Phase Analyse und Konzeption																										
Vorgehen: Qualitative Komplexität (alle Schritte)	[]	5	2	2	4	3	2	3	2	5	4	7	4	4	6	7	7	8	4	10	10	3	2	4	2	
Vorgehen: Qualitative Komplexität (sit. var. Schritte)	[]	3	0	0	3	2	0	2	0	3	2	5	3	2	5	5	5	6	2	8	8	1	1	2	0	
Phase Umsetzung																										
Vorgehen: Qualitative Komplexität (alle Schritte)	[]	6	1	2	3	5	3	3	1	6	7	4	7	3	5	6	5	8	4	9	8	4	0	3	2	
Vorgehen: Qualitative Komplexität (sit. var. Schritte)	[]	5	0	1	3	4	2	3	1	5	6	3	7	2	4	5	5	7	4	8	7	3	0	2	1	
gesamtes Vorgehensmodell																										
Vorgehen: Qualitative Komplexität (alle Schritte)	[]	14	5	6	10	10	6	7	4	15	13	16	14	10	16	18	15	21	11	23	22	11	2	9	6	
Vorgehen: Qualitative Komplexität (sit. var. Schritte)	[]	9	0	1	7	7	3	6	1	10	9	11	11	5	12	13	11	16	7	18	17	6	1	4	1	
MA: Mitarbeiter																										
OB: Objektbereich																										
sit. var.: situativ variabel																										
Durchschn.: Durchschnitt																										

Bild A-E2.2: Auswertung der Fragebögen

Anhang F: Regressionsanalyse "Vorgehensmodelle"

Abkürzungsverzeichnis

Unabhängige Variablen:

Vgl. Kapitel 5, Bild 5.3

Abhängige Variablen:

VM_PV_S:	Anzahl situativ variabler Vorgehensschritte (Phase Projektvorbereitung) [ ]
VM_ANA_S:	Anzahl situativ variabler Vorgehensschritte (Phase Analyse/Konzeption) [ ]
VM_UM_S:	Anzahl situativ variabler Vorgehensschritte (Phase Umsetzung) [ ]
VM_GES_S:	Anzahl situativ variabler Vorgehensschritte (gesamt/alle Phasen) [ ]

Projekt	vm pv a	vm pv s	vm ana a	vm ana s	vm um a	vm um s	vm ges a	vm ges s
DA5	3,00	1,00	5,00	3,00	6,00	5,00	14,00	9,00
REU	2,00	0,00	2,00	0,00	1,00	0,00	5,00	0,00
VM AA	2,00	0,00	2,00	0,00	2,00	1,00	6,00	1,00
MEU	3,00	1,00	4,00	3,00	3,00	3,00	10,00	7,00
DCC	2,00	1,00	3,00	2,00	5,00	4,00	10,00	7,00
NEU	1,00	1,00	2,00	0,00	3,00	2,00	6,00	3,00
RMS1	1,00	1,00	3,00	2,00	3,00	3,00	7,00	6,00
THE	1,00	0,00	2,00	0,00	1,00	1,00	4,00	1,00
NUTZ	4,00	2,00	5,00	3,00	6,00	5,00	15,00	10,00
GEP1	2,00	1,00	4,00	2,00	7,00	6,00	13,00	9,00
GEP2	5,00	3,00	7,00	5,00	4,00	3,00	16,00	11,00
HKPS	3,00	1,00	4,00	3,00	7,00	7,00	14,00	11,00
DMD	3,00	1,00	4,00	2,00	3,00	2,00	10,00	5,00
mDK	5,00	3,00	6,00	5,00	5,00	4,00	16,00	12,00
GOT	3,00	1,00	7,00	5,00	5,00	5,00	15,00	11,00
RMS2	3,00	1,00	4,00	2,00	4,00	4,00	11,00	7,00
GPS1	4,00	2,00	10,00	8,00	9,00	8,00	23,00	18,00
AW1	4,00	2,00	3,00	1,00	4,00	3,00	11,00	6,00
DSIM	0,00	0,00	2,00	1,00	0,00	0,00	2,00	1,00
mRWG/T	2,00	0,00	4,00	2,00	3,00	2,00	9,00	4,00
M&B MMB	2,00	0,00	2,00	0,00	2,00	1,00	6,00	1,00

Projekt	ma ob	ziel z	ziel k	ap weg	ap abl	umge k	umge z
DA5	500,00	0,00	25,00	100,00	25,00	0,52	0,00
REU	30,00	35,00	0,00	67,00	33,00	0,00	2,92
VM AA	150,00	50,00	10,00	0,00	27,00	1,67	8,33
MEU	550,00	0,00	20,00	25,00	5,00	1,67	0,00
DCC	48,00	0,00	30,00	73,00	100,00	2,14	0,00
NEU	50,00	0,00	0,00	0,00	80,00	0,00	0,00
RMS1	600,00	10,00	20,00	10,00	1,00	0,83	0,42
THE	150,00	0,00	10,00	90,00	7,00	0,83	0,00
NUTZ	250,00	20,00	30,00	7,00	6,00	3,75	2,50
GEP1	1500,00	30,00	30,00	67,00	60,00	2,50	2,50
GEP2	500,00	20,00	17,00	75,00	30,00	1,42	1,67
HKPS	550,00	0,00	35,00	45,00	73,00	2,92	0,00
DMD	100,00	50,00	10,00	3,00	1,00	2,50	12,50
mDK	3000,00	0,00	30,00	33,00	17,00	0,91	0,00
GOT	2500,00	30,00	10,00	6,00	22,00	1,00	3,00
RMS2	150,00	10,00	6,00	7,00	10,00	0,33	0,56
GPS1	3500,00	0,00	30,00	100,00	50,00	1,67	0,00
AW1	95,00	0,00	0,00	21,00	33,00	0,00	0,00
DSIM	150,00	50,00	0,00	0,00	0,00	0,00	6,25
mRWG/T	210,00	0,00	24,00	100,00	71,00	1,41	0,00
M&B MMB	40,00	0,00	10,00	38,00	25,00	0,83	0,00

Bild A-F1: Datenbasis für die Regressionsanalyse

```
02 May 98 SPSS for MS WINDOWS
r020598.ist
Datenbasis: d0105oA.sav
ohne Ausreißer: BTG, SEN, GPS2
Variablen NICHT normiert

          * * * *   M U L T I P L E   R E G R E S S I O N   * * * *

Listwise Deletion of Missing Data

Equation Number 1    Dependent Variable..   VM_PV_S

Block Number  1.  Method:  Stepwise     Criteria   PIN  ,0500   POUT  ,1000
   AP_ABL   AP_WEG   MA_OB    UMGE_K   UMGE_Z   ZIEL_K   ZIEL_Z


Variable(s) Entered on Step Number
   1..    MA_OB


Multiple R           ,49618
R Square             ,24619
Adjusted R Square    ,20652
Standard Error       ,82010

Analysis of Variance
                    DF      Sum of Squares      Mean Square
Regression           1             4,17358          4,17358
Residual            19            12,77880           ,67257

F =       6,20543       Signif F =  ,0222

------------------ Variables in the Equation ------------------

Variable              B          SE B       Beta          T  Sig T

MA_OB        4,43118E-04  1,7788E-04    ,496180      2,491  ,0222
(Constant)       ,739061     ,217646                 3,396  ,0030


------------- Variables not in the Equation -------------

Variable      Beta In  Partial  Min Toler         T  Sig T

AP_ABL      -,029445 -,033911    ,999810     -,144  ,8871
AP_WEG      -,080954 -,091712    ,967466     -,391  ,7006
UMGE_K       ,163432  ,187317    ,990233      ,809  ,4291
UMGE_Z      -,141879 -,160982    ,970458     -,692  ,4978
ZIEL_K       ,205785  ,213674    ,812709      ,928  ,3657
ZIEL_Z      -,198884 -,227253    ,984189     -,990  ,3353


End Block Number   1   PIN =      ,050 Limits reached.

          * * * *   M U L T I P L E   R E G R E S S I O N   * * * *


Listwise Deletion of Missing Data

Equation Number 1    Dependent Variable..   VM_ANA_S

Block Number  1.  Method:  Stepwise     Criteria   PIN  ,0500   POUT  ,1000
   AP_ABL   AP_WEG   MA_OB    UMGE_K   UMGE_Z   ZIEL_K   ZIEL_Z
```

```
Variable(s) Entered on Step Number
   1..    MA_OB


Multiple R           ,81292
R Square             ,66084
Adjusted R Square    ,64299
Standard Error      1,24380

Analysis of Variance
                    DF      Sum of Squares      Mean Square
Regression           1            57,27278         57,27278
Residual            19            29,39388          1,54705

F =      37,02073        Signif F =  ,0000


------------------ Variables in the Equation ------------------

Variable              B          SE B       Beta          T  Sig T

MA_OB           ,001641  2,6978E-04    ,812921      6,084  ,0000
(Constant)     1,190307     ,330091                 3,606  ,0019


------------- Variables not in the Equation -------------

Variable     Beta In  Partial  Min Toler          T  Sig T

AP_ABL     1,628E-05  ,000028    ,999810       ,000  ,9999
AP_WEG       ,125944  ,212712    ,967466       ,924  ,3679
UMGE_K       ,226156  ,386432    ,990233      1,778  ,0924
UMGE_Z      -,048780 -,082513    ,970458      -,351  ,7295
ZIEL_K       ,277641  ,429783    ,812709      2,019  ,0586
ZIEL_Z      -,092657 -,157839    ,984189      -,678  ,5063

End Block Number   1   PIN =     ,050 Limits reached.


         * * * *   M U L T I P L E   R E G R E S S I O N   * * * *


Listwise Deletion of Missing Data

Equation Number 1    Dependent Variable..   VM_UM_S

Block Number  1.  Method:  Stepwise     Criteria   PIN  ,0500   POUT  ,1000
   AP_ABL   AP_WEG   MA_OB    UMGE_K   UMGE_Z   ZIEL_K   ZIEL_Z
```

```
Variable(s) Entered on Step Number
   1..    ZIEL_K


Multiple R              ,73510
R Square                ,54037
Adjusted R Square       ,51617
Standard Error         1,52620

Analysis of Variance
                       DF       Sum of Squares      Mean Square
Regression              1             52,02954         52,02954
Residual               19             44,25618          2,32927

F =      22,33725        Signif F =  ,0001
------------------ Variables in the Equation ------------------

Variable                B          SE B        Beta          T  Sig T

ZIEL_K            ,135898       ,028754     ,735096      4,726  ,0001
(Constant)       1,040161       ,580226                  1,793  ,0890


------------ Variables not in the Equation ------------

Variable      Beta In  Partial  Min Toler          T  Sig T

AP_ABL        ,079666  ,111389    ,898562       ,476  ,6401
AP_WEG      -,092649 -,122563    ,804349      -,524  ,6067
MA_OB         ,373931  ,497224    ,812709      2,431  ,0257
UMGE_K      -,045168 -,046400    ,485031      -,197  ,8460
UMGE_Z      -,123042 -,172580    ,904241      -,743  ,4669
ZIEL_Z      -,096878 -,132938    ,865485      -,569  ,5763


         * * * *   M U L T I P L E   R E G R E S S I O N   * * * *


Equation Number 1    Dependent Variable..   VM_UM_S


Variable(s) Entered on Step Number
   2..    MA_OB


Multiple R              ,80870
R Square                ,65400
Adjusted R Square       ,61556
Standard Error         1,36045

Analysis of Variance
                       DF       Sum of Squares      Mean Square
Regression              2             62,97109         31,48554
Residual               18             33,31463          1,85081

F =      17,01174        Signif F =  ,0001
```

```
------------------ Variables in the Equation ------------------

Variable              B         SE B       Beta          T  Sig T

MA_OB        7,95860E-04  3,2732E-04    ,373931      2,431  ,0257
ZIEL_K           ,105981     ,028432    ,573269      3,728  ,0015
(Constant)       ,980321     ,517797                 1,893  ,0745


------------- Variables not in the Equation -------------

Variable     Beta In  Partial  Min Toler         T  Sig T

AP_ABL       ,134122  ,213851    ,715013      ,903  ,3793
AP_WEG      -,087526 -,133439    ,675558     -,555  ,5860
UMGE_K       ,133216  ,148487    ,352804      ,619  ,5441
UMGE_Z      -,107556 -,173706    ,755771     -,727  ,4770
ZIEL_Z      -,111300 -,175894    ,713582     -,737  ,4713


End Block Number   1   PIN =     ,050 Limits reached.


         * * * *   M U L T I P L E   R E G R E S S I O N   * * * *


Equation Number 1    Dependent Variable..   VM_GES_S


Variable(s) Entered on Step Number
   2..    ZIEL_K


Multiple R           ,85137
R Square             ,72484
Adjusted R Square    ,69426
Standard Error      2,57179

Analysis of Variance
                    DF      Sum of Squares      Mean Square
Regression           2           313,61297        156,80649
Residual            18           119,05369          6,61409

F =      23,70793       Signif F =  ,0000

------------------ Variables in the Equation ------------------

Variable              B         SE B       Beta          T  Sig T

MA_OB            ,002558  6,1877E-04    ,567038      4,134  ,0006
ZIEL_K           ,170641     ,053747    ,435429      3,175  ,0052
(Constant)      2,065594     ,978844                 2,110  ,0491
```

```
------------- Variables not in the Equation -------------

Variable       Beta In  Partial  Min Toler        T  Sig T

AP_ABL       -,001969 -,003520    ,715013     -,015  ,9886
AP_WEG       -,067491 -,115381    ,675558     -,479  ,6381
UMGE_K        ,111505  ,139370    ,352804      ,580  ,5693
UMGE_Z       -,061439 -,111267    ,755771     -,462  ,6502
ZIEL_Z       -,084934 -,150515    ,713582     -,628  ,5385

End Block Number   1   PIN =     ,050 Limits reached.
```

Anhang G: Diskriminanzanalyse "Prozeßoptimierung oder Umstrukturierung"

Abkürzungsverzeichnis

Unabhängige Variablen:

Vgl. Kapitel 5, Bild 5.3

Abhängige Variablen:

P_TYP2:	Projekttyp
P_TYP2 "1":	Projekttyp "Umstrukturierungen"
P_TYP2 "2":	Projekttyp "Prozeßoptimierungen"
P_TYP2 "3":	Projekttyp "gedämpfte Umstrukturierungen"

Diskriminanzanalyse I (2 Gruppen, vgl. Bild 5.5)

```
17 May 98 SPSS for MS WINDOWS
Ds170598.ist
Datenbasis d_PO_UM.sav


- - - - - - - -   D I S C R I M I N A N T   A N A L Y S I S   - - - - - - -

On groups defined by P_TYP2

            21 (Unweighted) cases were processed.
            ohne Ausreißer SEN, NUTZ, GPS2
            NEU, AW1, DSIM, REU, RMS2, M&B MMB, VM AA und GEP2 als PO
            0 of these were excluded from the analysis.
            21 (Unweighted) cases will be used in the analysis.

Number of cases by group

                Number of cases
  P_TYP2    Unweighted      Weighted  Label
       1            13          13,0
       2             8           8,0

    Total           21          21,0

Group means

    P_TYP2          MA_OB          UMGE_K          UMGE_Z          AP_ABL

         1     1029,84615         1,66769         1,75846        38,07692
         2      145,62500          ,53125         2,46625        29,75000

    Total      693,00000         1,23476         2,02810        34,90476

    P_TYP2         AP_WEG          ZIEL_K          ZIEL_Z

         1       55,00000        23,00000        12,30769
         2       26,00000         5,37500        20,62500

    Total       43,95238        16,28571        15,47619

Group standard deviations

    P_TYP2          MA_OB          UMGE_K          UMGE_Z          AP_ABL

         1     1200,30287          ,82770         3,54955        32,99611
         2      152,06760          ,69130         3,19422        23,45665
    Total     1032,53571          ,94769         3,35480        29,37670


    P_TYP2         AP_WEG          ZIEL_K          ZIEL_Z

         1       37,02026         8,53424        18,32750
         2       30,79889         6,47936        21,78425
    Total       36,91270        11,63247        19,61535
```

```
Analysis number       1

Stepwise variable selection
     Selection rule:  minimize Wilks' Lambda
     Maximum number of steps..................        14
     Minimum tolerance level..................    ,00100
     Minimum F to enter....................... 3,84000
     Maximum F to remove...................... 2,71000

Canonical Discriminant Functions

     Maximum number of functions.............          1
     Minimum cumulative percent of variance...   100,00
     Maximum significance of Wilks' Lambda....   1,0000

Prior probability for each group is   ,50000

---------------- Variables not in the Analysis after Step 0 --------------

                          Minimum
Variable  Tolerance  Tolerance  F to Enter    Wilks' Lambda

MA_OB     1,0000000  1,0000000      4,2157922      ,8184084
UMGE_K    1,0000000  1,0000000     10,5067233      ,6439210
UMGE_Z    1,0000000  1,0000000       ,2117506      ,9889781
AP_ABL    1,0000000  1,0000000       ,3856810      ,9801049
AP_WEG    1,0000000  1,0000000      3,4277959      ,8471631
ZIEL_K    1,0000000  1,0000000     25,0281953      ,4315416
ZIEL_Z    1,0000000  1,0000000       ,8852983      ,9554798

* * * * * * * * * * * * * * * * * * * * * * * * * * * * * * * * * * * * * *

At step 1, ZIEL_K   was included in the analysis.

                                   Degrees of Freedom  Signif.   Between Groups
Wilks' Lambda     ,43154          1    1          19,0
Equivalent F   25,02820                1          19,0    ,0001

---------------- Variables in the Analysis after Step 1 -----------------

Variable  Tolerance  F to Remove   Wilks' Lambda

ZIEL_K    1,0000000      25,0282

---------------- Variables not in the Analysis after Step 1 --------------

                          Minimum
Variable  Tolerance  Tolerance  F to Enter    Wilks' Lambda

MA_OB       ,9548204   ,9548204       ,4195388      ,4217125
UMGE_K      ,7503074   ,7503074       ,2996178      ,4244761
UMGE_Z      ,8922408   ,8922408       ,6402730      ,4167187
AP_ABL      ,7736330   ,7736330      1,6354700      ,3955978
AP_WEG      ,8419937   ,8419937       ,0091385      ,4313227
ZIEL_Z      ,9315128   ,9315128       ,0595449      ,4301188

F level or tolerance or VIN insufficient for further computation.

                               Summary Table

          Action       Vars  Wilks'
Step Entered Removed    in   Lambda    Sig.  Label

  1  ZIEL_K             1   ,43154  ,0001

                         Canonical Discriminant Functions
```

```
                Pct of    Cum   Canonical  After  Wilks'
 Fcn Eigenvalue Variance  Pct     Corr      Fcn   Lambda  Chi-square  df  Sig

                                         :    0 ,431542      15,547     1  ,0001
  1*     1,3173  100,00  100,00  ,7540 :

* Marks the 1 canonical discriminant functions remaining in the analysis.
Standardized canonical discriminant function coefficients

             Func  1

ZIEL_K       1,00000
Structure matrix:

Pooled within-groups correlations between discriminating variables
                                   and canonical discriminant functions
(Variables ordered by size of correlation within function)

             Func  1

ZIEL_K       1,00000
UMGE_K        ,49969
AP_ABL        ,47578
AP_WEG        ,39750
UMGE_Z       -,32827
ZIEL_Z       -,26170
MA_OB         ,21255

Canonical discriminant functions evaluated at group means (group centroids)

   Group      Func  1

       1         ,85640
       2       -1,39166

Classification results -

                          No. of    Predicted Group Membership
   Actual Group            Cases         1           2
--------------------      ------   --------    --------

Group        1              13         10           3
                                     76,9%       23,1%

Group        2               8          1           7
                                     12,5%       87,5%

Percent of "grouped" cases correctly classified:  80,95%

Classification processing summary

        21 (Unweighted) cases were processed.
         0 cases were excluded for missing or out-of-range group codes.
         0 cases had at least one missing discriminating variable.
        21 (Unweighted) cases were used for printed output.
```

Diskriminanzanalyse II (3 Gruppen, vgl. Bild 5.6)

```
17 May 98 SPSS for MS WINDOWS
ds_1705_2.ist
Datenbasis: dPOUMGUM.sav

 - - - - - - - -   D I S C R I M I N A N T   A N A L Y S I S   - - - - - -

On groups defined by P_TYP2

            21 (Unweighted) cases were processed.
            ohne Ausreißer SEN, NUTZ, GPS2
            NEU, AW1, DSIM, REU, RMS2, M&B MMB, VM AA und GEP2 als PO
            DA5, THE, RMS1, mDk und GOT als GUM
            0 of these were excluded from the analysis.
            21 (Unweighted) cases will be used in the analysis.

Number of cases by group

                Number of cases
  P_TYP2    Unweighted      Weighted  Label
       1             8           8,0
       2             8           8,0
       3             5           5,0

   Total            21          21,0

Group means

    P_TYP2           AP_ABL          AP_WEG           MA_OB          UMGE_K

       1           52,87500        59,50000       829,75000         2,19875
       2           29,75000        26,00000       145,62500          ,53125
       3           14,40000        47,80000      1350,00000          ,81800

   Total           34,90476        43,95238       693,00000         1,23476

    P_TYP2           UMGE_Z          ZIEL_K          ZIEL_Z

       1            2,43000        25,50000        15,00000
       2            2,46625         5,37500        20,62500
       3             ,68400        19,00000         8,00000

   Total            2,02810        16,28571        15,47619

Group standard deviations


    P_TYP2           AP_ABL          AP_WEG           MA_OB          UMGE_K

       1           34,01444        34,06716      1176,30921          ,56370
       2           23,45665        30,79889       152,06760          ,69130
       3           10,13903        44,44322      1300,96118          ,18075
   Total           29,37670        36,91270      1032,53571          ,94769


    P_TYP2           UMGE_Z          ZIEL_K          ZIEL_Z

       1            4,39113         7,78276        21,38090
       2            3,19422         6,47936        21,78425
       3            1,30739         8,94427        13,03840
   Total            3,35480        11,63247        19,61535
```

```
Analysis number      1

Stepwise variable selection
     Selection rule:  minimize Wilks' Lambda
     Maximum number of steps..................      14
     Minimum tolerance level.................. ,00100
     Minimum F to enter...................... 3,84000
     Maximum F to remove..................... 2,71000

Canonical Discriminant Functions

     Maximum number of functions.............        2
     Minimum cumulative percent of variance...  100,00
     Maximum significance of Wilks' Lambda....  1,0000

Prior probability for each group is  ,33333

---------------- Variables not in the Analysis after Step 0 ---------------

                      Minimum
Variable  Tolerance  Tolerance  F to Enter    Wilks' Lambda

AP_ABL    1,0000000  1,0000000      3,5662212     ,7162058
AP_WEG    1,0000000  1,0000000      1,8211222     ,8317067
MA_OB     1,0000000  1,0000000      2,5480661     ,7793513
UMGE_K    1,0000000  1,0000000     19,3602952     ,3173451
UMGE_Z    1,0000000  1,0000000       ,5006228     ,9473063
ZIEL_K    1,0000000  1,0000000     14,4677311     ,3835053
ZIEL_Z    1,0000000  1,0000000       ,6165433     ,9358872

* * * * * * * * * * * * * * * * * * * * * * * * * * * * * * * * * * * * * *

At step 1, UMGE_K   was included in the analysis.

                                    Degrees of Freedom  Signif.   Between Groups
Wilks' Lambda     ,31735             1    2         18,0
Equivalent F   19,36030                   2         18,0   ,0000

---------------- Variables in the Analysis after Step 1 ----------------

Variable  Tolerance  F to Remove   Wilks' Lambda

UMGE_K    1,0000000      19,3603

---------------- Variables not in the Analysis after Step 1 ------------

                      Minimum
Variable  Tolerance  Tolerance  F to Enter    Wilks' Lambda

AP_ABL     ,9999994   ,9999994      1,6713900     ,2651981
AP_WEG     ,9776654   ,9776654      1,4121359     ,2721344
MA_OB      ,9989770   ,9989770      2,2458822     ,2510202
UMGE_Z     ,8470169   ,8470169      1,3299284     ,2744103
ZIEL_K     ,8431603   ,8431603      4,4115614     ,2089161
ZIEL_Z     ,8422503   ,8422503      1,9697601     ,2576404

* * * * * * * * * * * * * * * * * * * * * * * * * * * * * * * * * * * * * *
```

```
At step 2, ZIEL_K   was included in the analysis.

                                     Degrees of Freedom  Signif.   Between Groups
Wilks' Lambda     ,20892             2    2        18,0
Equivalent F   10,09657                   4        34,0    ,0000

---------------- Variables in the Analysis after Step 2 ----------------

Variable  Tolerance  F to Remove   Wilks' Lambda

UMGE_K     ,8431603       7,1034       ,3835053
ZIEL_K     ,8431603       4,4116       ,3173451

---------------- Variables not in the Analysis after Step 2 ---------------

                      Minimum
Variable  Tolerance  Tolerance  F to Enter    Wilks' Lambda

AP_ABL     ,8329794   ,7023355      2,9101259     ,1531906
AP_WEG     ,7516921   ,6482759       ,5132338     ,1963213
MA_OB      ,8752794   ,7387566       ,4807689     ,1970728
UMGE_Z     ,4412379   ,4392289       ,5900865     ,1945648
ZIEL_Z     ,5586504   ,5292660       ,5822638     ,1947422

F level or tolerance or VIN insufficient for further computation.

                                         Summary Table

          Action      Vars  Wilks'
Step Entered Removed   in   Lambda    Sig.  Label

  1  UMGE_K            1    ,31735  ,0000
  2  ZIEL_K            2    ,20892  ,0000

                               Canonical Discriminant Functions

                 Pct of   Cum  Canonical  After  Wilks'
 Fcn Eigenvalue Variance  Pct    Corr      Fcn  Lambda  Chi-square  df  Sig

                                         :  0 ,208916     27,402     4  ,0000
  1*     2,5673   88,25   88,25  ,8483 :  1 ,745260      5,145     1  ,0233
  2*      ,3418   11,75  100,00  ,5047 :

* Marks the 2 canonical discriminant functions remaining in the analysis.

Standardized canonical discriminant function coefficients

            Func  1    Func  2

UMGE_K        ,71518    -,82130
ZIEL_K        ,47092     ,98196

Structure matrix:

Pooled within-groups correlations between discriminating variables
                                  and canonical discriminant functions
(Variables ordered by size of correlation within function)
```

	Func 1	Func 2
UMGE_K	,90167*	-,43242
ZIEL_K	,75415*	,65670
UMGE_Z	,07722	-,74350*
ZIEL_Z	,12785	-,65192*
AP_WEG	,07080	,49325*
AP_ABL	,17742	,36816*
MA_OB	,12324	,33096*

* denotes largest absolute correlation between each variable and any discriminant function.

Anhang H: Clusteranalyse der Projekte/Häufigkeit der Vorgehensschritte

```
* * * * * * * * * * * * * * P R O X I M I T I E S * * * * * * * * * * * * * *

23 May 98 SPSS for MS WINDOWS
c2305_1.ist

 Data Information

Datenbasis: dn2305oA3.sav
ohne Ausreißer BTG, SEN, NUTZ, GPS2
normierte Variablen ma_ob, ziel_k, umge_k
20 unweighted cases accepted.
0 cases rejected because of missing value.

 Squared Euclidean measure used.

* * * * * * H I E R A R C H I C A L   C L U S T E R   A N A L Y S I S * * * * * *


 Dendrogram using Ward Method

                         Rescaled Distance Cluster Combine
```

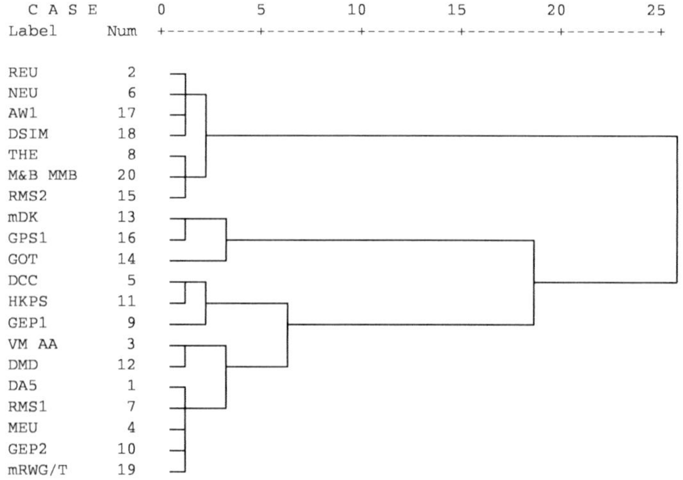

Bild A-H1: Clusteranalyse der Projekte

Projektname		mDK	GOT	GPS1		VM AA	DCC	DMO	
Projekttyp		GUG	GUG	GUG		KU	KU	KU	
Vorgehen im Projekt (Projektvorbereitung)									
Zielsetzung/Leitlinien	O oder 1	1	1	1	100%	1	1	1	100%
Kurzanalyse/Expertenbefragung	O oder 1	1	1	0	67%	0	1	0	33%
Managementworkshop	O oder 1	1	0	1	67%	0	0	1	33%
Projektorganisation/Entscheidungsstruktur	O oder 1	1	1	1	100%	1	0	1	67%
Kommunikations-/Projektmarketingkonzept	O oder 1	1	0	1	67%	0	0	0	0%
Vorgehen im Projekt (Analyse/Konzeption)									
projektbezogenes Risikomanagement	O oder 1	0	0	1	33%	0	0	0	0%
institutionalisiertes Konfliktmanagement	O oder 1	1	0	1	67%	0	0	0	0%
Kommunikation durch Führung und/oder durch Projektleitung	O oder 1	0	1	1	67%	1	0	1	67%
explizites Projektcontrolling	O oder 1	1	1	1	100%	0	1	0	33%
Analyse	O oder 1	1	1	1	100%	1	1	1	100%
Benchmarking	O oder 1	1	1	1	100%	0	0	1	33%
Projektteamschulungen	O oder 1	1	1	1	100%	0	0	0	0%
Beteiligungsqualifikation/Mitarbeiterschulung	O oder 1	0	1	1	67%	0	0	1	33%
Coaching	O oder 1	0	0	1	33%	0	0	0	0%
konzeptbezogenes Risikomanagement	O oder 1	1	1	1	100%	0	1	0	33%
Vorgehen im Projekt (Umsetzung)									
institutionalisiertes Konfliktmanagement	O oder 1	1	0	1	67%	0	1	0	33%
Kommunikation durch Führung und/oder durch Projektleitung	O oder 1	1	0	1	67%	1	1	1	100%
explizites Projektcontrolling	O oder 1	1	1	1	100%	0	1	0	33%
Projektteamschulungen	O oder 1	1	1	1	100%	0	0	0	0%
Beteiligungsqualifikation/Mitarbeiterschulung	O oder 1	0	1	1	67%	0	0	0	0%
Coaching	O oder 1	0	0	1	33%	0	1	0	33%
Pilotprojekt(e)	O oder 1	1	1	1	100%	0	0	1	33%
Initiierung KVP	O oder 1	0	0	1	33%	1	0	1	67%
konzeptbezogenes Risikomanagement	O oder 1	0	1	1	67%	0	1	0	33%

Bild A-H2: Häufigkeit der Vorgehensschritte innerhalb der Projekttypen (I)

Projektname		GEP1	HKPS		DA5	MEU	RMS1	GEP2	mRWG/T	
Projekttyp		MU	MU		MUG	MUG	MUG	MUG	MUG	
Vorgehen im Projekt (Projektvorbereitung)										
Zielsetzung/Leitlinien	O oder 1	0	1	50%	1	1	0	1	1	80%
Kurzanalyse/Expertenbefragung	O oder 1	0	0	0%	0	0	0	1	0	20%
Managementworkshop	O oder 1	1	1	100%	0	1	1	1	0	60%
Projektorganisation/Entscheidungsstruktur	O oder 1	1	1	100%	1	1	0	1	1	80%
Kommunikations-/Projektmarketingkonzept	O oder 1	0	0	0%	1	0	0	1	0	40%
Vorgehen im Projekt (Analyse/Konzeption)										
projektbezogenes Risikomanagement	O oder 1	0	0	0%	0	0	0	1	0	20%
institutionalisiertes Konfliktmanagement	O oder 1	0	0	0%	1	1	0	1	0	60%
Kommunikation durch Führung und/oder durch Projektleitung	O oder 1	1	0	50%	1	0	0	1	1	60%
explizites Projektcontrolling	O oder 1	1	1	100%	1	1	0	1	1	80%
Analyse	O oder 1	1	1	100%	1	1	1	1	1	100%
Benchmarking	O oder 1	0	1	50%	0	0	1	0	0	20%
Projektteamschulungen	O oder 1	0	0	0%	0	0	0	1	0	20%
Beteiligungsqualifikation/Mitarbeiterschulung	O oder 1	0	0	0%	0	0	0	0	0	0%
Coaching	O oder 1	0	0	0%	0	0	0	0	0	0%
konzeptbezogenes Risikomanagement	O oder 1	1	1	100%	1	1	1	1	1	100%
Vorgehen im Projekt (Umsetzung)										
institutionalisiertes Konfliktmanagement	O oder 1	0	1	50%	1	1	0	1	0	60%
Kommunikation durch Führung und/oder durch Projektleitung	O oder 1	1	0	50%	1	0	0	1	1	60%
explizites Projektcontrolling	O oder 1	1	1	100%	1	1	1	0	1	80%
Projektteamschulungen	O oder 1	1	1	100%	0	0	0	0	0	0%
Beteiligungsqualifikation/Mitarbeiterschulung	O oder 1	1	1	100%	1	0	0	1	0	40%
Coaching	O oder 1	1	1	100%	0	0	1	1	0	40%
Pilotprojekt(e)	O oder 1	0	1	50%	1	0	0	0	0	20%
Initiierung KVP	O oder 1	1	0	50%	0	1	0	0	0	20%
konzeptbezogenes Risikomanagement	O oder 1	1	1	100%	1	0	1	0	1	60%

Bild A-H3: Häufigkeit der Vorgehensschritte innerhalb der Projekttypen (II)

Projektname		Reu	NEU	AW1	DSIM		THE	RMS2	M&B MMB	
Projekttyp		PO	PO	PO	PO		KUG	KUG	KUG	
Vorgehen im Projekt (Projektvorbereitung)										
Zielsetzung/Leitlinien	O oder 1	1	0	1	0	50%	0	1	1	67%
Kurzanalyse/Expertenbefragung	O oder 1	0	1	1	0	50%	0	0	0	0%
Managementworkshop	O oder 1	0	0	1	0	25%	0	1	0	33%
Projektorganisation/Entscheidungsstruktur	O oder 1	1	0	1	0	50%	1	1	1	100%
Kommunikations-/Projektmarketingkonzept	O oder 1	0	0	0	0	0%	0	0	0	0%
Vorgehen im Projekt (Analyse/Konzeption)										
projektbezogenes Risikomanagement	O oder 1	0	0	0	0	0%	0	0	0	0%
institutionalisiertes Konfliktmanagement	O oder 1	0	0	0	0	0%	0	0	0	0%
Kommunikation durch Führung und/oder durch Projektleitung	O oder 1	1	1	1	0	75%	1	1	1	100%
explizites Projektcontrolling	O oder 1	0	0	0	0	0%	0	1	0	33%
Analyse	O oder 1	1	1	1	1	100%	1	1	1	100%
Benchmarking	O oder 1	0	0	0	0	0%	0	0	0	0%
Projektteamschulungen	O oder 1	0	0	1	0	25%	0	0	0	0%
Beteiligungsqualifikation/Mitarbeiterschulung	O oder 1	0	0	0	0	0%	0	0	0	0%
Coaching	O oder 1	0	0	0	0	0%	0	0	0	0%
konzeptbezogenes Risikomanagement	O oder 1	0	0	0	1	25%	0	1	0	33%
Vorgehen im Projekt (Umsetzung)										
institutionalisiertes Konfliktmanagement	O oder 1	0	0	0	0	0%	0	0	0	0%
Kommunikation durch Führung und/oder durch Projektleitung	O oder 1	1	1	1	0	75%	0	0	1	33%
explizites Projektcontrolling	O oder 1	0	0	0	0	0%	1	1	0	67%
Projektteamschulungen	O oder 1	0	0	0	0	0%	0	0	0	0%
Beteiligungsqualifikation/Mitarbeiterschulung	O oder 1	0	1	1	0	50%	0	0	1	33%
Coaching	O oder 1	0	0	0	0	0%	0	1	0	33%
Pilotprojekt(e)	O oder 1	0	1	1	0	50%	0	0	0	0%
Initiierung KVP	O oder 1	0	0	1	0	25%	0	1	0	33%
konzeptbezogenes Risikomanagement	O oder 1	0	0	0	0	0%	0	1	0	33%

Bild A-H4: Häufigkeit der Vorgehensschritte innerhalb der Projekttypen (III)

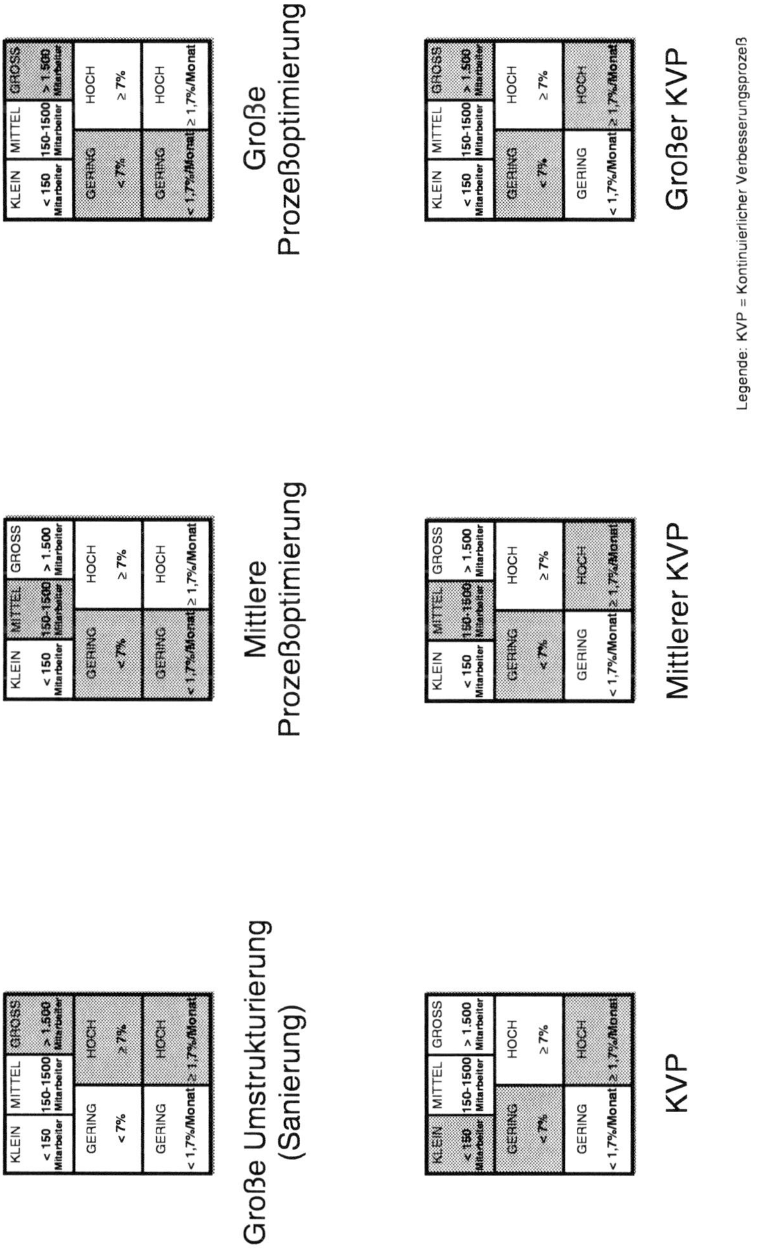

Bild A-H5: Theoretische Projekttypen

Anhang I: Situativ instanziierte Vorgehensmodelle (Projekttypen MUG und KUG)

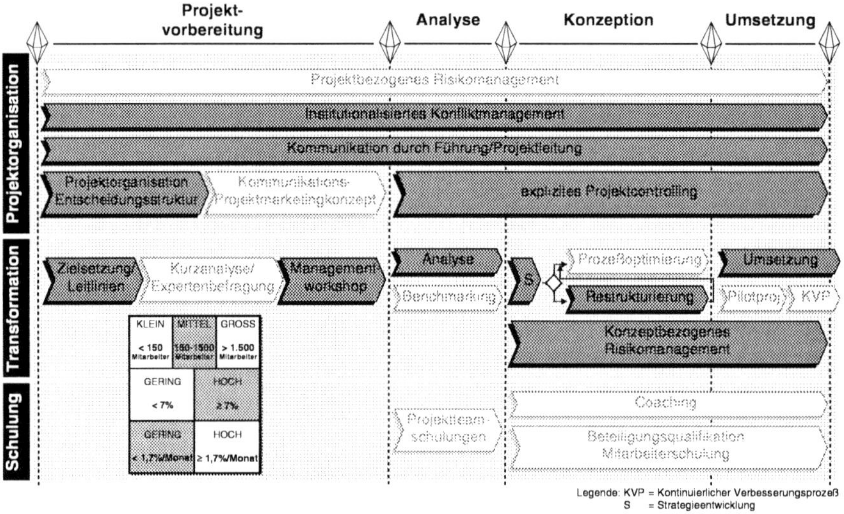

Bild A-I1: Situativ instanziiertes Vorgehensmodell für den Projekttyp MUG

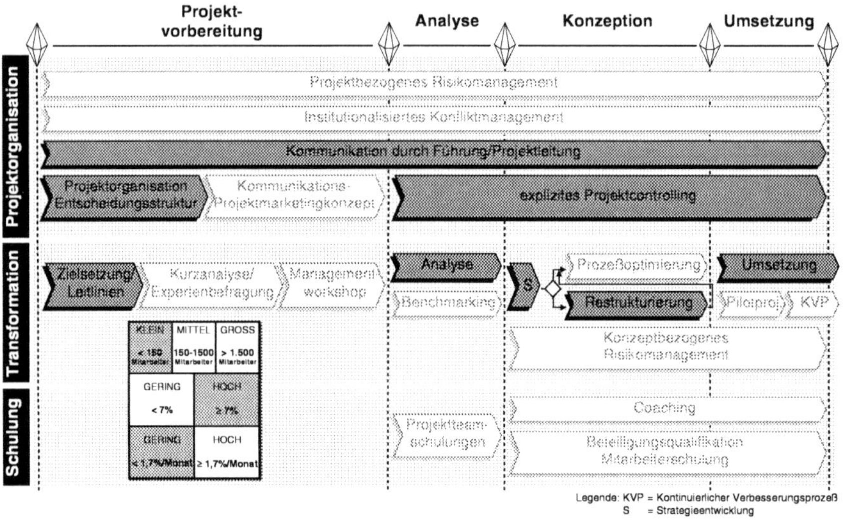

Bild A-I2: Situativ instanziiertes Vorgehensmodell für den Projekttyp KUG

Anhang J: Diskriminanzanalyse zum Vorgehensschritt "Risikomanagement"

Abkürzungsverzeichnis

Unabhängige Variablen:

UMS_K:	"Umsetzungskosten absolut" [DM]:
UMS_ABSK:	"Umsetzungskosten bezogen auf die Jahreskosten in der Bilanzhülle des Projektes" [%]
UMSDAUER:	"Umsetzungsdauer" [Monate]
PRODSTIL:	"Dauer des Produktionsstillstands" [Tage]
KAPUEBERN:	"Anteil der Produktionsaufträge, die während der Umsetzung von anderen Produktionskapazitäten übernommen werden können (Ausweichkapazitäten)" [%]
UMGE_K:	"Umsetzungsgeschwindigkeit bei den Kosteneinsparungen" [% / Monat]
UMGE_Z:	"Umsetzungsgeschwindigkeit bei der Durchlaufzeitverkürzung" [% / Monat]
SCHADEN:	"Schaden/Zielabweichung" [ ]
QUALASP:	"Beeinflussung von produktbezogenen Qualitätsaspekten" [ ]
KERNRAND:	"Beeinflussung von Kernprozessen" [ ]
AD:	"Amortisationsdauer" [Jahre]
MA_OB:	"Größe des Objektbereiches" [Anzahl Mitarbeiter]
ZIEL_K:	"Radikalität Kostenziele" [%]
AP_WEG:	"Anteil Arbeitsplätze Wegfall/ räumliche Änderung/ Aufbauorganisation" [%]
AP_ABL:	"Anteil Arbeitsplätze mit Veränderung von Abläufen/Technik" [%]
AP_AEND:	"Anteil der von Veränderungen betroffenen Arbeitsplätze" [%]
REK_UMK:	"Reversionskosten bezogen auf die Umsetzungskosten" [%]
F_ART:	"Fertigungsart" [ ]

Abhängige Variablen:

RM_12:	Klassifizierung der Projekte nach Methodeneinsatz
RM_12 "1":	Projekte ohne Einsatz von Methoden des Risikomanagement
RM_12 "2":	Projekte mit Einsatz von Methoden des Risikomanagement

	rm12	rm_anz_m	f_art	umsdauer	schaden	kapubern	kernrand	qualasp
			[ ]	[Monate]	[ ]	[%]	[ ]	[ ]
Projekte ohne Einsatz von Methoden des Risikomanagement								
DCC	1	0	2	14	3	25	5	2
DMD	1	0	3	3	2	10	4	2
DSIM	1	0	2	8	3	100	4	1
M&B MMB	1	0	2	12	3	50	4	2
MEU	1	0	3	12	4	100	3	3
NEU	1	0	2	6	1	100	5	4
REU	1	0	2	12	2	50	5	3
SEN	1	0	3	12	3	100	4	2
THE	1	0	3	12	4	0	4	3
VM AA	1	0	2	6	3	0	3	2
Mittelwerte			**2,40000**	**9,70000**	**2,80000**	**53,50000**	**4,10000**	**2,40000**
Projekte mit Einsatz von Methoden des Risikomanagement								
BTG	2	2	2	9	4	100	3	4
DA5	2	3	2	48	4	100	3	3
GEP1	2	6	2	12	5	50	5	3
GEP2	2	2	4	12	4	0	5	2
GOT	2	1	3	11	4	100	3	3
GPS1	2	5	2	18	3	0	3	4
HKPS	2	2	3	12	4	100	5	4
mDK	2	2	3	24	4	90	3	3
mRWG/T	2	2	3	17	2	100	4	4
RMS1	2	4	4	24	4	10	4	2
RMS2	2	3	2	18	3	0	5	3
Mittelwerte			**2,72727**	**18,63636**	**3,72727**	**59,09091**	**3,90909**	**3,18182**
Mittelwerte (alle)			**2,57143**	**14,38095**	**3,28571**	**56,42857**	**4,00000**	**2,80952**

Bild A-J1: Datenbasis und Mittelwerte für die Diskriminanzanalyse zum Vorgehensschritt "Risikomanagement" (Teil I)

	rm12	umskost	umk_absk	AD	rek_umk	prodstil	ma_ob	ziel_z
		[TDM]	[%]	[Jahre]	[%]	[Tage]	[ ]	[%]
Projekte ohne Einsatz von Methoden des Risikomanagement								
DCC	1	6.400	34	1,1	116	0	48	0
DMD	1	2.000	4	0,4	0	3	100	50
DSIM	1					5	150	50
M&B MMB	1	270		0,7	63	8	40	0
MEU	1	3.000	2	0,1	50	0	550	0
NEU	1					0	50	0
REU	1	2.688	56		4	10	30	35
SEN	1	500	0,5	0,0	0	3		50
THE	1	3.500		2,3	86	20	150	0
VM AA	1	300	1	0,1	100	3	150	50
Mittelwerte		**2332,25000**	**16,25000**	**0,67937**	**52,25281**	**5,20000**	**140,88889**	**23,50000**
Projekte mit Einsatz von Methoden des Risikomanagement								
BTG	2	2.500		0,6	100	0	180	40
DA5	2		0	0,0		0	500	0
GEP1	2	11.000	4	0,1		0	1500	30
GEP2	2	2.500		0,3		5	500	20
GOT	2	2.000	20	2,0		0	2500	30
GPS1	2		0	0,0		18	3500	0
HKPS	2	34.000	45	1,3	115	0	550	0
mDK	2	40.000	57	1,9	0	10	3000	0
mRWG/T	2	7.337	17	0,7	48	0	210	0
RMS1	2	500	0	0,0	50	10	600	10
RMS2	2	300	1	0,1	17	5	150	10
Mittelwerte		**11126,33333**	**16,00000**	**0,63569**	**54,84600**	**4,36364**	**1199,09091**	**12,72727**
Mittelwerte (alle)		**6987,94118**	**16,10000**	**0,65268**	**53,36418**	**4,76190**	**722,90000**	**17,85714**

Bild A-J2: Datenbasis und Mittelwerte für die Diskriminanzanalyse zum Vorgehensschritt "Risikomanagement" (Teil II)

	rm12	ziel_k [%]	ab_weg [%]	ap_abl [%]	ab_änd [%]	umge_k [%/Monat]	umge_z [%/Monat]
Projekte ohne Einsatz von Methoden des Risikomanagement							
DCC	1	30	73	100	100	2,14	0
DMD	1	10	3	1	3	2,5	12,5
DSIM	1	0	0	0	0	0	6,25
M&B MMB	1	10	38	25	38	0,83	0
MEU	1	20	25	5	25	1,67	0
NEU	1	0	0	80	80	0	0
REU	1	0	67	33	67	0	2,92
SEN	1	20	9	100	100	1,11	2,78
THE	1	10	90	7	90	0,83	0
VM AA	1	10	0	27	27	1,67	8,33
Mittelwerte		**11,00000**	**30,50000**	**37,80000**	**53,00000**	**1,07500**	**3,27800**
Projekte mit Einsatz von Methoden des Risikomanagment							
BTG	2	25	63	63	63	2,78	4,44
DA5	2	25	100	25	100	0,52	0
GEP1	2	30	67	60	67	2,5	2,5
GEP2	2	17	75	30	75	1,42	1,67
GOT	2	10	6	22	22	1	3
GPS1	2	30	100	50	100	1,67	0
HKPS	2	35	45	73	73	2,92	0
mDK	2	30	33	17	33	0,91	0
mRWG/T	2	24	100	71	100	1,41	0
RMS1	2	20	10	1	10	0,83	0,42
RMS2	2	6	7	10	10	0,33	0,56
Mittelwerte		**22,90909**	**55,09091**	**38,36364**	**59,36364**	**1,48091**	**1,14455**
Mittelwerte (alle)		**17,23810**	**43,38095**	**38,09524**	**56,33333**	**1,28762**	**2,16048**

Bild A-J3: Datenbasis und Mittelwerte für die Diskriminanzanalyse zum Vorgehensschritt "Risikomanagement" (Teil III)

Diskriminanzanalysen mit je 1 Variablen (Univariat/Methode Enter)

```
- - - - - - - -   D I S C R I M I N A N T   A N A L Y S I S   - - - - - -

On groups defined by RM_12

29 Jul 98 SPSS for MS WINDOWS
dsrm_ein.lst für alle Variablen ohne Ziel_K
Datenbasis: d_rm_oA4.sav ohne Ausreißer GPS2, NUTZ, AW1


13 Jan 99 SPSS for MS WINDOWS Release 6.1
m_zk.lst für Ziel_K
Datenbasis: dr_rm_04.sav ohne Ausreißer GPS2, NUTZ, AW1
```

```
- - - - - - - -   D I S C R I M I N A N T   A N A L Y S I S   - - - - - - -

            21 (Unweighted) cases were processed.
             1 of these were excluded from the analysis.
                1 had at least one missing discriminating variable.
            20 (Unweighted) cases will be used in the analysis.

Number of cases by group

                Number of cases
  RM_12     Unweighted      Weighted  Label
       1             9           9,0
       2            11          11,0

     Total          20          20,0

Group means

     RM_12           MA_OB

         1       140,88889
         2      1199,09091

     Total       722,90000

Direct method:  all variables passing the tolerance test are entered.

     Minimum tolerance level..................  ,00100

Canonical Discriminant Functions

     Maximum number of functions.............       1
     Minimum cumulative percent of variance...  100,00
     Maximum significance of Wilks' Lambda....  1,0000

Prior probability for each group is  ,50000

                      Canonical Discriminant Functions

                 Pct of   Cum  Canonical  After  Wilks'
 Fcn Eigenvalue Variance  Pct    Corr      Fcn   Lambda  Chi-square  df  Sig

                                         :   0  ,735383     5,379     1  ,0204
  1*     ,3598  100,00  100,00  ,5144 :

* Marks the 1 canonical discriminant functions remaining in the analysis.

Standardized canonical discriminant function coefficients

            Func  1

MA_OB       1,00000
```

```
- - - - - - - -   D I S C R I M I N A N T   A N A L Y S I S   - - - - - - -

            21 (Unweighted) cases were processed.
             0 of these were excluded from the analysis.
            21 (Unweighted) cases will be used in the analysis.

Number of cases by group

                Number of cases
  RM_12     Unweighted     Weighted  Label
        1           10         10,0
        2           11         11,0

     Total          21         21,0

Group means

     RM_12        QUALASP

        1         2,40000
        2         3,18182

     Total        2,80952

Direct method:  all variables passing the tolerance test are entered.

     Minimum tolerance level..................   ,00100

Canonical Discriminant Functions

     Maximum number of functions.............        1
     Minimum cumulative percent of variance...  100,00
     Maximum significance of Wilks' Lambda....  1,0000

Prior probability for each group is  ,50000

                         Canonical Discriminant Functions

                 Pct of   Cum  Canonical  After  Wilks'
 Fcn Eigenvalue Variance  Pct    Corr      Fcn  Lambda  Chi-square  df   Sig

                                        :   0 ,789886       4,364    1  ,0367
  1*      ,2660  100,00  100,00  ,4584 :

* Marks the 1 canonical discriminant functions remaining in the analysis.

Standardized canonical discriminant function coefficients

            Func  1

QUALASP      1,00000
```

```
- - - - - - - -   D I S C R I M I N A N T   A N A L Y S I S   - - - - - - -

           21 (Unweighted) cases were processed.
            0 of these were excluded from the analysis.
           21 (Unweighted) cases will be used in the analysis.

Number of cases by group

                Number of cases
  RM_12      Unweighted     Weighted  Label
        1          10          10,0
        2          11          11,0

     Total         21          21,0

Group means

     RM_12         SCHADEN

        1          2,80000
        2          3,72727

     Total         3,28571

Direct method:  all variables passing the tolerance test are entered.

     Minimum tolerance level.................. ,00100

Canonical Discriminant Functions

     Maximum number of functions.............       1
     Minimum cumulative percent of variance...  100,00
     Maximum significance of Wilks' Lambda....  1,0000

Prior probability for each group is  ,50000

                       Canonical Discriminant Functions

                 Pct of   Cum  Canonical  After  Wilks'
Fcn Eigenvalue Variance  Pct     Corr      Fcn  Lambda  Chi-square  df  Sig

                                         :   0 ,753693      5,231    1  ,0222
  1*     ,3268  100,00  100,00    ,4963 :

* Marks the 1 canonical discriminant functions remaining in the analysis.

Standardized canonical discriminant function coefficients

             Func  1

SCHADEN      1,00000
```

```
- - - - - - - -   D I S C R I M I N A N T   A N A L Y S I S   - - - - - - -

            21 (Unweighted) cases were processed.
             0 of these were excluded from the analysis.
            21 (Unweighted) cases will be used in the analysis.

Number of cases by group

                Number of cases
  RM_12      Unweighted     Weighted  Label
       1             10         10,0
       2             11         11,0

     Total           21         21,0

Group means

     RM_12        UMSDAUER

       1          9,70000
       2         18,63636

     Total       14,38095

Direct method:  all variables passing the tolerance test are entered.

     Minimum tolerance level.................  ,00100

Canonical Discriminant Functions

     Maximum number of functions.............       1
     Minimum cumulative percent of variance...  100,00
     Maximum significance of Wilks' Lambda....  1,0000

Prior probability for each group is  ,50000

                      Canonical Discriminant Functions

                 Pct of   Cum  Canonical  After  Wilks'
 Fcn Eigenvalue Variance  Pct    Corr      Fcn  Lambda  Chi-square  df  Sig

                                         :  0 ,760276     5,070     1  ,0243
  1*     ,3153  100,00  100,00  ,4896 :

* Marks the 1 canonical discriminant functions remaining in the analysis.

Standardized canonical discriminant function coefficients

              Func  1

UMSDAUER      1,00000
```

```
- - - - - - - -   D I S C R I M I N A N T   A N A L Y S I S   - - - - - - -

           21 (Unweighted) cases were processed.
            0 of these were excluded from the analysis.
           21 (Unweighted) cases will be used in the analysis.

Number of cases by group

                Number of cases
  RM_12      Unweighted     Weighted  Label
        1            10         10,0
        2            11         11,0

     Total           21         21,0

Group means

     RM_12          ZIEL_K

         1        11,00000
         2        22,90909

     Total        17,23810

Direct method:  all variables passing the tolerance test are entered.

     Minimum tolerance level..................   ,00100

Canonical Discriminant Functions

     Maximum number of functions.............        1
     Minimum cumulative percent of variance...   100,00
     Maximum significance of Wilks' Lambda....   1,0000

Prior probability for each group is  ,50000

Canonical Discriminant Functions

                 Pct of   Cum  Canonical  After  Wilks'
 Fcn Eigenvalue Variance  Pct    Corr      Fcn  Lambda  Chi-square  df  Sig

                                         :  0 ,695009      6,731     1  ,0095
  1*     ,4388  100,00  100,00  ,5523 :

* Marks the 1 canonical discriminant functions remaining in the analysis.

Standardized canonical discriminant function coefficients

            Func  1

ZIEL_K      1,00000
```

Diskriminanzanalyse mit 4 Variablen (Methode Enter)

```
29 Jul 98 SPSS for MS WINDOWS Release 6.1
ds_rm05.lst
Datenbasis d_rm_oA4.sav ohne Ausreißer GPS2, NUTZ, AW1

- - - - - - - -  D I S C R I M I N A N T   A N A L Y S I S  - - - - - - -

On groups defined by RM_12

            21 (Unweighted) cases were processed.
             1 of these were excluded from the analysis.
                1 had at least one missing discriminating variable.
            20 (Unweighted) cases will be used in the analysis.

Number of cases by group

                Number of cases
  RM_12     Unweighted     Weighted  Label
      1              9          9,0
      2             11         11,0

     Total          20         20,0

Group means

     RM_12          MA_OB          ZIEL_K         QUALASP        SCHADEN

         1      140,88889        10,00000         2,44444        2,77778
         2     1199,09091        22,90909         3,18182        3,72727

     Total      722,90000        17,10000         2,85000        3,30000

Group standard deviations

     RM_12          MA_OB          ZIEL_K         QUALASP        SCHADEN

         1      161,49957        10,00000          ,88192          ,97183
         2     1232,69992         8,96052          ,75076          ,78625
     Total     1049,99037        11,30394          ,87509          ,97872

Analysis number      1

Direct method:  all variables passing the tolerance test are entered.

     Minimum tolerance level.................. ,00100

Canonical Discriminant Functions

     Maximum number of functions.............     1
     Minimum cumulative percent of variance... 100,00
     Maximum significance of Wilks' Lambda.... 1,0000

Prior probability for each group is  ,50000
```

```
                     Canonical Discriminant Functions

                  Pct of   Cum  Canonical  After  Wilks'
 Fcn Eigenvalue Variance  Pct    Corr      Fcn  Lambda  Chi-square  df   Sig

                                            :  0 ,470493     12,064     4  ,0169
  1*     1,1254  100,00  100,00  ,7277 :

* Marks the 1 canonical discriminant functions remaining in the analysis.

Standardized canonical discriminant function coefficients

             Func  1

MA_OB         ,39191
ZIEL_K        ,29514
QUALASP       ,58385
SCHADEN       ,58933

Structure matrix:

Pooled within-groups correlations between discriminating variables
                                  and canonical discriminant functions
(Variables ordered by size of correlation within function)

             Func  1

ZIEL_K        ,67621
MA_OB         ,56545
SCHADEN       ,53726
QUALASP       ,44907

Canonical discriminant functions evaluated at group means (group centroids)

   Group       Func  1

       1      -1,11264
       2        ,91034

Classification results -

                      No. of    Predicted Group Membership
   Actual Group        Cases         1           2
--------------------  ------   --------    --------

Group        1            9          7           2
                                 77,8%       22,2%

Group        2           11          2           9
                                 18,2%       81,8%

Percent of "grouped" cases correctly classified:  80,00%

Classification processing summary

        21 (Unweighted) cases were processed.
         0 cases were excluded for missing or out-of-range group codes.
         1 cases had at least one missing discriminating variable.
        20 (Unweighted) cases were used for printed output.
```

Anhang K: Risikocheckliste

Maßnahmentyp	Schadenstyp
Integrieren	Unterauslastung unzureichende Kapazität/Mengenflexibilität unzureichende Qualifikation Durchlauf-/Reaktionszeiten werden länger Störungshäufigkeiten nehmen zu unzureichende Auftragsflexibilität neue Schnittstellen unzureichende Qualität
Parallelisieren	unzureichende Kapazität/Mengenflexibilität unzureichende Qualifikation Störungshäufigkeiten nehmen zu unzureichende Auftragsflexibilität neue Schnittstellen unzureichende Qualität
Kooperieren	Unterauslastung unzureichende Kapazität/Mengenflexibilität unzureichende Qualifikation Durchlauf-/Reaktionszeiten werden länger Störungshäufigkeiten nehmen zu unzureichende Auftragsflexibilität neue Schnittstellen unzureichende Qualität
Iteration vermeiden	Störungshäufigkeiten nehmen zu neue Schnittstellen
Verlagern	Unterauslastung unzureichende Kapazität/Mengenflexibilität unzureichende Qualifikation Durchlauf-/Reaktionszeiten werden länger Störungshäufigkeiten nehmen zu unzureichende Auftragsflexibilität neue Schnittstellen unzureichende Qualität
Mitteleinsatz verbessern	unzureichende Kapazität/Mengenflexibilität unzureichende Qualifikation unzureichende Auftragsflexibilität unzureichende Qualität
Standardisieren	unzureichende Kapazität/Mengenflexibilität unzureichende Qualifikation unzureichende Auftragsflexibilität neue Schnittstellen unzureichende Qualität
Eliminieren	unzureichende Kapazität/Mengenflexibilität Störungshäufigkeiten nehmen zu unzureichende Auftragsflexibilität unzureichende Qualität
Substituieren	unzureichende Kapazität/Mengenflexibilität unzureichende Qualifikation Durchlauf-/Reaktionszeiten werden länger Störungshäufigkeiten nehmen zu unzureichende Auftragsflexibilität

Bild A-K1: Maßnahmentyp – Schadenstyp (Risikockeckliste)

Schadenstyp	einmalig	laufend
Unterauslastung	Desinvestition Personalabbau	erhöhte Stückkosten
unzureichende Kapazität/ Mengenflexibilität	Zusatzinvestitionen	Stückzahlverluste Auftragsverlust Umplanungen
unzureichende Qualifikation	Schulungen	Ausschuß/Fehlerkosten Nacharbeit Zusatzaufwand
Durchlauf-/Reaktionszeiten werden länger		Stückzahlverluste Auftragsverlust
Störungshäufigkeiten nehmen zu		Ausfallkosten Umplanungen Reservekapazitäten
unzureichende Auftragsflexibilität	Zusatzinvestitionen	Stückzahlverluste Auftragsverlust Umplanungen
neue Schnittstellen		Zusatzaufwand
unzureichende Qualität	Zusatzinvestitionen	Ausschuß/Fehlerkosten Nacharbeit Zusatzaufwand

Bild A-K2: Schadensoperationalisierung

Anhang L: Methodenauswahl

Schadenstyp	Analyse/Konzept		Umsetzung	
Unterauslastung	Simulation	SV	Pilotumsetzung	SB
	Sensitivitätsanalysen	SV	Umsetzungdauer verl.	SB
	Prognosemethoden	SV	BDE	SB
	Szenariotechnik	SV	Monitoring/Controlling	SB
	Aufgabenanalysen	SV		
	Kennzahlen	SV		
	SvZ-Methoden	SV		
unzureichende Kapazität/ Mengenflexibilität	Simulation	SV	Pilotumsetzung	SB
	Sensitivitätsanalysen	SV	Umsetzungdauer verl.	SB
	Prognosemethoden	SV	BDE	SB
	Szenariotechnik	SV	Monitoring/Controlling	SB
	Aufgabenanalysen	SV	KVP/KAIZEN	SB
	Engpaßanalysen OPT	SV	Werkstattzirkel	SB
	Kennzahlen	SV		
	SvZ-Methoden	SV		
unzureichende Qualifikation	Schulung	SV	Schulung	SB
	Aufgabenanalysen	SV	Pilotumsetzung	SB
			Umsetzungdauer verl.	SB
			Lernstatt	SB
Durchlauf-/Reaktionszeiten werden länger	Prozeßanalysen	SV	Pilotumsetzung	SB
	Simulation	SV	Umsetzungdauer verl.	SB
	Critical Path Method	SV	BDE	SB
	Störfallablaufanalysen	SV	Aufschreibungen	SB
	Szenariotechniken	SV	KVP/KAIZEN	SB
			Werkstattzirkel	SB
			Monitoring/Controlling	SB
			Befragungen	SB
Störungshäufigkeiten nehmen zu	Simulation	SV	Pilotumsetzung	SB
	Event-/Fault-Tree-Analysis	SV	Umsetzungdauer verl.	SB
	Wirkungsanalysen	SV	BDE	SB
	Szenariotechnik	SV	Aufschreibungen	SB
			KVP/KAIZEN	SB
			Befragungen	

Bild A-L1: Liste zur situativen Methodenauswahl (I)

Schadenstyp	Analyse/Konzept		Umsetzung	
unzureichende Auftragsflexibilität	Simulation	SV	Pilotumsetzung	SB
	Sensitivitätsanalysen	SV	Umsetzungdauer verl.	SB
	Prognosemethoden	SV		
	Szenariotechnik	SV		
neue Schnittstellen	Prozeßanalysen	SV	Pilotumsetzung	SB
	Brainstorming	SV	Umsetzungdauer verl.	SB
	Aufgabenanalysen	SV		
unzureichende Qualität	Prozeß-FMEAs	SV	Pilotumsetzung	SB
			Umsetzungdauer verl.	SB
			KVP/KAIZEN	SB
			Qualitätszirkel	SB
ohne Zuordnung	Entscheidungstabellen	SV		
	Entscheidungsbäume	SV		
	Problemlöseprozesse	SV		
	Vernetztes Denken	SV		
	Kepner Tregoe	SV		

BDE: Betriebsdatenerfassung
OPT: Optimized Production Technology
SvZ: Systeme vorherbestimmter Zeiten
SV: Schadensvorsorge, SB: Schadensbegrenzung

Erläuterungen zu den Methoden vgl. [AGG81], [DAE92], [ST94], [EV96c], [BUR97]

Bild A-L2: Liste zur situativen Methodenauswahl (II)

Anhang M: Regressionsanalyse "Projektdauer"

Abkürzungsverzeichnis

Unabhängige Variablen: Vgl. Kapitel 5, Bild 5.3

Abhängige Variablen:

DAUER_GE: Projektdauer (gesamt/alle Phasen) [Monate]

```
28 Jun 98 SPSS for MS WINDOWS
r2806_3.ist
Datenbasis: test.sav (=d2706oA.sav ohne DA5, mDk)

         * * * *   M U L T I P L E   R E G R E S S I O N   * * * *

Listwise Deletion of Missing Data

Equation Number 1    Dependent Variable..   DAUER_GE

Block Number  1.  Method:  Stepwise     Criteria   PIN  ,0500    POUT  ,1000
   AP_ABL   AP_WEG   MA_OB    ZIEL_K   ZIEL_Z


Variable(s) Entered on Step Number
   1..    AP_WEG


Multiple R           ,59806
R Square             ,35768
Adjusted R Square    ,31990
Standard Error      5,84638

Analysis of Variance
                    DF      Sum of Squares      Mean Square
Regression           1           323,56820        323,56820
Residual            17           581,06338         34,18020

F =       9,46654       Signif F =  ,0068

------------------ Variables in the Equation ------------------

Variable              B         SE B        Beta          T  Sig T

AP_WEG          ,115028      ,037386    ,598063      3,077  ,0068
(Constant)    14,977333     1,971015                 7,599  ,0000

------------- Variables not in the Equation -------------

Variable     Beta In  Partial  Min Toler         T  Sig T

AP_ABL       ,019490  ,021597    ,788715      ,086  ,9322
MA_OB        ,183975  ,221311    ,929472      ,908  ,3775
ZIEL_K       ,120239  ,134491    ,803609      ,543  ,5947
ZIEL_Z      -,402273 -,456600    ,827527   -2,053  ,0568

End Block Number   1    PIN =     ,050 Limits reached.
```

Anhang N: Meilensteinkonzept in PRONAV

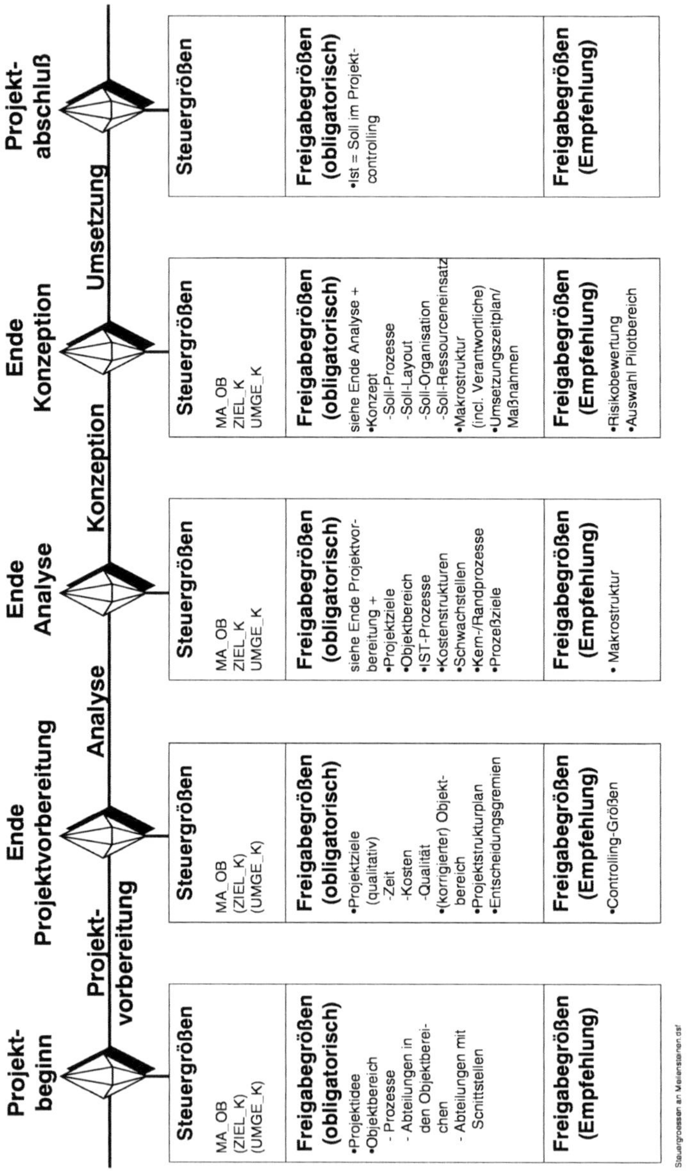

Bild A-N1: Meilensteinkonzept in PRONAV

Lebenslauf

Name:	Stefan Breit
Geburtsdatum:	18.01.1967
Geburtsort:	Wesel
Eltern:	Karl Erwin Breit Christa Elise Breit, geb. Benninghoff
Familienstand:	ledig
Staatsangehörigkeit:	deutsch

1977 – 1986	**Gymnasium Voerde, Voerde (Ndrh.)** Allgemeine Hochschulreife, Zeugnis vom 26.05.86
1986 – 1987	**Wehrdienst in Lütjenburg (Ostsee) und Wesel**
1987 – 1992	**Praktika in verschiedenen Unternehmen** Babcock AG, Thyssen AG, Krupp AG, Babcock Ltd. (UK)
1987 – 1993	**Rheinisch-Westfälische Technische Hochschule Aachen** Studium Maschinenbau mit Schwerpunkt Fertigungstechnik, Diplomzeugnis vom 30.12.93
1990 – 1993	**Laboratorium für Werkzeugmaschinen und Betriebslehre (WZL)** Studentische Hilfskraft am WZL der RWTH Aachen, Lehrstuhl für Produktionssystematik, Prof. W. Eversheim
1993 – 1999	**Laboratorium für Werkzeugmaschinen und Betriebslehre (WZL)** Wissenschaftlicher Mitarbeiter am WZL der RWTH Aachen, Lehrstuhl für Produktionssystematik, Prof. W. Eversheim, Leiter der Gruppe Produktionsgestaltung (ab 01.02.1998)
Seit Juli 1999	**Leopold Kostal GmbH & Co. KG, Lüdenscheid** Mitarbeiter in der Unternehmensplanung